职业教育"互联网+"新形态

新编会计信息化应用

（畅捷通T3版）（第2版）

徐凤玲　王新玲　主　编
冼旺灿　葛蓉蓉　陈紫甜　副主编
　　　　　寇俊艳　参　编

微信扫描
获取课件等资源

南京大学出版社

内容简介

本书在充分调研企业信息化需求的基础上，从高等职业教育会计专业的培养目标和企业会计信息化建设的实际出发，以畅捷通T3为蓝本，结合2013年1月1日起实施的《小企业会计准则》，简明地介绍了畅捷通T3所具有的功能。本书内容包括会计信息化基本知识、系统管理、基础设置、总账管理、财务报表、工资管理、固定资产管理、购销存初始化、采购管理、销售管理、库存管理和核算管理。

本书着力体现基于工作过程的项目驱动教学法，每个项目分解为若干任务，每个任务又拆分为知识点和跟我练。循序渐进，逐步提升。从方便学习的角度出发，本书提供了丰富的教学资源，包括T3教学软件、实验账套、微课视频、PPT、综合实训题等辅助学习资料。

本书既可以作为高等职业教育财经类专业和其他专业相关课程的教材和参考书，也可以作为会计人员岗位培训教材和参考资料，还可以作为会计从业人员资格考试与畅捷通T3认证考试教材。

图书在版编目(CIP)数据

新编会计信息化应用:畅捷通T3版/徐凤玲,王新玲主编. —2版. —南京:南京大学出版社,2021.4
 ISBN 978-7-305-24353-0

Ⅰ.①新… Ⅱ.①徐… ②王… Ⅲ.①会计信息-财务管理系统-高等职业教育-教材 Ⅳ.①F232

中国版本图书馆CIP数据核字(2021)第060506号

出版发行	南京大学出版社
社　　址	南京市汉口路22号　　邮　编　210093
出 版 人	金鑫荣
书　　名	新编会计信息化应用(畅捷通T3版)
主　　编	徐凤玲　王新玲
责任编辑	武　坦　　　　　编辑热线　025-83592315
照　　排	南京开卷文化传媒有限公司
印　　刷	南京玉河印刷厂
开　　本	787×1092　1/16　印张 17.5　字数 448千
版　　次	2021年4月第2版　2021年4月第1次印刷
ISBN	978-7-305-24353-0
定　　价	49.80元
网　　址	http://www.njupco.com
官方微博	http://weibo.com/njupco
微信服务号	njuyuexue
销售咨询热线	(025)83594756

* 版权所有,侵权必究
* 凡购买南大版图书,如有印装质量问题,请与所购图书销售部门联系调换

前 言

高等职业教育是我国高等教育的重要组成部分,其教材建设是推动高职教育发展的重要因素。为了适应高职教育会计信息化课程教学的特点和需要,我们编写了本书。本书针对高等职业教育对人才的培养目标,注重对学习者实际操作能力的培养,具有如下特色。

1. 畅捷通T3平台升级

本书内容所依托的畅捷通T3为10.8.1营改增版,是最新版的企业会计信息化应用平台。

2. 面向企业,关注应用

教程以企业会计信息化实施为主线,将企业业财税一体化管理拆分为12个工作项目,通过一个贯穿始终的企业案例循序展开,将重点放在强化应用上,符合职业教育学情特点。

3. 明确目标,注重反馈

本书每个工作项目的开始部分都明确给出了学习目标,包括知识目标和技能目标。主体部分分为基本认知和实战演练。每个工作项目结束都有"随堂测",分为客观题和实训题,用以检验学习者是否能学以致用,形成一个完整的闭环。

4. 任务驱动,情境教学

把完整的企业案例拆解为独立的任务,按照任务组织"知识点"和"跟我练"。"知识点"为完成任务提供知识储备,"跟我练"给出了完成任务的指引。理论与实践有机结合,强化学习者的动手能力。

5. 资源丰富,配套齐全

为助力广大师生学习,本教程配备了丰富的教学资源。它们都能从不同角度帮助学习者快速入门、融会贯通。各部分的主要作用如下表所示:

序号	名 称	作 用
1	畅捷通T3会计信息化软件	为学习者提供实战的练习平台(需先安装才能使用)
2	"跟我练"账套	课程展开采用边学边练的方式。由于每个阶段需要的基础数据不同,因此在开始相应的学习之前,可以先恢复教学资源中提供的"跟我练"数据账套
3	电子教案	针对每个工作项目内容,制作了与课程内容配套的PPT,对本工作项目的主要内容给予提示
4	跟我练微课视频	辅助理解T3系统操作
5	综合实训题	在"跟我练"基础上,另外提供了一套综合实训题
6	课后习题参考答案	对本教材中的"随堂测"提供参考答案
7	《新编会计信息化应用实训(畅捷通T3版)》(第2版)	对本教材中的综合实训题提供详细的解题方法

6. 兼顾《小企业会计准则》和 2007 年新会计准则

考虑到畅捷通 T3 是主要面向小企业的会计信息化平台，本书案例中的业务处理全面采用了 2013 年 1 月 1 日起施行的《小企业会计准则》，使学习者能够学到最新的会计规范。同时，为了兼顾 2007 年新会计准则内容的学习要求，本书的综合实训题采用 2007 年新会计准则。

本书共有 12 个工作项目，每个工作项目又拆分为多个任务。第 1 个工作项目引导大家建立对会计信息化的基本认知；第 2~12 个工作项目以畅捷通 T3 为蓝本，结合企业实际应用介绍了系统管理、基础设置、总账管理、财务报表、工资管理、固定资产管理、购销存初始化、采购管理、销售管理、库存管理和核算管理各部分的功能及典型业务应用。附件是综合实训题。

本书由衡水科技工程学校徐凤玲、天津财经大学王新玲担任主编，东莞市机电工程学校冼旺灿、江西省通用技术工程学校葛蓉蓉、东莞育才职业技术学校陈紫甜担任副主编，淄博建筑工程学校寇俊艳参编。具体分工为：徐凤玲编写了工作项目 1、7、10、11，王新玲编写了工作项目 5、8 和附录，冼旺灿编写了工作项目 9、12，葛蓉蓉编写了工作项目 2、3，陈紫甜编写了工作项目 4，寇俊艳编写了工作项目 6。

本书在编写过程中，得到了南京大学出版社、畅捷通信息技术股份有限公司的指导与帮助，在此表示感谢。

由于编者水平有限，书中难免有不足之处，敬请读者批评指正。

编　者

2021 年 3 月

目 录

工作项目 1　会计信息化基本知识 ·· 1

  1.1　会计信息化认知 ·· 1

  1.2　实战演练 ·· 7

工作项目 2　系统管理 ·· 11

  2.1　系统管理认知 ·· 11

  2.2　实战演练 ·· 13

  2.3　拓展应用 ·· 23

工作项目 3　基础设置 ·· 27

  3.1　基础设置认知 ·· 27

  3.2　实战演练 ·· 29

  3.3　拓展应用 ·· 48

工作项目 4　总账管理 ·· 50

  4.1　总账管理认知 ·· 50

  4.2　实战演练 ·· 52

  4.3　拓展应用 ·· 92

工作项目 5　财务报表 ·· 97

  5.1　财务报表认知 ·· 97

  5.2　实战演练 ·· 98

  5.3　拓展应用 ·· 110

工作项目 6　工资管理 ……………………………………………………………… 113

6.1　工资管理认知 ……………………………………………………………… 113
6.2　实战演练 …………………………………………………………………… 115
6.3　拓展应用 …………………………………………………………………… 135

工作项目 7　固定资产管理 …………………………………………………… 138

7.1　固定资产管理认知 ………………………………………………………… 138
7.2　实战演练 …………………………………………………………………… 139
7.3　拓展应用 …………………………………………………………………… 157

工作项目 8　购销存初始化 …………………………………………………… 159

8.1　购销存管理认知 …………………………………………………………… 159
8.2　实战演练 …………………………………………………………………… 161
8.3　拓展应用 …………………………………………………………………… 176

工作项目 9　采购管理 ………………………………………………………… 179

9.1　采购管理认知 ……………………………………………………………… 179
9.2　实战演练 …………………………………………………………………… 180
9.3　拓展应用 …………………………………………………………………… 201

工作项目 10　销售管理 ………………………………………………………… 205

10.1　销售管理认知 ……………………………………………………………… 205
10.2　实战演练 …………………………………………………………………… 206
10.3　拓展应用 …………………………………………………………………… 223

工作项目 11　库存管理 ………………………………………………………… 228

11.1　库存管理认知 ……………………………………………………………… 228
11.2　实战演练 …………………………………………………………………… 228
11.3　拓展应用 …………………………………………………………………… 238

工作项目 12　核算管理 ………………………………………………………… 242

12.1　核算管理认知 ……………………………………………………………… 242

12.2 实战演练 …………………………………………………………… 244
12.3 拓展应用 …………………………………………………………… 247

附录　综合实训题 ……………………………………………………… 251

实训 1　企业建账 ………………………………………………………… 251
实训 2　基础信息设置 …………………………………………………… 251
实训 3　总账初始化 ……………………………………………………… 256
实训 4　企业日常业务处理 ……………………………………………… 259
实训 5　账簿管理 ………………………………………………………… 260
实训 6　企业工资管理 …………………………………………………… 260
实训 7　固定资产管理 …………………………………………………… 264
实训 8　购销存初始化 …………………………………………………… 266
实训 9　采购与应付管理 ………………………………………………… 268
实训 10　销售与应收管理 ………………………………………………… 269
实训 11　库存管理 ………………………………………………………… 270
实训 12　存货核算 ………………………………………………………… 270
实训 13　月末结账 ………………………………………………………… 271
实训 14　报表管理 ………………………………………………………… 271

工作项目 1 会计信息化基本知识

知识目标
- ◆ 了解会计信息化的相关概念。
- ◆ 了解会计软件的分类及知名软件品牌。
- ◆ 了解会计信息化与手工会计的异同。

技能目标
- ◆ 学会检测会计信息化软件的运行环境。
- ◆ 掌握畅捷通 T3 的安装要点。

思政育人

爱国奋斗,科技强国

1.1 会计信息化认知

1.1.1 从会计电算化到会计信息化

1. 会计电算化

我国最早将计算机用于会计工作的尝试是从 1979 年财政部给长春第一汽车制造厂拨款 500 万元试点开始的。1981 年,在长春召开的"财务、会计、成本应用电子计算机专题研讨会"上正式把电子计算机在会计工作中的应用简称为"会计电算化"。

会计电算化是以电子计算机为主的当代电子和信息技术应用到会计工作中的简称。它主要是应用电子计算机代替人工记账、算账、报账,以及代替部分由大脑完成的对会计信息的处理、分析和判断的过程。

会计电算化是会计发展史上的一次革命,对会计工作的各个方面都产生了深刻的影响。会计电算化的普及应用,有利于促进会计工作的规范化,提高会计工作质量;减轻会计人员的劳动强度,提高会计工作的效率,更好地发挥会计的职能作用,为实现会计工作现代化奠定良好的基础。

2. 会计信息化

2000 年,在深圳召开的"会计信息化理论专家座谈会"上首次提出从会计电算化走向会计信息化的观点,之后逐渐形成会计信息化的概念。

按照《企业会计信息化工作规范》[①],会计信息化是指企业利用计算机、网络通信等现代信息技术手段开展会计核算,以及利用上述手段将会计核算与其他经营管理活动有机结合

---

① 财政部印发财会〔2013〕20 号《企业会计信息化工作规范》。自 2014 年 1 月 6 日起施行。

的过程。会计信息化不仅包括与会计核算相关的信息化,同时,考虑到企业其他经营管理职能与会计职能可能存在交叉重叠,其他信息系统可能是会计信息系统重要数据来源的情况,也将会计核算与其他经营管理活动相结合的内容纳入会计信息化范围。这样定义,有利于企业正确认识会计信息化与其他领域信息化的密切关系,有利于企业财务会计部门适当地参与企业全领域的信息化工作,从而使业务管理子系统与财务核算子系统能更顺畅地对接,做到数出一门,信息共享。

会计信息化是在会计电算化的基础上逐步演进的,两者既相互联系,又有所区别。会计信息化是会计电算化在两个方向上发展的结果。一是在横向上与企业管理信息系统相结合,形成融物流、资金流、信息流和业务流为一体的开放性会计系统;二是在纵向上为了满足企业决策层和管理层对信息的需求,由会计核算信息化逐步拓展到财务管理信息化和决策支持信息化,进而形成完整的会计信息化体系。因此,会计信息化是会计电算化的高级阶段,是会计观念上的重大突破,它要求人们站在整个企业的新视角来认识信息化工作,它体现了会计的全面创新、变革和发展。

1.1.2 会计软件

1. 会计软件的界定

按照《企业会计信息化工作规范》,会计软件是指企业使用的,专门用于会计核算、财务管理的计算机软件、软件系统或者其功能模块。会计软件具有以下功能:

(1) 为会计核算、财务管理直接采集数据。
(2) 生成会计凭证、账簿、报表等会计资料。
(3) 对会计资料进行转换、输出、分析、利用。

在界定会计软件时应当注意:会计软件具有专用性,它是专门为财会领域应用而设计开发的。按照以上界定,通用表处理软件 Excel 就不符合会计软件的定义。

2. 会计软件的分类

按照不同的分类方法,会计软件可以划分为不同的类型。

1) 按软件适用范围划分

按软件适用范围划分,可分为通用会计软件、行业会计软件和定点开发会计软件。

通用会计软件是指满足大部分企业应用需求的会计软件。通用会计软件是通过在系统内预置大量的系统参数和多种核算方法,由用户根据企业自身的特点通过参数设定将通用软件改造成适合本企业的软件。因此,软件越通用,意味着需要设置的参数就越多,系统初始化的工作量就越大,如畅捷通 T3 就属于通用会计软件。

行业会计软件是针对某一行业会计核算和企业管理需求开发的,适用于该行业应用的会计软件,如针对能源行业的远光软件。

定点开发会计软件一般是指面向特定企业,采用自行开发方式或委托开发方式开发,只适用于个别单位使用的会计软件。

2) 按软件来源划分

按软件来源划分,可分为国内软件和国外软件。

国内知名的软件品牌有用友、金蝶、神州数码、浪潮等；国外知名的软件品牌有德国的SAP、美国的ORACLE等。

3）按照软件的网络架构划分

按软件网络技术架构划分，可分为基于C/S（客户/服务器）架构的软件和基于B/S（浏览器/服务器）架构的软件。例如，用友U8是基于C/S技术架构的软件，用友NC是基于B/S架构的软件。

3. 会计软件和服务的基本规范

《企业会计信息化工作规范》中对会计软件和服务提出了一些基本规范，企业配备的会计软件应当符合《企业会计信息化工作规范》中关于会计软件和服务规范部分的要求。

1）会计软件基本规范

会计软件应当保障企业按照国家统一会计准则制度开展会计核算，不得有违背国家统一会计准则制度的功能设计。

会计软件的界面应当使用中文并且提供对中文处理的支持，可以同时提供外国或者少数民族文字界面对照和处理支持。

会计软件应当提供符合国家统一会计准则制度的会计科目分类和编码功能。

会计软件应当提供符合国家统一会计准则制度的会计凭证、账簿和报表的显示和打印功能。

会计软件应当提供不可逆的记账功能，确保对同类已记账凭证的连续编号，不得提供对已记账凭证的删除和插入功能，不得提供对已记账凭证日期、金额、科目和操作人的修改功能。

会计软件应当具有符合国家统一标准的数据接口，满足外部会计监督需要。

会计软件应当具有会计资料归档功能，提供导出会计档案的接口，在会计档案存储格式、元数据采集、真实性与完整性保障方面，符合国家有关电子文件归档与电子档案管理的要求。

会计软件应当记录生成用户操作日志，确保日志的安全、完整，提供按操作人员、操作时间和操作内容查询日志的功能，并能以简单易懂的形式输出。

2）软件供应商应提供的服务

鼓励软件供应商在会计软件中集成可扩展商业报告语言（XBRL）功能，便于企业生成符合国家统一标准的XBRL财务报告。

客户以远程访问、云计算等方式使用会计软件生成的电子会计资料归客户所有。以远程访问、云计算等方式提供会计软件的供应商，应当在技术上保证客户会计资料的安全、完整。对于因供应商原因造成客户会计资料泄露、毁损的，客户可以要求供应商承担赔偿责任。

软件供应商应当提供符合国家统一标准的数据接口供客户导出电子会计资料，不得以任何理由拒绝客户导出电子会计资料的请求。

以远程访问、云计算等方式提供会计软件的供应商，应当做好本厂商不能维持服务情况下，保障企业电子会计资料安全以及企业会计工作持续进行的预案，并在相关服务合同中与客户就该预案做出约定。

软件供应商应当努力提高会计软件相关服务质量,按照合同约定及时解决用户使用中的故障问题。

会计软件存在影响客户按照国家统一会计准则制度进行会计核算问题的,软件供应商应当为用户免费提供更正程序。

鼓励软件供应商采用呼叫中心、在线客服等方式为用户提供实时技术支持。

软件供应商应当就如何通过会计软件开展会计监督工作,提供专门教程和相关资料。

1.1.3 会计信息化与手工会计的异同

在会计信息化学习过程中,与手工会计业务处理对照学习,可以更深刻地体验会计信息化的优势所在。

1. 会计信息化与手工会计的共同点

会计信息化和手工会计基本职能是一致的,它们都要遵循基本的会计理论和方法,遵守国家的会计法规和财政制度,采用复式借贷记账法的基本原理,都是为了对企业经济活动进行正确核算和严格监督,为提升企业管理水平提供有用的会计信息。

2. 会计信息化与手工会计的不同点

会计信息化与手工会计相比较,不仅仅是数据处理工具的改变,同时在数据处理流程、处理方法、内部控制和组织机构等方面都发生了变化。

1) 运算工具不同

手工会计的运算工具是算盘和计算器,不能实现数据处理的自动化,速度慢,容易出错。会计信息化是以计算机为运算工具,运算速度快,计算不会出现错误。下面我们以账务处理流程(见图1.1)的主要环节来对比手工会计和会计信息化的工作量。

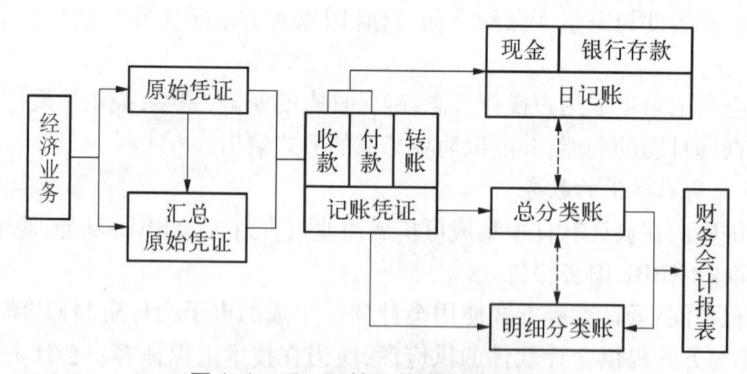

图 1.1 手工环境下的账务处理流程

在手工会计环境中,由人工根据记账凭证登记日记账、总分类账和各种明细账,登记过程都是重复抄写,为了保证账账、账证相符,要进行账账核对。尤其在会计期末,为了编制各种财务报表,要从各种账册和资料中摘取有关的数据,然后进行小计、合计、审核等处理。如果编制的报表不平衡或有差错,又需要重复以上过程,工作量非常大。

在会计信息化环境中,需要人工填制记账凭证,后续的记账、结账和编制财务报表等工作都是由计算机自动完成。只要输入的记账凭证是正确的,就能保证日记账、总账和明细账记账结果是正确的,大大减少了财务人员的工作量,提高了信息处理的及时性、准确性。

2）信息载体不同

手工会计是以纸张为信息载体,而且规定日记账、总账要用订本账,各类明细账用活页账册,历史会计资料的存放需要一定的储存空间,且资料查找极为不便。而会计信息化以磁盘等磁性介质作为信息载体,存储量大,企业全部数据均存放在数据库中,信息检索十分方便。

3）系统内部控制不同

在手工会计环境下,根据会计准则,有一套完整的控制方法,主要是依靠账簿之间的相互核对来保证会计数据的正确性和有效性。在会计信息化环境下,仍然需要有严格的系统内部控制方法来保证数据的正确和完整,但由于信息处理的集中性、自动性,信息载体的改变及共享程度的提高,使传统的签字盖章、账账核对等控制失效。信息化环境下的内部控制主要包括权限控制、应用控制和制度控制。权限控制即对登录系统的用户按其职能进行分级授权管理;应用控制是对信息处理过程中的输入、处理和输出过程进行控制;制度控制是通过建立软硬件维护、文档管理、组织控制等一系列制度来约束相关人员的行为。

4）错账更正方法不同

手工会计系统中,账簿记录出现错误要用划线更正法、红字冲销法或补充登记法更正错误。在会计信息系统中,输入的数据要经过会计科目、借贷金额等多方面的校验,若账簿记录有错,根据金额多记或少记两种情况,分别采用红字冲销法和补充登记法更正,不能采用划线更正法进行更正。

5）岗位设置及职责发生变化

在手工会计系统中,各单位根据业务数据处理量的大小设置岗位,如会计主管、现金出纳、总账会计、往来会计和成本会计等,各个岗位有明确的岗位职责。在会计信息化环境下,除了传统的岗位外,企业需要设置系统管理员和系统操作员。系统管理员的职责是维护信息系统安全运行、保护数据安全;系统操作员负责日常的业务操作,包括数据的搜集整理、数据的输入、审核、记账、报表的编制和输出等。

1.1.4 会计信息化实训平台

本教程选择了畅捷通T3营改增版(以下简称T3)作为会计信息化实训平台。T3关注小企业会计信息管理的现状和需求,以"精细管理,精细理财"为产品核心理念,以财务核算为主轴,业务管理为导向,提供产、供、销、财、税一体化的解决方案,帮助企业实现业务运作的全程管理与信息共享,是帮助小企业应对市场变化、实现长期可持续发展的利器。

1. T3功能结构

功能结构就是从系统功能的角度分析T3的构成及内部联系,即T3由哪几个子系统(模块)组成,每个子系统完成哪些功能,以及各子系统之间的相互关系等。

T3由总账管理、财务报表、工资管理、固定资产管理、购销存管理和核算管理等子系统组成,购销存管理具体包括采购管理、销售管理和库存管理。T3的功能结构如图1.2所示。

T3由服务于不同层面的子系统构成。下面对这些子系统的功能进行简要介绍。

```
固定资产管理 → 总账管理 → 财务报表        工资管理
                    ↑
                核算管理
                    ↑
    采购管理 → 库存管理 → 销售管理
                购销存管理
```

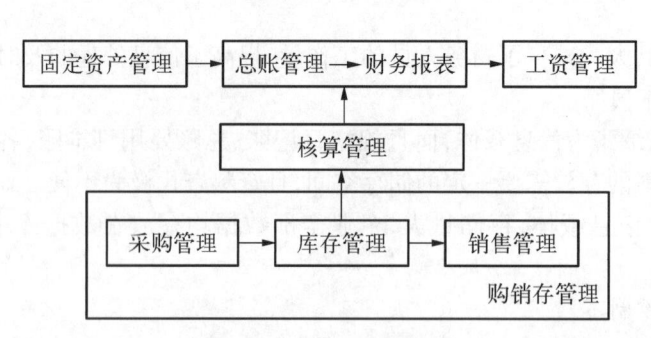

图1.2　T3的功能结构

1）总账管理

总账管理是T3的核心子系统。企业发生各项经济业务时取得原始凭证，在总账管理子系统中输入记账凭证，后续经过凭证复核和记账处理，完成账簿登记。总账管理子系统提供了丰富的账簿查询功能，并且支持按照部门、个人、项目开展专项辅助核算管理。

2）财务报表

财务报表子系统可以完成各种会计报表的编制与汇总工作；生成各种内部报表、外部报表及汇总报表；根据报表数据生成各种分析表和分析图等。

3）工资管理

工资管理子系统是以职工个人的原始工资数据为基础，完成职工工资的计算，工资费用的汇总和分配，计算个人所得税，查询、统计和打印各种工资表，自动编制工资费用分配凭证，传递给总账管理子系统。

4）固定资产管理

固定资产管理子系统主要是对企业固定资产进行管理，包括固定资产增减、固定资产变动、计提折旧等，相关凭证可自动转入总账管理子系统。

5）采购管理

采购管理子系统支持对企业采购全过程的管理，包括采购订货、采购入库、采购发票、核算采购成本、确认应付、付款及核销各个环节。支持普通采购、受托代销等多种采购业务类型。

6）销售管理

销售管理子系统支持对企业销售全过程的管理，包括销售订货、销售发货、销售出库、销售开票、确认应收、收款及核销各个环节。支持普通销售、委托代销、分期收款等多种销售业务类型。

7）库存管理

库存管理子系统支持对企业存货的出入库数量进行管理，提供批次管理、保质期管理、最高最低库存管理等。

8）核算管理

核算管理子系统的功能主要是进行存货出、入库成本的核算，并可以实现将购销存业务产生的各种单据生成凭证，传入总账管理子系统。它是联结总账管理子系统和购销存管理子系统的纽带。

2. T3安装

T3属于应用软件范畴，需要按要求配置硬件环境，并安装必要的系统软件。

1）检查计算机名称

首先,应检查计算机名称。计算机名称中不能含有"-"(减号),不能用数字开头,不能有汉字,名称中可以带有" "(空格)。若计算机名称不符合要求,需进行修改。更改名称后,必须重新启动计算机,修改才能生效。

2）关闭杀毒软件

检查杀毒软件是否运行,在安装前必须关闭杀毒软件,否则有些文件无法写入。

3）查看硬件配置

如果采用单机模式,需要配置 CPU 在 Pentium Ⅲ 550 MHz 或以上、内存在 2 GB 或以上、硬盘空闲空间在 10 GB 以上,并且至少应有一个光驱。

如果采用客户/服务器模式,网络服务器需要满足 CPU 在 Pentium Ⅲ 800 MHz 或以上、内存在 2 GB 或以上、硬盘空闲空间在 20 GB 以上,并且至少应有一个光驱;客户端需要满足 CPU 在 Pentium Ⅲ 550 MHz 或以上、内存在 1 GB 或以上、硬盘空闲空间至少在 10 GB 以上,并且至少应有一个光驱。

4）检查操作系统

T3 支持主流的操作系统,包括 Windows XP+SP3、Windows 7、Windows 8(32 位)、Windows Server 2003(32 位)+SP2、Windows Server 2003(64 位)+SP2、Windows Server 2008(32 位)、Windows Server 2008R2(64 位)。

5）安装数据库及补丁

SQL Server 数据库管理系统是 T3 正常运行必需的软件,安装 T3 之前必须安装 SQL Server。

6）安装 T3

以系统管理员 Administrator 的身份登录计算机,运行 autorun.exe,跟随安装向导完成 T3 的安装。

在安装过程中系统会进行环境检测,可以通过此功能由计算机自动判断机器环境是否符合 T3 的安装要求。

安装完成后需要重新启动计算机。

1.2 实战演练

任务1 检查本机是否满足 T3 的安装要求

知识点

1. 会计软件是一种应用软件

软件分为系统软件和应用软件。系统软件的功能是控制和协调计算机及外部设备,支持应用软件开发和运行,如操作系统就属于系统软件;应用软件是为了某种特定用途而开发的软件,如会计软件就属于应用软件。系统软件和应用软件的关系相互依赖,缺一不可。系统软件为应用软件提供了访问与控制计算机硬件的桥梁,应用软件的开发和运行都要有系统软件的支持。同理,T3 软件需要数据库管理系统作为其支持系统。

2. 数据库管理系统

信息系统的本质是对数据进行输入、处理和输出。输入系统中的数据是存放在数据库中的，由数据库管理系统（Database Management System，DBMS）对数据进行统一管理和控制，以保证数据的安全性和完整性。

常用的数据库有 ORACLE、SQL Server。T3 需要 SQL Server 作为其支持系统。

跟我练

1. 查看本机计算机名称

右击"我的电脑"，从快捷菜单中选择"属性"命令，打开"系统属性"对话框。单击"计算机名"标签，可以看到本机完整的计算机名称。

2. 查看本机操作系统及硬件配置

在"系统属性"对话框中，单击"常规"标签，可以看到本机安装的操作系统、版本及补丁信息、硬件的基本配置情况。

3. 查看是否已安装数据库管理系统

选择"开始"|"所有程序"|Microsoft SQL Server |"服务管理器"命令，打开"SQL Server 服务管理器"对话框。单击"开始/继续"按钮，检查服务管理器是否能正常启动。

除以上方法外，也可以直接运行 T3 安装程序中的"环境检测"，自动完成对计算机名称、操作系统、数据库是否符合要求的检测，如图 1.3 所示。

图 1.3 检测 T3 系统环境是否达到安装要求

任务 2　了解企业信息化案例

知识点

1. 企业信息化实施

按照会计信息化的含义，会计信息化不仅包括与会计核算相关的信息化，还扩展到了企业购销存业务管理,所以从应用上涉及企业的财务部门和多个业务部门。另外,通用软件系统参数多且设置灵活,不同企业有着各自的行业特点和核算需求,企业内部业务流程繁多复杂。因此,如何将通用软件系统的功能与企业具体的管理需求相对接是一项非常专业的工作。

从企业购置软件到软件能正常运转起来,其间需要做大量的工作。系统实施就是在企业信息化建设的过程中,由软件公司实施顾问和企业各部门业务骨干组成项目实施团队,通过企业调研、业务分析、流程梳理、数据准备、人员培训、系统配置与测试、试运行、方案调整等一系列工作,完成管理软件的客户化工作,帮助企业实现科学管理,降低成本并提高效率。

2. 企业信息化应用方案

T3包括多个子系统,每个子系统既可以独立应用,也可以与其他子系统集成应用,不同的应用方案会造成业务流程上的差异,因此,确定企业信息化应用方案是首要工作。

企业信息化应用方案是指企业同时在使用哪些子系统,在T3中的系统启用中可以得知。

🖉 跟我练

在正式实训之前,先让我们来熟悉一下模拟企业案例。

北京菲尼电器有限公司(以下简称菲尼电器)是一家小家电制造企业,创建于2015年,专业从事电热水壶、电饭煲等小家电及其配件的研发、生产和销售,产品畅销全国各地,为消费者带去便捷、时尚、健康的生活方式。电热水壶目前主打产品为不锈钢热水壶和养生煮茶壶。在激烈的市场竞争中,菲尼电器意识到信息化是加强管理、提升企业竞争力的有效手段,于是2020年10月成立信息化领导小组,负责企业会计信息化规划、软件选型等前期工作。

经过慎重选型,菲尼电器信息化小组选择了畅捷通T3作为会计信息化管理平台,选购的系统包括总账、工资管理、固定资产、购销存管理、核算,并决定于2021年1月正式开始使用T3管理企业业务。

按照循序渐进的学习规律,T3顾问决定先分模块对企业各部门核心人员进行培训。

✅ 随堂测

一、判断题

1. 会计信息化是指企业利用计算机、网络通信等现代信息技术手段开展会计核算,以及利用上述手段将会计核算与其他经营管理活动有机结合的过程。   (   )
2. 软件越通用,内置的参数就越少。   (   )
3. 数据库管理系统是运行T3必需的软件。   (   )
4. 会计软件存在影响客户按照国家统一会计准则制度进行会计核算问题的,软件供应商应当为用户免费提供更正程序。   (   )
5. 企业自行开发的会计软件不受《企业会计信息化工作规范》的约束。   (   )

二、选择题

1. 畅捷通T3属于(   )。
   A.通用软件   B.专用软件   C.定制开发软件

2．企业配备的会计软件应当符合(　　)中关于会计软件和服务规范部分规定的要求。
A．《会计法》　　　　　　　　　　　B．《企业会计准则》
C．《企业会计信息化工作规范》　　　D．《会计制度》
3．(　　)是数据库管理系统。
A．Windows　　　B．Excel　　　C．SQL Server　　　D．T3
4．以下哪些是《企业会计信息化工作规范》中对会计软件的功能要求？(　　)。
A．应当提供中文界面和对中文处理的支持
B．应当提供符合国家统一会计准则制度的会计科目分类和编码功能
C．应当提供符合国家统一会计准则制度的会计凭证和账簿格式
D．应当提供各类报表模板

三、思考题

1．你了解市场上有哪些常用的会计软件？
2．会计信息化与会计电算化是一回事吗？
3．会计信息化与手工会计有哪些不同？
4．安装T3需要注意哪些问题？

工作项目 2 系统管理

知识目标
- 理解企业建账的含义。
- 了解系统管理的作用及基本功能。
- 熟悉建立企业核算账套的完整工作过程。
- 理解操作员及权限的作用及设置方法。
- 理解账套备份的重要性。

技能目标
- 掌握注册系统管理、增加操作员、建立企业账套、设置权限、系统启用的操作。
- 掌握账套备份及恢复的操作。

思政育人

团结协作,弘扬新时代女排精神

2.1 系统管理认知

2.1.1 系统管理的基本功能

系统管理是 T3 系统为各个子系统提供的一个公共管理平台,用于对整个系统的公共任务进行统一管理,主要功能包括以下几个方面。

1. 账套管理

账套是一组相互关联的数据。在 T3 中,可以为多个企业(或企业内多个独立核算的部门)分别立账,每一个企业的数据都存放在数据库中,各账套间相互独立、互不影响。系统最多允许建立 999 个企业账套。其中,998 和 999 账套是系统预置的两个演示账套。

账套管理功能包括建立账套、修改账套、删除账套、备份/恢复账套和启用系统。

2. 年度账管理

年度账与账套是两个不同的概念,一个账套中包含了企业所有的数据,把企业数据按年度进行划分,称为年度账。年度账可以作为系统操作的基本单位,因此设置年度账主要是考虑到管理上的方便。

年度账管理包括年度账的建立、备份、恢复、结转上年度数据和清空年度数据。

3. 操作员及其操作权限的集中管理

为了保证系统及数据的安全与机密,系统管理提供了操作员及操作权限的集中管理功能。通过对系统操作分工和权限的管理,一方面可以避免与业务无关的人员进入系统,另一方面可以对系统所包含的各个子产品的操作进行协调,以保证各负其责,流程顺畅。

操作权限的集中管理包括设置操作员和为操作员分配权限。

4. 设立统一的安全机制

对企业来说,系统运行安全、数据存储安全是必需的。为此,T3 提供了强有力的安全保障机制,如设置对整个系统运行过程的监控机制、清除系统运行过程中的异常任务、升级 SQL Server 数据等。

2.1.2 如何使用系统管理

企业应用 T3 是从系统管理开始的。

1. 首次使用

T3 安装完成之后,只是在计算机中安装了一套可以用来管理企业业务的程序,其中没有任何数据。因此,首先要在系统中设置操作员,建立企业核算账套,为操作员设置合理的操作权限。首次使用系统管理需要做的工作如图 2.1 所示。

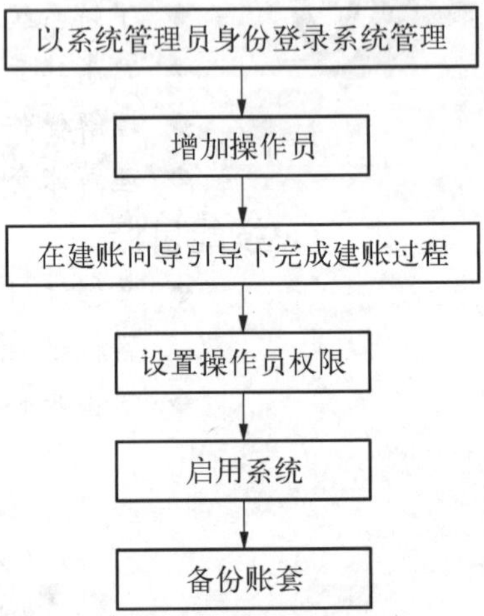

2. 日常使用

在企业 T3 系统正常运行之后,在系统管理中主要完成的工作包括以下四项。

图 2.1 首次使用系统管理

1) 启用子系统

T3 系统是由不同子系统构成,按照企业会计信息化进程,最初可能只启用了部分子系统,如总账管理和财务报表,待平稳运行一段时间后,再启用其他子系统以拓展信息化管理的范围,同时启用了哪些子系统决定了企业信息化应用方案。企业建账完成后需要由账套主管在系统管理中进行子系统启用。

2) 维护数据安全

系统管理中提供对企业账套的备份和恢复功能,通过备份机制,可以有效保障数据安全。

3) 操作员及权限管理

根据企业人力资源岗位调整、职位变动等,随时进行系统操作员的增减变动以及对应权限的调整,以确保系统使用安全。

4) 保障系统正常运行

在系统管理界面可以查看到已经登录的子系统、登录的操作员及正在执行功能。当系统运行出现异常时,系统管理员可以帮助清除运行异常及单据锁定,从而保障客户端操作正常。

2.2 实战演练

任务1 以系统管理员身份登录系统管理

🔊 **知识点**

1. 了解系统管理员

企业信息化后,必须设置专人或专岗担任系统管理员。系统管理员主要负责以下工作:

(1) 按照企业内部控制要求,根据岗位分工在T3中设置操作员,并为其分配适当权限;
(2) 按照账套主管确认的企业核算特点及管理需求进行企业建账;
(3) 随时监控系统运行过程中出现的问题,清除异常任务,排除运行故障;
(4) 定期进行数据备份,保障数据安全、完整;
(5) 做好网络系统维护,预防计算机病毒侵犯,保障网络系统的安全。

系统管理员工作性质偏技术,他不能参与企业实际业务处理工作。

T3系统预设了系统管理员,其名称为admin,不区分大小写,不得修改。系统管理员默认初始密码为空。

2. 谁能登录系统管理

鉴于系统管理在畅捷通T3中的地位和重要性,因此对能够登录系统管理的人员做了严格限制。系统只允许以两种身份注册进入系统管理:一是以系统管理员的身份;二是以账套主管的身份。

系统管理员负责整个系统的安全运行和数据维护。以系统管理员身份登录系统,可以进行账套的建立、备份和恢复,设置操作员及其权限,监控系统运行过程,清除异常任务等。

账套主管是T3系统中权限最高的操作员,一般是企业高层或业务主管,如财务主管。账套主管的工作任务是确定企业会计核算的规则、组织企业业务处理按既定流程进行。在系统管理中,账套主管可以修改账套信息、管理年度账和为操作员设置除账套主管之外的权限。

初次使用T3,一定是以系统管理员身份登录系统管理。

🚣 **跟我练**

(1) 选择"开始"|"程序"|"T3-企业管理信息化软件行业专版"|T3|"系统管理"命令或双击桌面上的"系统管理"图标,打开"系统管理"窗口。
(2) 选择"系统"|"注册"命令,打开"注册〖控制台〗"对话框。
(3) "服务器"文本框中默认为本机地址"127.0.0.1",在"用户名"文本框中输入默认的系统管理员admin(系统不区分大小写),默认系统管理员初始密码为空,如图2.2所示。

👆 视频演示

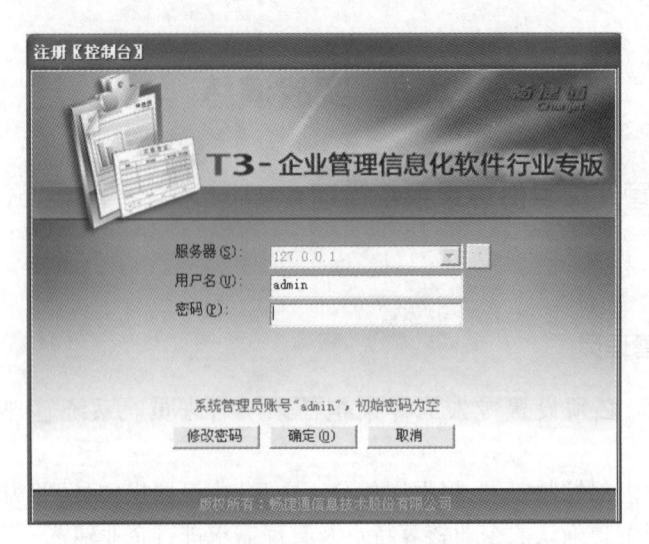

图 2.2 以系统管理员身份登录系统管理

(4)单击"确定"按钮,进入"系统管理"窗口。系统管理界面下方的状态栏中显示当前操作员为 admin,如图 2.3 所示。系统管理界面中标注为黑色字体的功能菜单项表明了系统管理员可以操作的权限范围。

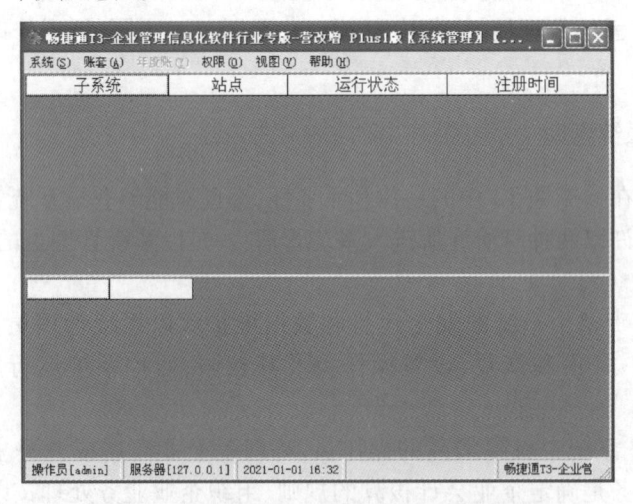

图 2.3 系统管理员登录系统管理后的界面

提示

(1)为了保证系统的安全性,在"注册〖控制台〗"对话框中,可以设置或更改系统管理员的密码。例如,设置系统管理员密码为 sysadmin 的操作步骤是:输入完用户名 admin 后,单击"修改密码"按钮,打开"设置操作员口令"对话框;在"新密码"和"确认密码"文本框中均输入 sysadmin,最后单击"确定"按钮返回。

(2)如果是教学使用,由于一台计算机要供多个学员使用,建议不要设置系统管理员密码。

任务2 增加操作员

知识点

1. 理解操作员

操作员是指有权登录系统,并对系统进行操作的人,也称为用户。登录T3系统时都要进行用户身份的合法性检查,验证方法为"用户名+密码",验证不通过不能进入T3系统。因此,企业在开始使用T3之前,需要预先在系统中设置操作员,并对其操作权限进行明确限定,以明确经济责任,避免无关人员登录,从而保证整个系统和会计数据的安全性与保密性。

2. 操作员管理

操作员管理包括操作员的增加、修改和删除。只有系统管理员有操作员管理权限。

跟我练

按表2.1增加操作员。

表2.1 菲尼电器T3系统操作员

编　号	姓　名	口　令	所属部门
701	于美琪	1	财务部
702	马群	空	财务部
703	姜楠	空	财务部

(1) 以系统管理员的身份在系统管理窗口中,选择"权限"|"操作员"命令,打开"操作员管理"对话框。对话框中已有的几个操作员是系统预置的。

(2) 单击"增加"按钮,打开"增加操作员"对话框。输入编号为701、姓名为"于美琪"、口令及确认口令为1、所属部门为"财务部",如图2.4所示。

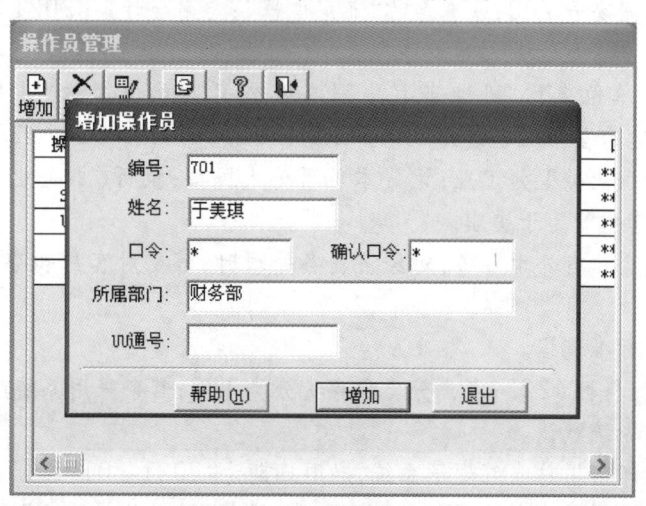

图2.4 增加操作员

(3)单击"增加"按钮可继续增加其他操作员;单击"退出"按钮则视为放弃本次操作。

(4)全部增加完成后,单击"退出"按钮返回"操作员管理"对话框,单击"退出"按钮返回系统管理主界面。

> **提示**
>
> (1)操作员编号在系统中是唯一的,即使是不同的账套,操作员编号也不能重复。
>
> (2)所设置的操作员一旦被引用,就不能删除。
>
> (3)已使用过系统之后又调离企业的操作员可以通过"修改操作员"对话框中的"注销当前操作员"功能进行注销。该操作员此后不允许再登录系统。

任务3　建立账套

知识点

1. 理解企业建账

无论企业原来是用手工记账,还是使用其他软件进行财务核算,都需要把既有的数据建立或转移到新系统中。

在 T3 系统中建立企业的基本信息、核算方法、编码规则等,称之为建账。其本质是在数据库管理系统中为企业创建一个新的数据库,用于存储和管理企业的各种业务数据。

2. 在 T3 中建立账套

在 T3 系统中,只有系统管理员才能进行企业账套的创建。

跟我练

菲尼电器企业账套的相关信息如下:

账套信息包括账套号700;账套名称"菲尼电器";启用会计期"2021年1月"。

单位信息包括单位名称"北京菲尼电器有限公司";单位简称"菲尼电器";单位地址"北京市昌平区跃进路64号";税号91110114473287Z155。

核算类型包括企业类型为工业;记账本位币为人民币;执行《小企业会计准则》(2013);账套主管为于美琪。

基础信息包括企业有外币业务;对经济业务处理时,需要对客户和存货分类,无须对供应商进行分类。

业务流程采用标准流程。

分类编码方案:科目4222;客户分类和存货分类122;其余采用系统默认设置。

数据精度采用系统默认。

建账完成后立即启用总账管理子系统,启用日期为"2021-01-01"。

(1)以系统管理员的身份在系统管理窗口中,选择"账套"|"建立"命令,打开"创建账

套——账套信息"对话框,按任务要求输入账套信息,如图2.5所示。

① 已存账套。系统将已存在的账套显示在下拉列表框中,用户只能查看,不能输入或修改,目的是避免重复建账。

② 账套号。账套号是该企业账套的唯一标志,为必须输入项,且不得与机内已经存在的账套号重复。可以输入001至999之间的3个字符,本例输入账套号为700。

③ 账套名称。账套名称可以输入核算单位的简称,为必须输入项。进入系统后它将显示在正在运行的软件界面上。本例输入"菲尼电器"。

④ 账套路径。用来确定新建账套将要被放置的位置。系统默认的路径为C:\UFSMART\Admin,可以对其进行人工更改,也可以单击 … 按钮进行选择输入。

⑤ 启用会计期。启用会计期是指使用T3进行业务处理的初始日期为必须输入项。系统默认为计算机的系统日期,本例更改为"2021年1月"。系统自动将自然月份作为会计核算期间,如图2.5所示。

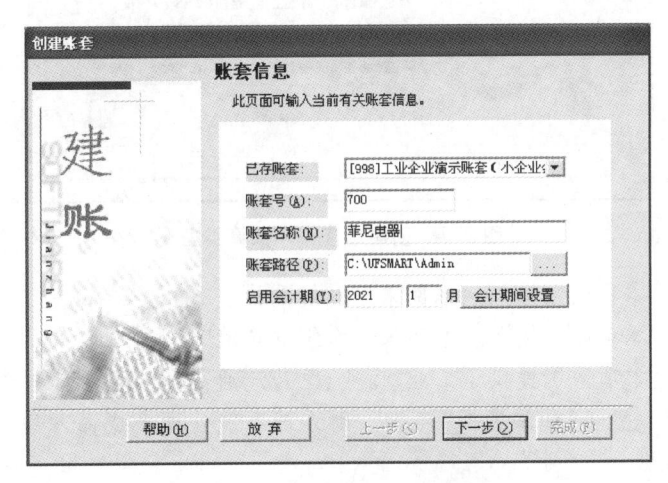

图2.5 创建账套——账套信息

(2) 单击"下一步"按钮,打开"创建账套——单位信息"对话框。输入单位信息,如图2.6所示。

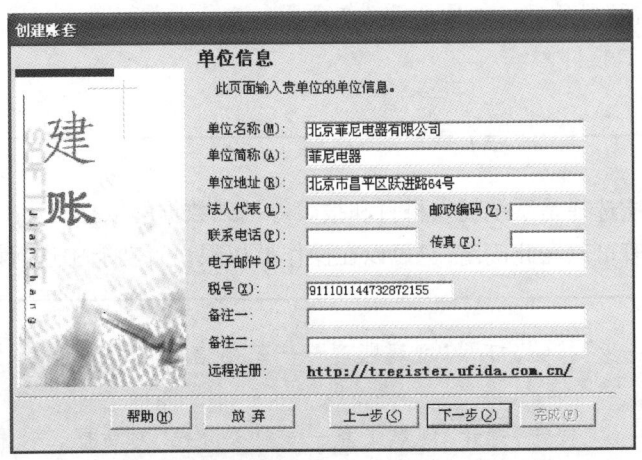

图2.6 创建账套——单位信息

① 单位名称。此处必须输入企业的全称。企业全称在正式发票中使用,其余情况全部使用企业简称。本例输入"北京菲尼电器有限公司"。

② 单位简称。此处是用户单位的简称,最好输入。本例输入"菲尼电器"。

其他栏目都属于可选项,参照所给资料输入即可。

(3) 单击"下一步"按钮,打开"创建账套——核算类型"对话框。输入核算类型,如图2.7所示。

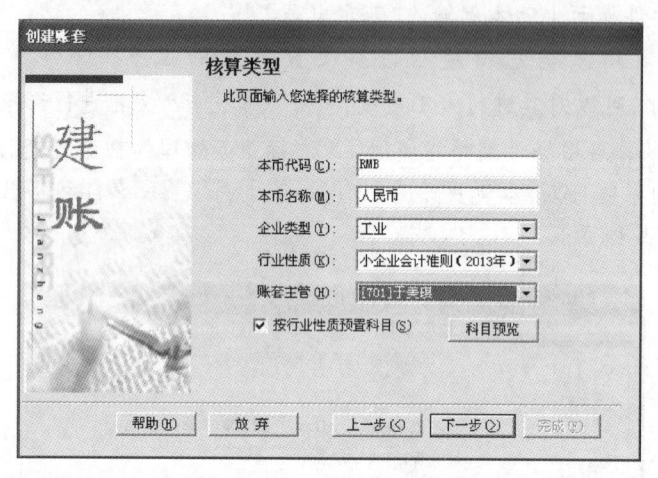

图 2.7　创建账套——核算类型

① 本币代码。本项必须输入。本例采用系统默认值 RMB。

② 本币名称。本项必须输入。本例采用系统默认值"人民币"。

③ 企业类型。本项系统提供了工业、商业、医药流通3种类型。如果选择"工业",则系统不能处理受托代销业务;如果选择"商业",则系统不能处理产成品入库、材料领用出库业务。本例采用系统默认"工业"。

④ 行业性质。用户必须从下拉列表框中选择输入,系统将按照所选择的行业性质预置科目。本例采用系统默认"小企业会计准则(2013)"。

⑤ 账套主管。从下拉列表框中选择"[701]于美琪"。

⑥ 按行业性质预置科目。如果希望系统预置所属行业的标准一级科目,则选中该复选框。本例选中此复选框。

> **提示**
>
> (1) 行业性质选择是系统提供科目和报表等基础数据的依据。
>
> (2) 账套主管可以在此确定,也可以在操作员权限设置功能中进行设置。

(4) 单击"下一步"按钮,打开"创建账套——基础信息"对话框。输入基础信息,如图2.8所示。

(5) 单击"下一步"按钮,打开"创建账套——业务流程"对话框。采用系统默认设置。

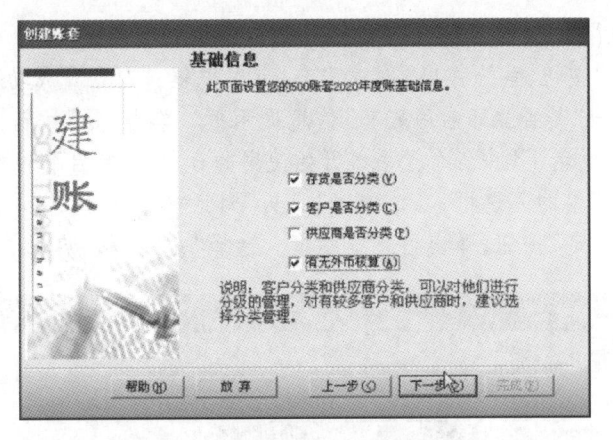

图2.8 创建账套——基础信息

> **提示**
>
> 如果企业的存货、客户、供应商相对较多,可以对它们进行分类管理。分类的目的是为了提供统计分析的口径。

(6)单击"完成"按钮,弹出系统提示"可以创建账套了吗?"。单击"是"按钮,稍候一段时间,系统按输入的信息建立企业数据库,完成后打开"分类编码方案"对话框。按要求设置编码方案,如图2.9所示。

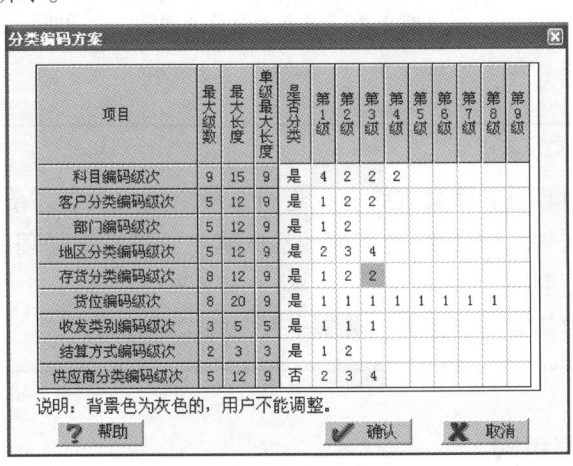

项目	最大级数	最大长度	单级最大长度	是否合分类	第1级	第2级	第3级	第4级	第5级	第6级	第7级	第8级	第9级
科目编码级次	9	15	9	是	4	2	2	2					
客户分类编码级次	5	12	9	是	1	2	2						
部门编码级次	5	12	9	是	1	2							
地区分类编码级次	5	12	9	是	2	3	4						
存货分类编码级次	8	12	9	是	1	2	2						
货位编码级次	8	20	9	是	1	1	1	1	1	1	1	1	
收发类别编码级次	3	5	5	是	1	1	1						
结算方式编码级次	2	3	3	是	1	2							
供应商分类编码级次	5	12	9	否	2	3	4						

说明:背景色为灰色的,用户不能调整。

图2.9 分类编码方案

> **提示**
>
> (1)科目编码级次的第1级级长根据核算类型界面选择的行业性质决定,其他级次、级长可根据需要修改。
>
> (2)删除编码级次时,需要从后向前逐级删除。

(7) 单击"确认"按钮,打开"数据精度定义"对话框。

(8) 单击"确认"按钮,系统弹出"创建账套{菲尼电器:[700]}成功。"信息提示框,单击"确定"按钮,系统弹出"是否立即启用账套"信息提示框。单击"是"按钮,打开"系统启用"对话框。系统启用是指设定T3中各个子系统开始使用的日期,只有启用后的子系统才能登录。

(9) 单击"总账"前的复选框,系统弹出"日历"对话框。选择2021、一月、1日,如图2.10所示。单击"确定"按钮,弹出信息提示框。选择"是"按钮,启用总账子系统。

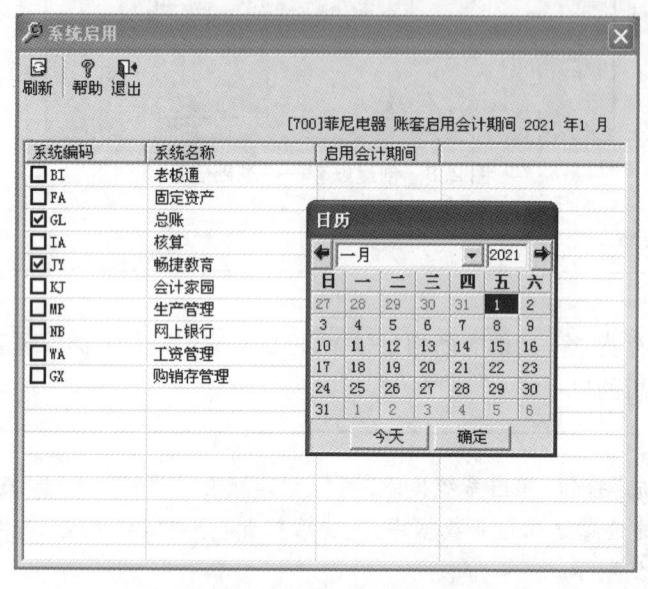

图2.10 启用总账子系统

提示

(1) 只有系统管理员和账套主管有权进行系统启用的设置。系统管理员在建账的最后一个环节可以设置系统启用;建账完成后账套主管在系统管理界面的"账套"|"启用"中可以进行系统启用。

(2) 各系统的启用时间必须大于或等于账套的启用时间。

任务4 设置操作员权限

知识点

1. 按岗位职责赋权

权责划分是企业内部控制的一项重要内容。T3中划分了不同的子系统,每个子系统具有不同的功能,体现在其功能菜单上。设置操作员权限就是根据其岗位职责为其开放T3中的哪些功能,只有授权的功能操作员才可以进行操作,从而保证数据安全。

2. 谁能赋权

只有系统管理员和账套主管有权进行操作员权限设置,但两者的权限又有所区别。系统管理员既可以为某账套指定账套主管,也可以对各个账套的操作员进行权限设置;账套主管只可以对操作员进行权限设置,不能指定账套主管。

跟我练

按表2.2所示设置操作员权限。

表2.2 操作员权限

操作员	岗 位	分管工作	权 限
701 于美琪	财务部经理	负责财务部全面工作	账套主管
702 马群	会计	填制凭证、工资核算、固定资产核算、成本核算、应收应付核算	公用目录设置、总账、工资管理、固定资产、核算、应收管理、应付管理
703 姜楠	出纳	货币资金管理、现金收付凭证审核	现金管理、出纳签字、查询凭证

(1)以系统管理员的身份登录系统管理,选择"权限"|"权限"命令,打开"操作员权限"对话框。

(2)从账套下拉列表框中选择"[700]菲尼电器"账套,再从操作员列表框中选择"701 于美琪",查看于美琪已经是700账套的账套主管。

(3)从操作员列表中选择"702 马群",单击"增加"按钮,打开"增加权限—[702]"对话框。双击选择"产品分类选择"列表框中的"公用目录设置""固定资产""总账""工资管理""应付管理""应收管理""核算",如图2.11所示。然后单击"确定"按钮。

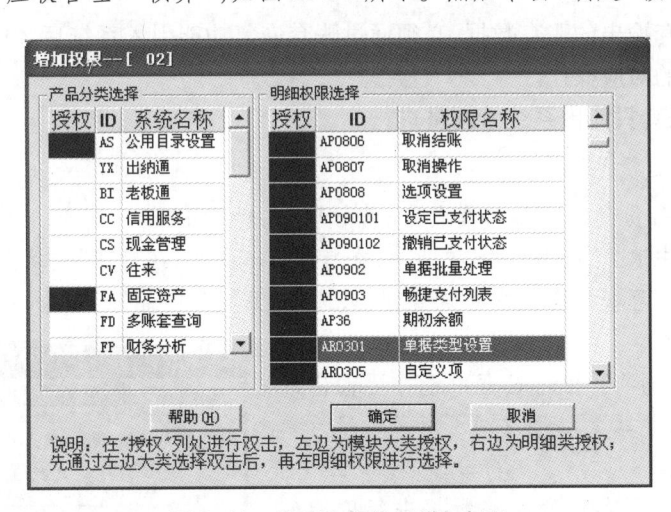

图2.11 为702操作员增加权限

(4)从操作员列表框中选择"703 姜楠",单击"增加"按钮,打开"增加权限—[703]"对话框。双击选择"产品分类选择"列表框中的"现金管理",再单击选择"产品分类选择"列表框中的"总账",在右侧的"明细权限选择"列表框中双击"出纳签字"和"查询凭证",如图

2.12 所示。然后单击"确定"按钮,权限列表中就增加了相应的功能权限。

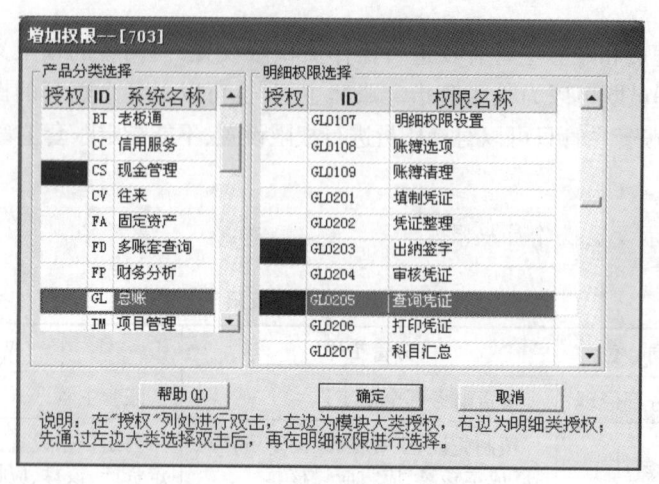

图 2.12 为 703 操作员增加权限

任务 5 备份账套

知识点

任何使用计算机系统的企业,均会视安全性为第一要务。威胁来自众多的不可预知的因素,如病毒入侵、硬盘故障、自然灾害等,这些都会造成数据丢失,对企业的影响是不可估量的。因此,应定期将系统中的数据进行备份并保存在另外的存储介质上。一旦数据损坏,可以通过引入最近一次备份的数据及时恢复到上一次备份的状态,从而保证企业日常业务的正常进行。

通过备份账套输出的账套数据,必须通过账套恢复功能引入系统后才能使用,因此恢复账套是备份账套的对应操作。

备份\恢复账套只能由系统管理员进行。

跟我练

将 700 账套备份到"E:\账套备份\系统管理"文件夹中。

(1) 在 E 盘中建立"账套备份"文件夹,在其中再建立"系统管理"文件夹。

(2) 以系统管理员的身份在系统管理中,选择"账套"|"备份"命令,打开"账套输出"对话框。

(3) 从"账套号"下拉列表框中选择要输出的账套"[700]菲尼电器",如图 2.13 所示。然后单击"确认"按钮。

(4) 系统对所要备份的账套数据进行压缩处理,稍候系统压缩完成,打开"选择备份目标"对话框。

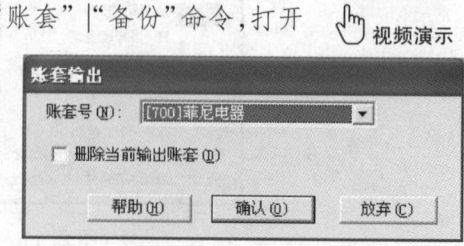

图 2.13 账套备份

(5) 选择存放账套备份数据的文件夹为"E:\账套备份\系统管理",单击"确认"按钮,系统弹出"硬盘备份完毕!"信息提示框。然后单击"确定"按钮返回。

> **提示**
>
> （1）备份路径下有两个文件 UFDATA.BA_和 UF2KAct.Lst。这两个备份文件只能通过恢复账套功能还原到 T3 中才可以阅读。
> （2）备份账套前应关闭正在运行的所有子系统。
> （3）如果在账套输出界面选中"删除当前输出账套"复选框，即可以删除当前账套。

任务6　恢复账套

知识点

账套恢复是指将硬盘或其他存储介质中的备份数据恢复到指定路径中。计算机故障或病毒侵犯都会导致系统数据受损，这时利用账套恢复功能恢复备份数据，可以将损失降到最低。另外，这一功能为集团公司的财务管理提供了方便。子公司的账套数据可以定期被恢复到母公司系统中，以便进行有关账套数据的分析和合并工作。

跟我练

利用账套恢复功能将 700 账套恢复到本机中。700 账套的存储路径为"E:\账套备份\系统管理"。

（1）以系统管理员身份在系统管理中选择"账套"|"恢复"命令，打开"恢复账套数据"对话框。

（2）选择指定路径下的 UF2KAct.Lst 文件后单击"打开"按钮，系统弹出"此项操作将覆盖[700]账套当前所有的信息，继续吗？"信息提示框。

（3）单击"是"按钮，系统进行账套数据的恢复，完成后提示"账套[700]恢复成功！"。然后单击"确定"按钮返回。

> **提示**
>
> 恢复账套将覆盖系统中同账套号内的所有数据，且一旦覆盖不能恢复，因此应慎重。

2.3　拓展应用

前已叙及，除了系统管理员可以登录系统管理外，账套主管也可以登录系统管理，进行账套信息查看或修改，进行系统启用，为操作员设置除账套主管之外的权限。

任务1　查看上机日志

知识点

为了保证系统的安全运行，系统随时对登录 T3 系统的操作员的上下机时间、操作的具体功能等情况进行登记,形成上机日志,以便使所有的操作都有迹可循。上机日志也可以为维护人员查找系统故障提供参考依据。

只有系统管理员能查看上机日志。

跟我练

(1) 以系统管理员身份登录系统管理,选择"视图"|"上机日志"命令,打开"上机日志"对话框。

(2) 可以查看到登录日期、登录时间、登录操作员、执行的功能、登录的子系统等信息。

任务2 查看或修改账套信息

知识点

账套建立后或经过一段时间的运行,发现账套的某些信息需要修改或补充时,可以通过修改账套功能完成。

只有账套主管有权修改账套。

跟我练

由账套主管701于美琪查看700菲尼电器账套信息。

1. 以账套主管身份登录系统管理

(1) 如果已经以系统管理员的身份进入了系统管理,需要选择"系统"|"注销"命令注销当前操作员。然后重新选择"系统"|"注册"命令,打开"注册〖控制台〗"对话框。

(2) 输入用户名为701、密码为1,在"账套"下拉列表框中选择"[700]菲尼电器",如图2.14所示。

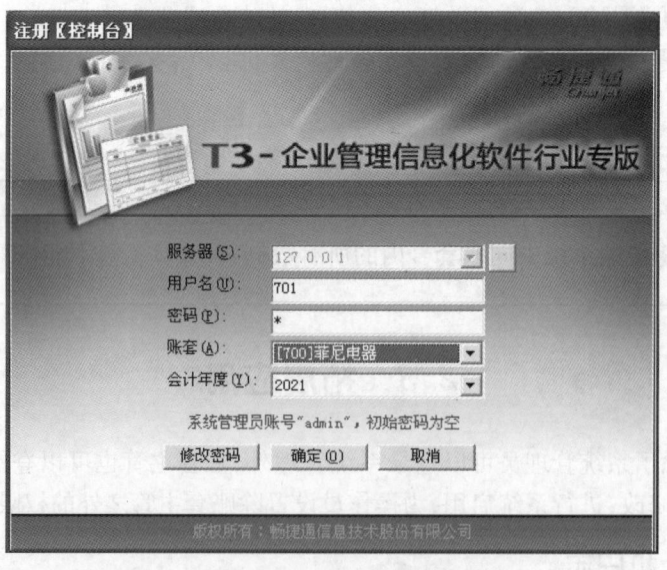

图2.14 以账套主管身份登录系统管理

(3) 单击"确定"按钮,以账套主管的身份进入系统管理。

2. 查看账套信息

（1）以账套主管的身份登录系统管理，选择"账套"|"修改"命令，打开"修改账套"对话框。

（2）单击"下一步"按钮，查看或修改账套信息，最后单击"完成"按钮，完成账套信息修改。

> **提示**
>
> （1）不是所有的账套信息都能修改，如账套号就不能修改。
> （2）分类编码方案和数据精度在 T3 的基础设置中可以修改。

随堂测

一、判断题

1．只有以账套主管的身份登录系统管理才能进行创建账套的工作。　　（　　）
2．只有系统管理员才能增加操作员。　　（　　）
3．一个账套，可以指定多个账套主管。　　（　　）
4．每个企业的账套号是唯一的。　　（　　）
5．系统不提供删除账套的功能。　　（　　）

二、选择题

1．增加操作员时，必须输入的项目包括(　　)。
A．操作员编号　　　　　　　　B．操作员姓名
C．操作员口令　　　　　　　　D．操作员所属部门

2．(　　)是区分不同账套的唯一标识。
A．账套号　　　B．账套名称　　　C．单位名称　　　D．账套主管

3．系统管理员无权进行的操作是(　　)。
A．建立账套　　　B．修改账套　　　C．备份账套　　　D．恢复账套

4．关于账套主管，以下说法正确的是(　　)。
A．可以增加用户
B．可以为本账套的用户设置权限
C．自动拥有本账套所有子系统的操作权限
D．可以删除自己所管辖的账套

5．恢复账套时，如果系统内已存在相同账套号的数据，则(　　)。
A．无法恢复
B．覆盖系统中同账套号内的所有数据
C．恢复为账套号不同的另外一个账套
D．将恢复的数据追加到系统中同账套号的账套中

三、思考题
1．企业中的所有员工都是操作员吗？为什么要设置操作员？
2．是不是账套主管必须在建立账套时选定？为什么？
3．选择不同的企业类型区别在哪里？
4．如果在建账时忘记了对"客户进行分类"，还有办法修改吗？如何修改？
5．系统提供了哪些保障系统安全的手段？

工作项目 3 基础设置

知识目标
- 了解基础设置的重要性。
- 理解各项基础档案的含义。
- 掌握基础档案整理的内容。

技能目标
- 掌握不同类别的基础档案的输入方法。

思政育人

增强保密意识，维护国家安全

3.1 基础设置认知

3.1.1 基础设置的主要内容

基础设置主要包括基本信息、基础档案、单据设置和常用摘要设置等。

1. 基本信息

在基本信息中可以对企业建账过程中设定的编码方案和数据精度进行查看或修改。

2. 基础档案

建账完成后只是在数据库管理系统中为菲尼电器建立了一个新的数据库，用来存放企业即将录入的各种业务数据。当经济业务发生时，企业要进行正确的记录和计量需要用到很多基础档案，如收款要涉及客户，报销要涉及部门和人员，填制凭证要用到凭证类型和会计科目等。因此，必须要事先将这些公共的基础档案建立到系统中，然后才能开始日常业务处理。基础档案是 T3 系统日常运行的基础。

设置基础档案的前提是确定基础档案的编码方案。基础档案的设置必须要遵循编码方案中所设置的级次及各级编码长度的规定。按照基础档案的用途不同，系统将基础档案划分为机构设置、往来单位、存货、财务、收付结算等。

3. 单据设置

原始单据是企业经济业务发生的证明，如代表材料入库的采购入库单、购销业务中的专用发票等。单据设置包括单据格式设置、单据编号设置和单据打印控制。

不同企业各项业务处理中使用的单据可能存在细微的差别，T3 系统中预置了常用单据模板，允许用户对各单据类型的多个显示模板和多个打印模板进行设置，以满足企业个性化的单据格式需求。单据编号是单据的标识，T3 系统默认单据采取流水编号。如果企业根据业务需要有特定的编号规则,可以设置为手工编号方式。

3.1.2 基础档案的整理

手工环境下,企业的基础数据分散在各个业务部门,如客户档案由销售部管理、会计科目由财务部管理、产品结构由技术部管理,因此基础档案的整理不仅涉及财务部门,还涉及业务部门。另一方面,信息系统的优势是信息集成和共享,设置的基础档案的内容会被多个业务管理环节参照。因此,很多手工状态已有的档案信息,需要补充完善,只有基础信息齐备,才能让系统发挥最大的作用。基于以上两点原因,基础档案收集、整理的工作量很大。

按照 T3 的要求,从实现财务业务一体化的管理需求出发,需要准备的基础档案如表 3.1 所示。

表 3.1 基础档案的整理

基础档案分类	基础档案目录	档案用途	前提条件
机构设置	部门档案	设置与企业财务核算和管理有关的部门	设置部门编码方案
	职员档案	设置企业职工信息	设置部门档案
往来单位	客户分类	便于进行业务数据的统计、分析	先确定对客户分类,然后确定编码方案
	客户档案	便于进行客户管理和业务数据的输入、统计、分析	建立客户分类档案
	供应商分类	便于进行业务数据的统计、分析	先确定对供应商分类,然后确定编码方案
	供应商档案	便于进行供应商管理和业务数据的输入、统计、分析	建立供应商分类档案
	地区分类	针对客户、供应商所属地区进行分类,便于进行业务数据的统计、分析	
存货	存货分类	便于进行企业存货的输入、统计、分析	先确定对存货分类,然后确定编码方案
	存货档案	便于存货核算、统计、分析和实物管理	建立存货分类档案
财务	会计科目	设置企业核算的科目目录	设置科目编码方案和外币种类
	凭证类别	设置企业核算的凭证类型	
	外币种类	设置企业用到的外币种类和汇率	
	项目目录	设置企业需要对其进行核算和管理的对象、目录	可将存货、成本对象、现金流量直接作为核算的项目目录
收付结算	结算方式	资金收付业务中用到的结算方式	
	付款条件	设置企业与往来单位协议规定的收、付款折扣优惠方法	
	开户银行	设置企业在收付结算中对应的开户银行信息	

续　表

基础档案分类	基础档案目录	档案用途	前提条件
购销存	仓库档案	设置企业存放存货的仓库信息	
	收发类别	设置企业的入库、出库类型	
	采购类型	设置企业在采购存货时的各项业务类型	设置好收发类别为收
	销售类型	设置企业在销售存货时的各项业务类型	设置好收发类别为发
	产品结构	设置企业各种产品的组成内容，以利于配比出库、成本计算	建立存货、仓库档案

3.1.3　基础档案的输入

基础档案整理完成后，还需要准确、完整地输入系统。录入基础档案时需要注意以下两点。

1. 基础档案的设置应遵从一定的顺序

有些基础档案之间存在前后承接关系，如必须在设置客户分类的基础上再设置客户档案。因此，基础档案录入时要注意先后顺序。

2. 输入基础档案编码时要遵守之前设定的编码规则

对各类基础档案进行编码是信息系统的基本要求。为此，在建账时就要求对各种基础档案设置编码规则，基础档案中的第1项输入内容就是编码，输入编码时一定要遵守已经设定的编码规则，否则系统拒绝保存。

表3.1中列示了企业业财一体化要准备的所有基础档案，本项目中我们先完成与财务信息化相关的基础档案输入。

3.2　实战演练

以系统管理员的身份在系统管理中恢复"系统管理"账套；以账套主管701于美琪的身份登录T3，进行基础档案设置。

任务1　机构设置

知识点

机构设置包含两项内容：部门档案和职员档案。必须先建立部门档案，再建立职员档案。

1. 部门档案

部门是指与企业财务核算或业务管理相关的职能单位，不一定与企业设置的现存部门一一对应。设置部门档案的作用在于：企业的收入、费用通常按部门归集；职工工资按部门

工作项目 3 基础设置

统计;企业购置的固定资产需要按部门进行管理。

2. 职员档案

职员是指与企业业务活动有关的企业员工,如采购员、销售员等。设置职员档案的作用在于:按职员记录借款还款情况;按职员统计销售业绩;追踪订单;等等。

跟我练

菲尼电器部门档案如表3.2所示。职员档案如表3.3所示。

表3.2 部门档案

部门编码	部门名称
1	企管部
2	财务部
3	采购部
4	销售部
5	生产部

表3.3 职员档案

职员编号	职员名称	所属部门
101	康凡	企管部
201	于美琪	财务部
202	马群	财务部
203	姜楠	财务部
301	王曼	采购部
401	苏美美	销售部
501	陈小春	生产部

1. 以账套主管的身份登录T3

(1) 选择"开始"|"所有程序"|"T3-企业管理信息化软件行业专版"|T3|"T3-企业管理信息化软件行业专版"命令,打开"注册〖控制台〗"对话框。

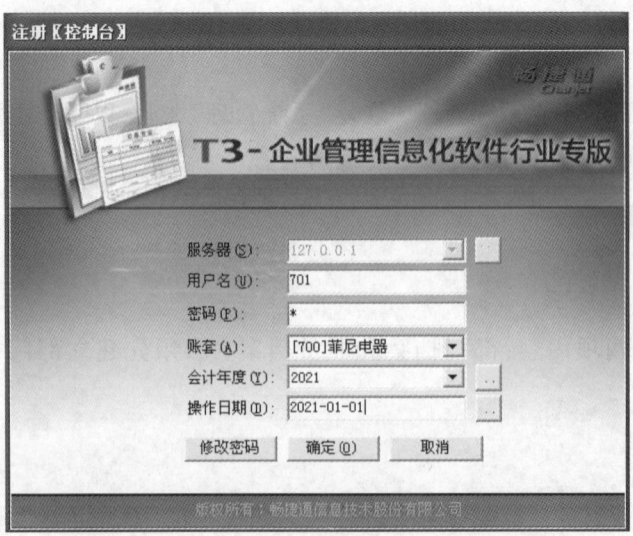

(2) 输入用户名为701、密码为1,选择"[700]菲尼电器"账套、操作日期为"2021-01-01",如图3.1所示。

图3.1 登录T3-企业管理信息化软件行业专版

(3) 单击"确定"按钮，进入 T3 主界面，如图 3.2 所示。

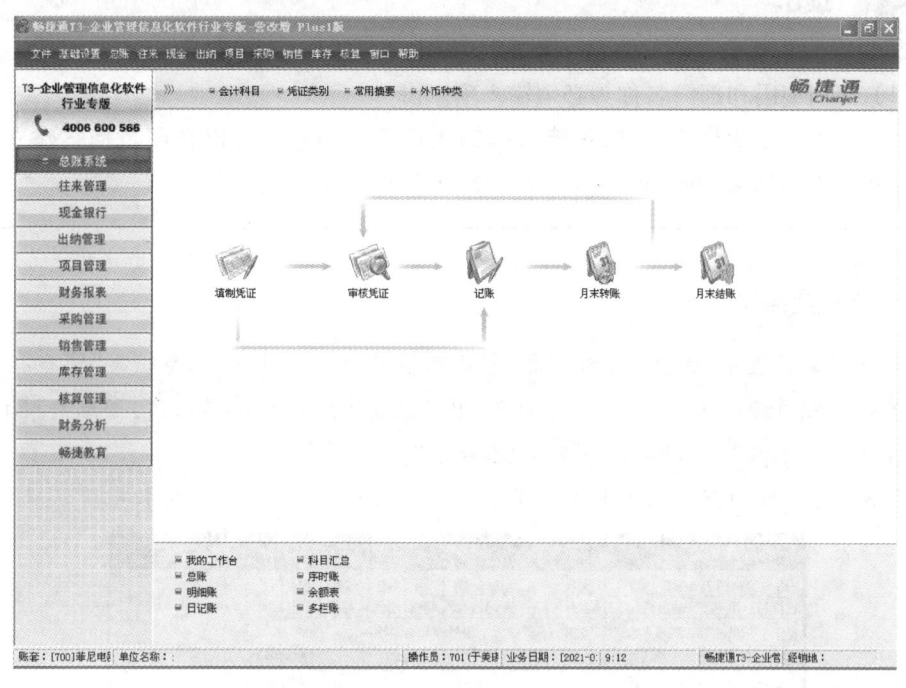

图 3.2　T3 主界面

> **提示**
>
> （1）为了安全起见，操作员应定期更换自己的登录密码，方法是在"注册〖控制台〗"对话框中通过单击"修改密码"按钮完成。
>
> （2）T3 主界面中最上面是功能菜单，左侧为快捷菜单。进入某个子系统后，T3 主界面显示该子系统的标准流程，鼠标右击上面的或左侧的子系统，选择"注销"即退出该子系统。

2. 输入部门档案

（1）在基础设置中，选择"机构设置"|"部门档案"命令，进入"部门档案"窗口。

（2）输入部门编码为 1、部门名称为"企管部"，然后单击"保存"按钮。

（3）同理，输入其他部门档案。全部资料输入完成后，如图 3.3 所示。

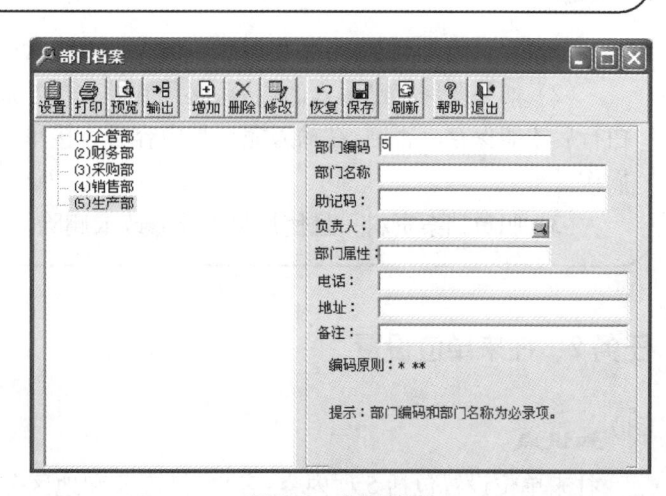

图 3.3　部门档案

> **提示**
>
> (1) 部门编码和部门名称为必须输入项。
>
> (2) 在未建立职员档案前,不能选择输入负责人信息。可以在职员档案建立完成后,再回到"部门档案"对话框通过"修改"按钮补充输入负责人信息。

3. 输入职员档案

(1) 在基础设置中,选择"机构设置"|"职员档案"命令,进入"职员档案"窗口。

(2) 输入职员编号为101、职员名称为"康凡"。然后双击所属部门,再单击 🔍(参照)按钮,打开"部门参照"对话框,从中选择"企管部"。

(3) 单击"增加"按钮,输入其他职员信息。全部输入完成后,如图3.4所示。

职员编号	职员名称	职员助记码	所属部门
101	康凡	KF	企管部
201	于美琪	YMQ	财务部
202	马群	MQ	财务部
203	姜楠	JN	财务部
301	王曼	WM	采购部
401	苏美美	SMM	销售部
501	陈小春	CXC	生产部

图 3.4 职员档案

> **提示**
>
> (1) 职员编号、职员名称和所属部门为必须输入项。
>
> (2) 如果要保存已输入的内容,必须在单击"增加"按钮(或按回车键)增加新的空白行后才能保存。否则,在输入完一行内容后直接单击"退出"按钮,则放弃对当前行的操作。
>
> (3) 职员档案资料一旦使用将不能修改或删除。

任务2 往来单位设置

知识点

往来单位设置包括5项内容:客户、供应商和地区分类设置,以及客户和供应商档案设置。必须先建立分类,才能在分类下建立档案。

1. 客户和供应商分类

当企业客户和供应商较多时,可以按照一定的标准对客户和供应商进行分类,以便对业务数据进行统计和分析。例如,可以按照行业、地区、规模等分类。只有在建立账套时选择了对客户和供应商进行分类,才能在基础设置中建立客户分类档案和供应商分类档案。

2. 客户和供应商档案

客户是企业的重要资源,建立客户分类后,必须将客户设置在最末级的客户分类之下。如果对客户和供应商没有进行分类管理的需求,可以直接建立客户和供应商档案。

跟我练

菲尼电器客户分类如表3.4所示;客户档案如表3.5所示;供应商档案如表3.6所示。

表3.4 客户分类

客户分类编码	客户分类名称
1	批发商
2	代理商

表3.5 客户档案

编号	客户名称	简称	所属分类码	税号	开户银行	银行账号	分管部门	专管业务员
001	北京唯品贸易城	唯品	1	911101153489854999	工行北京分行	11015892349	销售部	苏美美
002	山东鲁阳经贸有限公司	鲁阳	1	913701023884322855	工行山东分行	22100032341	销售部	苏美美
003	福建银泰贸易有限责任公司	银泰	2	913501113487928511	工行福建分行	44210499852		

表3.6 供应商档案

编号	供应商名称	简称	税号	开户银行	账号	分管部门	专管业务员
001	北京天翼不锈钢有限公司	天翼	91110115000102972A	工行北京分行	01099888890	采购部	王曼
002	上海鸿飞科技有限公司	鸿飞	913604033487928511	工行上海分行	24318792378	采购部	王曼

1. 输入客户分类

(1) 在基础设置中,选择"往来单位"|"客户分类"命令,进入"客户分类"窗口。

(2) 单击"增加"按钮,在右侧窗格的"类别编码"中输入"1""类别名称"中输入"批发商",单击"保存"按钮。

(3) 按表 3.4 所示内容输入其他资料。

2. 输入客户档案

(1) 在基础设置中,选择"往来单位"|"客户档案"命令,进入"客户档案"窗口。

(2) 在左侧列表中选择客户分类"1 批发商",单击"增加"按钮,打开"客户档案卡片"对话框。按表 3.5 所示内容输入客户档案信息。

在"客户档案卡片"对话框中,客户信息分为"基本""联系""信用""其他"几个选项卡存放。

对"基本"选项卡中的各选项说明如下:

① 客户编号。客户编号必须唯一,可以用数字或字符(含汉字或空格)表示。此项必须输入,且一经输入不得修改。

② 客户名称。客户名称可以是汉字或英文字母,不能为空。客户名称一般用于销售发票的打印。

③ 客户简称。客户简称可以是汉字或英文字母,不能为空。客户简称用于业务单据和账表的屏幕显示。例如,屏幕上销售发货单的"客户"栏中显示的内容即为客户简称。

④ 所属分类码。系统根据增加客户前所选择的客户分类自动填写。

⑤ 所属地区码。输入客户所属地区的代码。在输入系统中已存在的代码时,自动转换成地区名称,显示在该选项的文本框内。

⑥ 客户总公司。客户总公司是指当前客户所隶属的最高一级的公司——该公司必须是已经设定的另一个客户。在进行销售开票结算处理时,对具有同一个客户总公司的不同客户的发货业务,可以汇总在一张发票中统一开票结算。输入客户所属总公司的客户编号,当输入系统中已存在的编号时,会自动转换成客户简称,显示在该选项右侧的文本框内。

⑦ 所属行业。输入客户所归属的行业。该选项可以为空。

⑧ 税号。输入客户的税号,用于销售发票税号栏内容的屏幕显示和打印输出。

⑨ 法人。输入客户单位法人代表的姓名。该选项可以为空。

⑩ 开户银行、银行账号。在开户银行选项处输入客户开户银行的名称,如果客户的开户银行有多个,在此处输入该单位与本单位发生业务往来最常用的开户银行,此选项可以为空;在银行账号选项处输入客户在其开户银行中的账号,银行账号应对应于开户银行一项所填写的内容。

> **提示**
>
> 不录入客户税号将无法为该客户开具销售专用发票。

对"联系"选项卡中的各选项说明如下:

① 地址、电话、手机。用于销售发票相应栏目内容的屏幕显示和打印输出。

② 发货地址。为销售发货单中发货地址栏设置默认取值,通常为客户主要仓库的地址。

③ 发货方式。为销售发货单中发货方式栏设置默认取值。

④ 发货仓库。设置销售单据中仓库的默认取值。

对"信用"选项卡中的各选项说明如下：

① 应收余额。这是指客户当前的应收账款的余额。此选项由系统自动维护，用户不能修改。

② 扣率。输入客户在一般情况下可以享受的购货折扣率，作为销售单据中折扣栏的默认取值。

③ 信用等级。按照用户自行设定的信用等级分级方法，依据客户在应收款项方面的表现，输入客户的信用等级。

④ 信用额度。输入该客户的授信额度。

⑤ 信用期限。可作为计算客户超期应收款项的计算依据。其度量单位为"天"。

⑥ 付款条件。用于销售单据中付款条件的默认取值。

⑦ 最后交易日期。系统自动显示客户最后一笔业务的交易日期。

⑧ 最后交易金额。系统自动显示客户最后一笔业务的交易金额。

⑨ 最后收款日期。系统自动显示客户最后一笔业务的收款日期。

⑩ 最后收款金额。系统自动显示客户最后一笔业务的收款金额。

> **提示**
>
> 应收余额、最后交易日期、最后交易金额、最后收款日期、最后收款金额 5 项内容由系统自动维护，只能查看，不能修改。

对"其他"选项卡中的各选项说明如下：

① 分管部门。该客户归属分管的销售部门。

② 专营业务员。这是指该客户由哪个业务员负责联系。

③ 发展日期。与客户建立供货关系的起始时间。

④ 停用日期。自停用日期之始，在任何业务单据中都不允许再参照该客户。

(3) 输入完成后的"客户档案"窗口如图 3.5 所示。

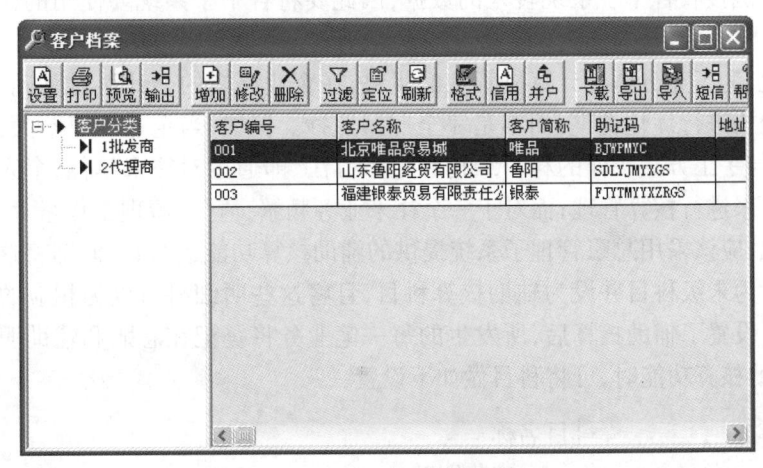

图 3.5 客户档案

3. 输入供应商档案

（1）在基础设置中，选择"往来单位"|"供应商档案"命令，进入"供应商档案"窗口。

（2）在左侧列表中选择"00 无分类"，然后单击"增加"按钮，打开"供应商档案卡片"对话框。

（3）按表 3.6 所示的资料输入供应商档案信息。

任务 3　财务设置

知识点

财务相关档案设置包括外币设置、会计科目设置、凭证类别设置和项目目录设置。

1. 外币设置

如果企业有外币核算业务，需要事先进行外币和汇率的设置。此后，如果在填制凭证时使用了外币核算科目，系统会自动调用在此处设置的汇率，从而既减轻了用户重复输入汇率的工作量，又可有效避免差错的发生。

在外币设置中可以设置外币的种类及汇率。

2. 会计科目设置

设置会计科目是会计核算方法之一，用于分门别类地反映企业经济业务，是登记账簿、编制会计报告的基础。会计科目设置主要包括增加会计科目、修改会计科目和指定会计科目。

1）增加会计科目

T3 系统按照企业建账时选择的行业性质预置了与行业性质对应的一级会计科目和部分二级会计科目，企业可根据本单位实际情况补充明细科目。

在设置会计科目时，应该注意以下问题：首先，会计科目的设置必须满足会计报表编制的要求，凡是报表所用数据，需要从系统取数的，必须设立相应的科目；其次，会计科目要保持相对稳定；最后，设置会计科目要考虑各个子系统的衔接。在总账管理子系统中，只有末级会计科目才能接收各个子系统转入的数据，因此要将各个子系统要使用的核算科目设置为末级科目。

一般来说，为了充分体现计算机管理的优势，在企业原有的会计科目基础上，应对以往的一些科目结构进行优化调整，而不是完全照搬照抄。例如，当企业规模不大、往来业务较少时，可采用与手工方式一样的科目结构和记账方法，即通过对往来单位、个人、部门、项目设置明细科目来进行核算管理；而对于一个往来业务频繁，清欠、清理工作量大，核算要求严格的企业来说，应该采用总账管理子系统提供的辅助核算功能进行管理，即将这些明细科目的上级科目设为末级科目并设为辅助核算科目，且将这些明细科目设为相应的辅助核算目录。一个科目设置了辅助核算后，所发生的每一笔业务将登记在总账和辅助明细账上。例如，未使用辅助核算功能时，可将科目做如下设置：

科目编码　　　　　　科目名称
　1122　　　　　　　　应收账款

112201		唯品
112202		鲁阳
……		
1221		其他应收款
122101		差旅费应收款
12210101		康凡
12210102		苏美美
122102		个人借款
12210201		陈小春
12210202		王曼
……		
5001		主营业务收入
500101		全钢热水壶
500102		养生煮茶壶
……		
5602		管理费用
560201		办公费
56020101		企管部
56020102		财务部
……		

启用总账管理子系统的辅助核算功能进行核算时，可将科目做如下设置：

科目编码	科目名称	辅助核算
1122	应收账款	客户往来
1221	其他应收款	
122101	差旅费应收款	个人往来
122102	个人借款	个人往来
5001	主营业务收入	项目核算
5602	管理费用	
560201	办公费	部门核算

2）修改会计科目

系统预置的会计科目均没有设置辅助核算，如库存现金科目未设置日记账核算、应收账款未指定客户往来核算，因此需要利用修改会计科目功能为科目设置合适的辅助核算。

3）指定会计科目

指定会计科目就是指定出纳的专管科目，包括现金科目和银行存款科目。指定会计科目后，才能执行出纳签字，从而实现现金、银行管理的保密性，才能查看现金、银行存款日记账。此外，为了加强对企业现金流量的管理，编制现金流量表，还需要指定现金流量科目。

3. 凭证类别设置

在手工环境下，企业多采用收、付、转 3 类凭证或银、现、转 3 类凭证，或者划分为银收、银付、现收、现付、转 5 类凭证。当然,还有更复杂的分类。为什么要对凭证分类呢?其深层原因在于:一是不同类别的凭证可以印制成不同的颜色,有些凭证只需要填写对方科目,从而节省书写的工作量;另一个原因是便于分类统计汇总。在信息化环境下实现了计算机自动记账,且各类查询是以科目编号为检索条件的,因此凭证分类的意义已不复存在,为简化起见,可采用单一凭证类别。

4. 项目目录设置

在所有类别的辅助核算中,项目是最灵活、最不好理解的一个概念。项目可以是工程,可以是订单,也可以是产品。总之,我们可以把需要单独计算成本或收入的对象都视为项目。在企业中通常存在多种不同的项目,对应地在软件中可以定义为多类项目核算,将具有相同特性的一类项目定义为一个项目大类。为了便于管理,对每个项目大类还可以进行明细分类,在最末级明细分类下再建立具体的项目档案。为了在业务发生时将数据准确归入对应的项目,需要在项目和已设置为项目核算的科目间建立对应关系。这是不是有些复杂呢?其实,只要遵循以下提示就可以快速建立项目档案。

(1) 定义项目大类。定义项目大类包括指定项目大类名称、定义项目级次和定义项目栏目 3 项工作。项目级次是确定该项目大类下所管理的项目级次和每级的位数;项目栏目是针对项目属性的记录。例如,定义项目大类"工程","工程"下又分了一级,则设置 1 位数字即可,而"工程"要记录的必要内容,如"工程号""工程名称""负责人""开工日期""完工日期"等可作为项目栏目。

(2) 指定核算科目。这是指指定设置了项目辅助核算的科目具体要核算哪一个项目,以建立项目和核算科目之间的对应关系。

(3) 定义项目分类。例如,将工程分为"自建工程"和"外包工程"。

(4) 定义项目目录。定义项目目录是指将每个项目分类中所包含的具体项目输入系统。具体每个项目输入哪些内容取决于项目栏目的定义。

跟我练

(1) 外币核算。

菲尼电器采用固定汇率核算外币,外币只涉及美元一种,美元币符为 $,2021 年 1 月初汇率为 7.2。

(2) 会计科目设置。

按表 3.7 所示增加菲尼电器常用会计科目;按表 3.8 所示修改会计科目,并指定"1001 库存现金"为现金总账科目,指定"1002 银行存款"为银行总账科目,指定"1001 库存现金""10020101 人民币户""10020102 美元户""1012 其他货币资金"为现金流量科目。

表 3.7 增加会计科目

科目编号及名称	辅助核算	账页格式	币别/计量单位	方向
100201 工行存款	银行账、日记账	金额式		借
10020101 人民币户	银行账、日记账	金额式		借
10020102 美元户	银行账、日记账	外币金额式	美元	借

续表

科目编号及名称	辅助核算	账页格式	币别/计量单位	方向
140301 不锈钢板材	数量核算	数量金额式	张	借
140302 温控器	数量核算	数量金额式	个	借
140303 底座	数量核算	数量金额式	个	借
140404 壶体	数量核算	数量金额式	个	借
190101 待处理流动资产损溢		金额式		借
190102 待处理固定资产损溢		金额式		借
220201 应付货款	供应商往来	金额式		贷
220202 暂估应付款		金额式		贷
400101 直接材料	项目核算	金额式		借
400102 直接人工		金额式		借
400103 制造费用		金额式		借
400104 其他		金额式		借
410101 工资		金额式		借
410102 折旧费		金额式		借
410103 其他		金额式		借
410104 住房公积金		金额式		借
560108 折旧		金额式		借
560109 住房公积金		金额式		借
560212 差旅费	部门核算	金额式		借
560213 住房公积金		金额式		借

表 3.8 修改会计科目

科目编号及名称	辅助核算	账页格式	方向
1001 库存现金	日记账	金额式	借
1002 银行存款	银行账、日记账	金额式	借
1121 应收票据	客户往来	金额式	借
1122 应收账款	客户往来	金额式	借
1123 预付账款	供应商往来	金额式	借
1221 其他应收款	个人往来	金额式	借
1405 库存商品	项目核算	金额式	借
2201 应付票据	供应商往来	金额式	借
2203 预收账款	客户往来	金额式	贷

科目编号及名称	辅助核算	账页格式	方　向
5001 主营业务收入	项目核算	金额式	贷
5401 主营业务成本	项目核算	金额式	借

(3) 凭证类别。

菲尼电器采用单一凭证类别"记账凭证"。

(4) 项目目录。

① 按照表3.9所示设置菲尼电器项目目录。

表3.9　项目目录

核算科目	项目大类	产品	
	项目分类	智能卡片	
	项　目	01 IC 智能卡片	02 ID 智能卡片
1405 库存商品		是	
400101 直接材料		是	
5001 主营业务收入		是	
5401 主营业务成本		是	

② 预置现金流量项目大类。

1. 外币设置

(1) 在基础设置中,选择"财务"|"外币种类"命令,打开"外币设置"对话框。

(2) 输入币符为"$"、币名为"美元",其他项目采用默认值,然后单击"确认"按钮。

(3) 输入2021年1月初的记账汇率7.2,按回车键确认,如图3.6所示。

(4) 单击"退出"按钮,完成外币设置。

对"外币设置"对话框中的各选项说明如下:

① 币符和币名。币符和币名是指定义外币的表示符号及其中文名称。

② 汇率小数位。汇率小数位是指定义外币的汇率小数位数。

③ 折算方式。折算方式分为直接汇率和间接汇率两种:直接汇率即"外币×汇率＝本位币";间接汇率即"外币÷汇率＝本位币"。

④ 外币最大误差。在记账时,如果外币×

图3.6　外币设置

(或÷)汇率-本位币>外币最大误差,则系统给予提示。系统默认最大折算误差为0.00001,即不相等时就提示。

⑤ 固定汇率与浮动汇率。对于使用固定汇率(即使用月初或年初汇率)作为记账汇率的用户,在填制每月的凭证前,应预先在此输入该月的记账汇率,否则在填制该月外币凭证时,将会出现汇率为0的错误;对于使用变动汇率(即使用当日汇率)作为记账汇率的用户,在填制凭证的当天,应预先在此输入该日的记账汇率。

⑥ 这里的汇率管理仅提供输入汇率的功能,对于制单时使用固定汇率还是浮动汇率,则取决于总账系统选项的设置。

2. 增加会计科目

(1) 在基础设置中,选择"财务"|"会计科目"命令,打开"会计科目"窗口。
(2) 单击"增加"按钮,打开"会计科目_新增"对话框。
(3) 输入科目编码为100201、科目名称为"工行存款",然后选中"日记账"和"银行账"复选框,如图3.7所示。
(4) 单击"确定"按钮保存。
(5) 按表3.7提供的数据增加其他明细会计科目。

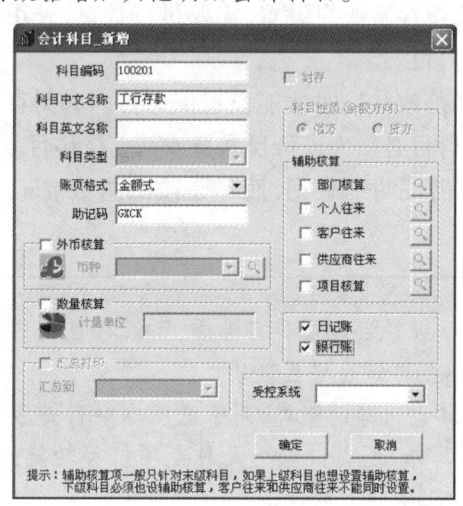

图3.7 增加会计科目

对"会计科目_新增"对话框中的各选项说明如下:

① 科目编码。科目编码就是按科目编码方案对每一个科目进行编码定义。对科目进行编码的优点是:便于反映上下级会计科目间的逻辑关系;将会计科目编码作为数据处理的关键字,便于计算机检索、分类及汇总;减少了输入工作量,提高了输入速度;促进了会计核算的规范化和标准化。

② 科目名称。科目名称分为科目中文名称和科目英文名称,两者不能同时为空。科目中文名称是证、账、表上显示和打印的标志。

③ 科目类型。科目类型是按会计科目性质对会计科目进行的划分。按照会计制度规定,科目类型分为五大类,即资产、负债、所有者权益、成本、损益。由于一级科目编码的首位数字与科目类型有直接的对应关系,即科目大类代码"1=资产""2=负债""3=所有者权

益""4＝成本""5＝损益",因此系统可以根据科目编码自动识别科目类型。

④ 账页格式。该选项设置查询和打印时该科目的会计账页形式。账页格式一般分为金额式、外币金额式、数量金额式、数量外币式几类。一般情况下,有外币核算的科目可设置为外币金额式;有数量核算的科目可设置为数量金额式;既有数量又有外币核算的科目可设置为数量外币式;既无外币又无数量核算的科目可设置为金额式。

⑤ 外币核算。该选项设置该科目是否核算外币,如果是,就需要选择外币种类。一个科目只能核算一种外币。

⑥ 数量核算。该选项用于设置该科目是否有数量核算,以及数量的计量单位。计量单位可以是任何汉字或字符,如千克、件、吨等。

⑦ 汇总打印。在同一张凭证中当某科目或同一上级科目的末级科目有多笔同方向的分录时,如果希望将这些分录按科目汇总成一笔打印,就需要对该科目选中"汇总打印"复选框,汇总到的科目设置成该科目本身或其上级科目。

⑧ 封存。被封存的科目在制单时不可以使用。

提示

(1) 银行存款科目要按存款账户设置,需要进行数量、外币核算的科目要按不同的数量单位、外币单位建立科目。

(2) 会计科目只有在修改状态时才能设置汇总打印和封存。只有末级科目才能设置汇总打印,且汇总到的科目必须为该科目本身或其上级科目。当将该科目设成汇总打印时,系统登记明细账时仍按明细登记,而不是按汇总数登记。此设置仅供凭证打印输出。

⑨ 科目性质。只能在一级科目设置科目性质,下级科目的科目性质与其一级科目的性质相同。已有数据的科目不能再修改科目性质。

⑩ 辅助核算。辅助核算也叫辅助账类,用于说明本科目是否有其他核算要求。系统除完成一般的总账、明细账核算外,还提供以下几种专项核算功能:部门核算、个人往来核算、客户往来核算、供应商往来核算、项目核算。

辅助核算是 T3 的优势之一。在传统的手工处理方式下,一般是采用设置明细科目的方式来满足特殊的细化核算要求。

在一般情况下,收入或费用类科目可设置成部门辅助核算,日常运营中当收入或者费用发生时系统要求实时确认收入或费用的部门归属,记账时同时登记总账、明细账和部门辅助账;其他应收款可设置为个人往来核算,用于详细记录内部职工的借款情况;与客户的往来科目,如应收账款、应收票据、预收账款可设置成客户往来核算;应付账款、应付票据、预付账款可设置成供应商往来核算;在建工程和收入成本类科目可设置成项目核算,用于按项目归集收入或费用。

一个科目可同时设置两种专项核算。如果企业既希望核算主营业务收入是哪个销售部门的业绩,又希望核算是哪个产品的销售收入,那么可以同时设置部门核算和项目核算。个人往来核算不能与其他专项一同设置,客户与供应商核算也不能一同设置。辅助账类必须

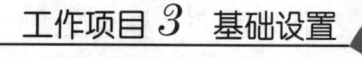

设在末级科目上,但为了查询或出账方便,有些科目也可以在末级科目和上级科目同时设置辅助账类。但如果只在上级科目设置辅助账核算,则系统将不承认。

⑪ 日记账。在手工核算下,只对现金和银行科目记日记账;在计算机环境下,突破了记账速度这个瓶颈,企业可以根据管理需要设置对任意科目记日记账。

⑫ 银行账。对银行科目需要设置银行账。填制凭证时如果使用设置了银行账的科目,就需要输入结算方式辅助核算信息以方便今后进行银行对账,同时也方便进行支票登记。

> **提示**
>
> (1) 增加会计科目时,要遵循先建上级再建下级的原则。
> (2) 科目已经使用,再增加明细科目时,系统会自动将上级科目的数据结转到新增加的第 1 个明细科目上,以保证账账相符。

3. 修改会计科目

(1) 在"会计科目"窗口中,选中需要修改的科目"1001 库存现金",然后单击"修改"按钮,或者直接双击需要修改的科目"1001 库存现金",打开"会计科目_修改"对话框。

(2) 选中"日记账"复选框,如图 3.8 所示。

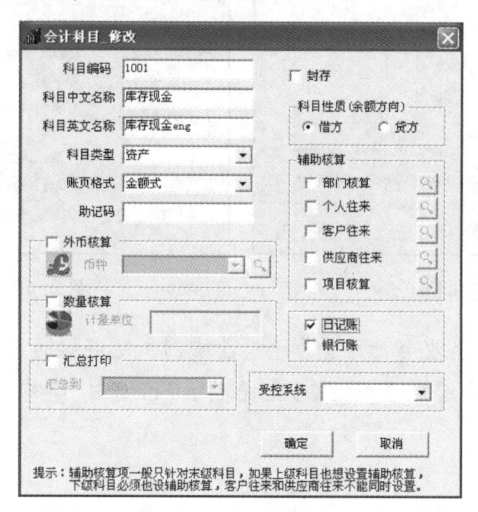

图 3.8　修改会计科目

(3) 单击"确定"按钮保存。
(4) 按表 3.8 所示资料修改其他会计科目。

> **提示**
>
> 已有数据的会计科目,应先将该科目及其下级科目余额清零后再修改。

4. 指定会计科目

(1) 在"会计科目"窗口中,选择"编辑"|"指定科目"命令,打开"指定科目"对话框。

(2) 选中"现金总账科目"单选按钮,从"待选科目"列表框中选择"1001 库存现金"科目。然后单击">"按钮,将现金科目添加到"已选科目"列表框中。

(3) 同理,将"1002 银行存款"科目设置为银行总账科目,如图3.9所示。

(4) 将"1001 库存现金""10020101 人民币户""10020102 美元户""1012 其他货币资金"指定为现金流量科目。

(5) 单击"确认"按钮。

5. 凭证类别设置

(1) 在基础设置中,选择"财务"|"凭证类别"命令,打开"凭证类别"对话框,如图3.10所示。

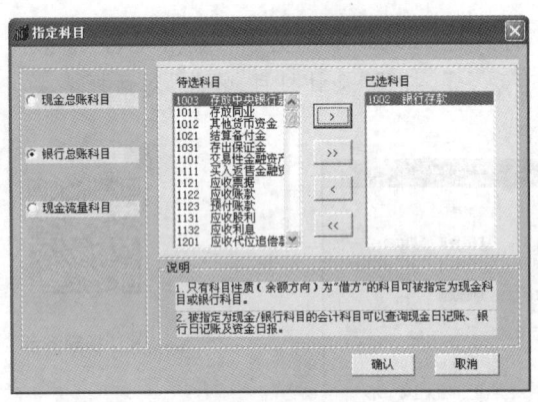

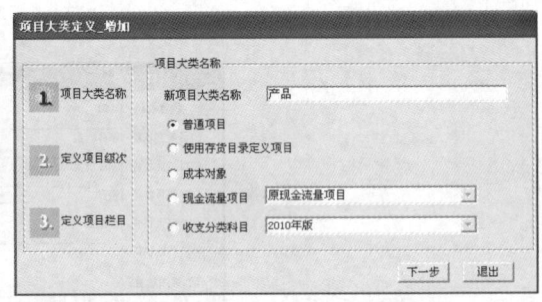

图3.9 指定科目   图3.10 设置凭证类别

(2) 针对"2013年小企业会计准则"行业性质,T3已经预设了"记账凭证"凭证类别,且已使用该凭证类别设置了常用凭证,因此右上角显示"已使用"字样。单击"退出"按钮返回。

6. 定义项目目录

(1) 在基础设置中,选择"财务"|"项目目录"命令,打开"项目档案"对话框。

(2) 单击"增加"按钮,打开"项目大类定义_增加"对话框。

(3) 输入新项目大类名称"产品",选择新增项目大类的属性"普通项目",如图3.11所示。

(4) 单击"下一步"按钮,打开"定义项目级次"对话框,设定项目级次"一级1位",如图3.12所示。

(5) 单击"下一步"按钮,打开"定义项目栏目"对话框。使用系统默认设置,不做修改。

（6）单击"完成"按钮，返回"项目档案"窗口。

图3.11　新增项目大类

图3.12　定义项目级次

（7）从"项目大类"下拉列表框中选择"产品"选项，选中"核算科目"单选按钮，单击 >> 按钮将全部待选科目选择为按产品项目大类核算的科目，如图3.13所示。然后单击"确定"按钮保存。

（8）选中"项目分类定义"单选按钮，输入分类编码为1、分类名称为"电热水壶"，然后单击"确定"按钮，如图3.14所示。

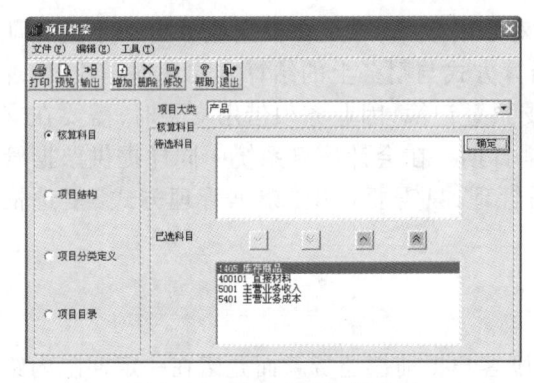

图3.13　选择项目核算科目

图3.14　项目分类定义

（9）选中"项目目录"单选按钮，再单击"维护"按钮，打开"项目目录维护"对话框。单击"增加"按钮，按要求输入项目目录，如图3.15所示。然后单击"确定"按钮。

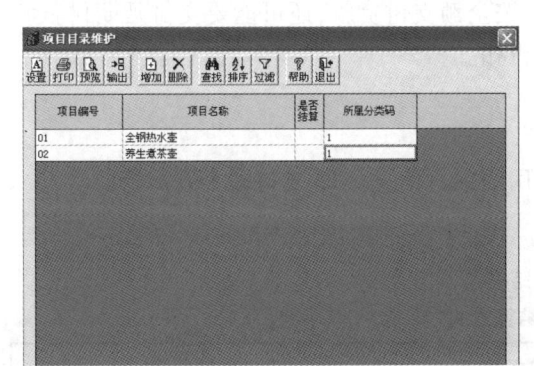

图3.15　录入项目目录

图3.16　新建现金流量项目大类

7. 预置现金流量项目大类

（1）在基础设置中，选择"财务"|"项目目录"命令，打开"项目档案"对话框。

（2）单击"增加"按钮，打开"项目大类定义_增加"对话框。

（3）选择新项目大类的属性"现金流量项目"，从下拉列表框中选择"小企业（2013）"选项，新项目大类名称"现金流量项目"自动生成，如图3.16所示。

（4）单击"完成"按钮，系统弹出"预置完毕"信息提示框。单击"确定"按钮返回。至此，系统已经按照小企业现金流量表项目预置了现金流量项目的项目分类和项目目录，可自行查看。

任务4 收付结算设置

知识点

收付结算设置包括结算方式、付款条件和开户银行3项内容。

1. 结算方式

设置结算方式的目的一是为了提高银行对账的效率，二是在根据业务自动生成凭证时可以识别相关的科目。T3中需要设置的结算方式与财务上的结算方式基本一致，如现金结算、支票结算等。手工系统中一般设有支票登记簿，因业务须借用支票时，需要在支票登记簿上签字，回来报销支票时再注明报销日期。在会计信息系统中同样提供票据管理的功能，如果某种结算方式需要进行票据管理，只需要选中"票据管理方式"复选框即可。

2. 付款条件

付款条件也叫现金折扣，是指企业为了鼓励客户提前偿还货款而允诺在一定期限内给予的折扣优惠。设置付款条件的作用是规定企业在经营过程中与往来单位的收、付款折扣优惠方法。例如，折扣条件通常可表示为"$5/10, 2/20, n/30$"，意思是客户在10天内偿还货款，可得到5%的折扣；在20天内偿还货款，可得到2%的折扣；在30天内偿还货款，则须按全额支付货款；在30天以后偿还货款，则不仅要按全额支付货款，还可能要支付延期付款利息或违约金。系统最多同时支持4个时间段的折扣。

3. 开户银行

开户银行用于设置本企业在收付结算时使用的银行信息。T3支持多个开户行。

跟我练

（1）按表3.10所示设置菲尼电器常用的结算方式。

表3.10 结算方式

结算方式编码	结算方式名称	票据管理
1	现金结算	否

续表

结算方式编码	结算方式名称	票据管理
2	支票结算	否
201	现金支票	是
202	转账支票	是
3	电汇	否
4	商业汇票	否
401	商业承兑汇票	否
402	银行承兑汇票	否
5	其他	否

(2) 按表3.11所示设置菲尼电器付款条件。

表3.11 付款条件

编码	信用天数/天	优惠天数1/天	优惠率1/%	优惠天数2/天	优惠率2/%	优惠天数3/天	优惠率3/%
01	30	5	2				
02	60	5	4	15	2	30	1
03	90	5	4	20	2	45	1

(3) 设置菲尼电器开户银行。

编码01；账号110432577778；开户银行：中国工商银行昌平支行。

1. 结算方式

(1) 在基础设置中，选择"收付结算"|"结算方式"命令，进入"结算方式"窗口。
(2) 按要求输入企业常用结算方式，如图3.17所示。

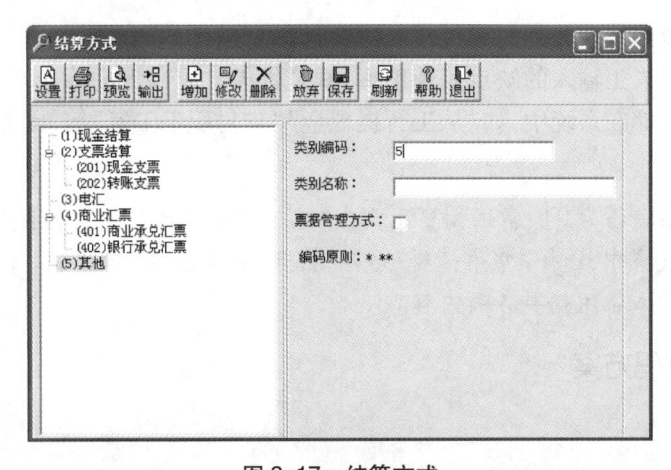

图3.17 结算方式

2. 付款条件

(1) 在基础设置中,选择"收付结算"|"付款条件"命令,进入"付款条件"窗口。

(2) 按资料输入付款条件,然后单击"增加"按钮或按回车键至下一行保存,如图3.18所示。

付款条件编码	付款条件表示	信用天数	优惠天数	优惠率1	优惠天数2	优惠率2	优惠天数3	优惠率3
01	2/5, n/30	30	5	2				
02	4/5, 2/15, 1/30, n/60	60	5	4	15	2	30	1
03	4/5, 2/20, 1/45, n/90	90	5	4	20	2	45	1

图3.18 设定付款条件

3. 开户银行

(1) 在基础设置中,选择"收付结算"|"开户银行"命令,进入"开户银行"窗口。

(2) 按实验资料输入开户银行信息,然后单击"增加"按钮保存。

3.3 拓展应用

任务1 定义常用摘要

知识点

摘要是对企业经济业务的简要说明。对会计科目进行编码之后,凭证上就只有摘要需要人工输入汉字。人工输入的缺点是速度慢、规范性差。可以考虑将企业常见经济业务的摘要进行规范并存储在系统中,如"从工行提现金""支付职工工资"等,以方便调用。

跟我练

设置常用摘要编码为01;常用摘要正文为"从工行提现金";相关科目为1001。

(1) 在基础设置中,选择"常用摘要"命令,打开"常用摘要"对话框。

(2) 按资料输入常用摘要各项内容。

任务2 查看编码方案

知识点

企业在建账过程中设置的分类编码方案和数据精度,可以在T3基础设置中的基本信息中查看或修改。

跟我练

（1）在基础设置中，选择"基本信息"|"编码方案"命令，打开"分类编码方案"对话框。

（2）根据实际需要进行查看或修改。

全部完成后，将账套备份至"基础设置"文件夹中。

随堂测

一、判断题

1．只有账套主管才能进行基础档案设置。（ ）
2．部门档案中的负责人信息只能从已经建立的职员档案中进行选择。（ ）
3．不设置客户的税号，就不能向该客户开具销售专用发票。（ ）
4．需要按照币种在银行存款科目下设置明细。（ ）
5．增加会计科目时，必须先建上级科目，再建下级科目。（ ）

二、选择题

1．必须先建立(   )，才能建立职员档案。
  A．客户分类　　　　B．部门档案　　　　C．会计科目　　　　D．开户银行
2．指定会计科目包括指定(   )。
  A．现金总账科目　　B．银行总账科目　　C．收入科目　　　　D．费用科目
3．财务档案包括(   )。
  A．凭证类别　　　　B．结算方式　　　　C．项目目录　　　　D．常用摘要
4．如果本公司供应商较多，"应付账款"科目应选择(   )辅助核算。
  A．部门核算　　　　B．个人往来　　　　C．客户往来　　　　D．供应商往来
5．关于项目，以下说法错误的是(   )。
  A．具有相同特点的一类项目可以定义为一个项目大类
  B．一个项目大类可以核算多个科目
  C．可以定义项目的具体栏目
  D．一个科目也可以对应到不同的项目大类

三、思考题

1．企业中所有的员工都是职员吗？
2．客户档案中的客户全称和客户简称各用于哪种情况？
3．指定会计科目的意义是什么？
4．企业中哪些科目适合设置为部门核算？
5．举例说明项目核算在企业中的应用。

工作项目 4

总 账 管 理

知识目标

◆ 了解总账管理子系统的主要功能。
◆ 熟悉总账管理子系统的操作流程。
◆ 理解总账管理子系统中各参数的含义。
◆ 掌握总账管理子系统需要准备的期初数据。
◆ 熟悉凭证填制、审核、记账日常操作流程。
◆ 掌握不同情况下如何修改凭证错误。
◆ 掌握凭证、账簿查询的基本方法。
◆ 了解期末自定义凭证的作用,掌握自定义凭证的方法。
◆ 掌握现金管理的基本工作内容。
◆ 理解结账的含义和结账要满足的前提条件。

技能目标

◆ 学会设置总账管理子系统的参数。
◆ 掌握不同会计科目期初余额输入的操作。
◆ 掌握凭证填制、修改、审核、记账、查询等基本操作。
◆ 掌握出纳签字、银行对账的基本操作。
◆ 掌握转账定义及生成的基本操作。
◆ 掌握期末结账的操作。

思政育人

传承大国工匠精神,铸造未来"数字工匠"

4.1 总账管理认知

手工环境下,总账是指总分类账,是根据总分类科目开设账户,用来登记全部经济业务,提供总括核算资料的分类账簿。在 T3 系统中,总账是最核心的财务子系统,从填制凭证到审核到记账到月末结账等全部的账务处理工作均在总账系统中完成。

4.1.1 总账管理子系统的基本功能

1. 期初设置

期初设置主要包括两项工作:一是由企业根据自身的行业特性和管理需求,通过选项设置将通用的总账管理系统设置为适合企业自身特点的专用系统;二是将原有科目的数据通过期初数据录入转移到 T3 系统中,以保持业务处理的连续性。

2. 凭证管理

凭证是记录企业各项经济业务发生的载体,凭证管理是总账管理系统的核心功能,主要包括填制凭证、出纳签字、审核凭证、记账、查询打印凭证等。

3. 现金银行

现金管理为出纳人员提供了一个集成办公环境,可以完成现金日记账、银行存款日记账的查询和打印,随时产生最新资金日报表,以便进行银行对账并生成银行存款余额调节表。

4. 往来管理

往来管理主要是管理企业和客户、供应商之间的业务往来,包括设置客户、供应商档案和进行客户、供应商往来业务查询。

5. 项目管理

项目管理主要管理企业的各类项目,方便企业按特定项目对象进行收入、费用的归集。

6. 账簿管理

总账管理子系统提供了强大的账证查询功能,可以查询打印总账、明细账、日记账、发生额余额表、多栏账、序时账等。它不但可以查询到已记账凭证的数据,而且查询的账表中也可以包含未记账凭证的数据,并可以轻松实现总账、明细账、日记账和凭证的联查。

7. 期末处理

总账期末处理主要包括自动转账凭证的定义、自动转账凭证的生成、对账和结账等内容。

4.1.2 总账管理子系统和其他子系统之间的数据关系

总账管理子系统既可以独立运行,也可以同其他子系统集成使用。总账管理子系统和其他子系统之间的数据关系如图 4.1 所示。

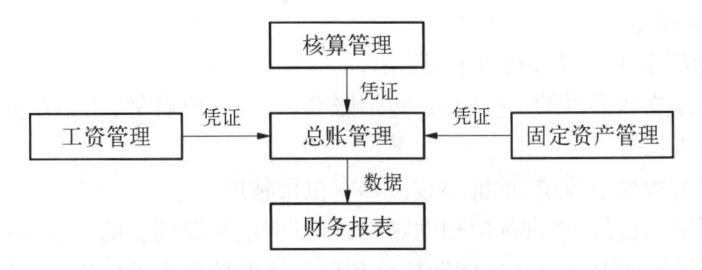

图 4.1 总账管理系统和其他系统之间的数据关系

工资管理、固定资产管理和核算管理子系统可以向总账管理子系统传递根据相关业务生成的凭证,财务报表系统可以从总账中获取数据生成报表。

4.2 实战演练

以系统管理员的身份在系统管理中恢复"基础设置"账套;以账套主管701于美琪的身份登录T3,进行总账选项设置及总账期初录入。

任务1 总账选项设置

知识点

1. 认识总账选项

为了明确各项参数的适用对象,软件一般对参数进行分门别类的管理。T3总账管理系统将参数存放于以下4个选项卡。

1)"凭证"选项卡

该选项卡可进行以下设置:

(1)制单控制。

(2)凭证控制。

(3)凭证编号方式。系统提供系统编号和手工编号两种方式。如果选用系统编号,系统就在填制凭证时按照设置的凭证类别按月自动编号。

(4)外币核算。有外币业务时,企业可以选择"固定汇率"或"浮动汇率"处理方式。

(5)预算控制。根据预算管理子系统或财务分析子系统设置的预算数对业务发生进行控制。

(6)合并凭证显示、打印。选中此复选框,在填制凭证、查询凭证、出纳签字和凭证审核时,凭证按照"按科目、摘要相同方式合并"或"按科目相同方式合并"合并显示,在明细账显示界面提供"合并打印"的选项。

2)"账簿"选项卡

该选项卡用来设置各种账簿的输出方式和打印要求等。

3)"会计日历"选项卡

在"会计日历"选项卡中可查看各会计期间的起始日期和结束日期,以及启用会计年度和启用日期。

4)"其他"选项卡

在"其他"选项卡中可以进行以下设置:

(1)可查看建立账套时的一些信息,包括账套名称、单位名称、账套存放的路径、行业性质和定义的科目级长等。

(2)可以修改数量小数位、单价小数位和本位币精度。

(3)在参照部门目录、查询部门辅助账时,可以指定查询列表的内容是按编码顺序显示还是按名称顺序显示。对个人往来辅助核算和项目辅助核算也可以进行设置。

2. 选项的重要性

通用软件内设计了大量的业务参数,企业通过对系统参数进行设置可以决定企业的应用模式和应用流程。例如,企业账务处理程序为"填制凭证—审核凭证—记账";但如果选中了"出纳凭证必须经由出纳签字"选项,那么账务处理流程就需要加入出纳签字环节,改变为"填制凭证—审核凭证—出纳签字—记账",其中出纳签字和审核凭证没有先后顺序,但一定都是在填制凭证之后和记账之前。

跟我练

菲尼电器总账选项设置如表 4.1 所示,未提及的选项保持系统默认即可。

表 4.1　总账选项

选项卡	选项设置
凭证	制单序时控制 支票控制 资金及往来赤字控制 不允许修改、作废他人填制的凭证 允许查看他人填制的凭证 可以使用其他系统受控科目 打印凭证页脚姓名 出纳凭证必须经由出纳签字 凭证编号方式采用系统编号 外币核算采用固定汇率
账簿	明细账查询权限控制到科目
其他	数量小数位和单价小数位设为 2 位 部门、个人、项目按编码方式排序

(1) 以账套主管身份登录 T3,选择"总账"|"设置"|"选项"命令,打开"选项"对话框。

(2) 单击"凭证"选项卡,按表 4.1 所示进行相应的设置,如图 4.2 所示。进行某些选项设置时,系统会弹出信息提示框,阅读后单击"确定"按钮返回即可。

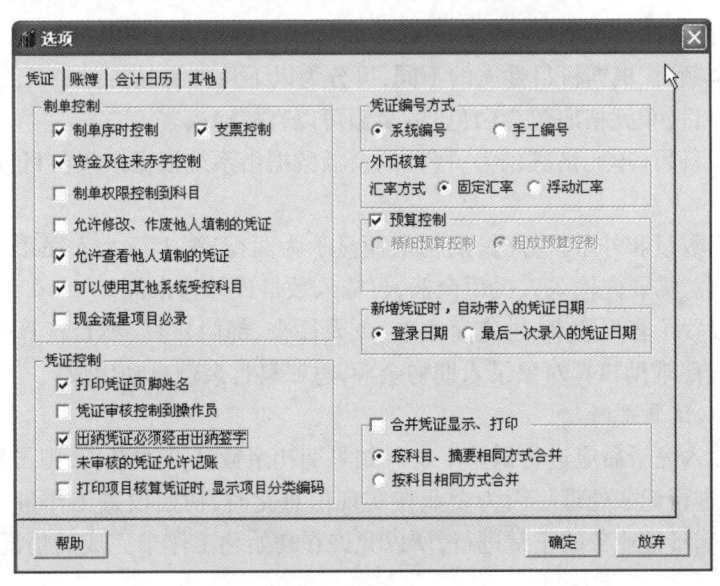

图 4.2　"凭证"选项卡

(3) 单击"账簿"选项卡,选中"明细账查询权限控制到科目"。
(4) 单击"其他"选项卡,按表4.1所示进行相应的设置。
(5) 所有选项设置完成后,单击"确定"按钮返回。

任务2 总账期初余额输入

知识点

1. 准备期初数据

为了保持账簿资料的连续性,应该将原有系统下截止到总账启用日的各账户年初余额、累计发生额和期末余额输入计算机系统中。

选择年初启用总账和选择年中启用总账需要准备的期初数据是不同的。

1) 年初建账

如果选择年初建账,则只需要准备各账户上年年末的余额作为新一年的期初余额,且年初余额和月初余额是相同的。

2) 年中建账

如果选择年中建账,则不但要准备各账户启用会计期间上一期的期末余额作为启用期的期初余额,而且还要整理自本年度开始截止到启用期的各账户累计发生数据。

如果科目设置了某种辅助核算,那么还需要准备辅助项目的期初余额。如果"应收账款"科目设置了客户往来辅助核算,除了要准备"应收账款"总账科目的期初数据外,还要详细记录这些应收账款是哪些客户的销售未收,因此,要按客户名称整理详细的应收余额数据。

2. 输入期初数据

1) 输入期初数据注意事项

输入期初余额时,根据科目性质的不同,可分为以下几种情况:

(1) 末级科目(单元格底色为白色)的余额可以直接输入。

(2) 非末级科目(单元格底色为黄色)的余额数据由系统根据末级科目数据逐级向上汇总而得。

(3) 科目有数量和外币核算时,期初余额显示为两行,第1行为人民币余额,第2行为数量或外币余额。需要先输入人民币余额,再输入数量或外币余额。

(4) 科目设置了客户往来、供应商往来、个人往来、部门核算、项目核算时(单元格底色为蓝色),需要按照辅助核算对象录入期初余额,总账科目余额自动生成。

2) 进行期初试算平衡

期初数据输入完毕后应进行试算平衡。如果期初余额试算不平衡,则虽然可以填制、审核凭证,但不能进行记账处理。因为企业在实现信息化时,初始设置工作量大,占用时间比较长,为了不影响日常业务的正常进行,所以允许在初始化工作未完成的情况下进行凭证的填制。

凭证一经记账,期初数据便不能再修改。

跟我练

按表4.2所示进行科目期初余额输入并进行试算平衡。

表4.2 菲尼电器科目期初余额

科目编码名称	辅助核算	方向	余额	备注
库存现金(1001)		借	13 622	
银行存款(1002)		借	189 285	
工行存款(100201)		借	189 285	
人民币户(10020101)		借	189 285	
应收账款(1122)	客户往来	借	334 480	辅助明细见表4.3
其他应收款(1221)	个人往来	借	8 500	辅助明细见表4.4
原材料(1403)		借	269 500	
不锈钢板材(140301)	数量核算	借	54 000	数量:300张
温控器(140302)	数量核算	借	30 000	数量:2 000个
底座(140303)	数量核算	借	87 500	数量:3 500个
壶体(140304)	数量核算	借	98 000	数量:2 450个
库存商品(1405)		借	524 700	全钢热水壶:418 500 养生煮茶壶:106 200
固定资产(1601)		借	2 785 000	
累计折旧(1602)		贷	309 760	
短期借款(2001)		贷	500 000	
应付账款(2202)		贷	76 680	
应付货款(220201)		贷	40 680	辅助明细见表4.5
暂估应付款(220202)		贷	36 000	
应付职工薪酬(2211)		贷	404 855	
应付职工工资(221101)		贷	404 855	
应交税费(2221)		贷	104 436	
应交增值税(222101)		贷	104 436	
进项税额(22210101)		贷	−390 767	
销项税额(22210106)		贷	495 203	
实收资本(3001)		贷	2 000 000	
利润分配(3104)		贷	729 356	
未分配利润(310415)		贷	729 356	

表4.3 应收账款客户往来辅助核算明细

日 期	客 户	摘 要	方 向	金额(元)
2020−10−20	唯品	期初数据	借	226 000
2020−11−28	鲁阳	期初数据	借	108 480

工作项目 4　总账管理

表 4.4　其他应收款个人往来辅助核算明细

日　期	部　门	职　员	摘　要	方　向	金额(元)
2020-12-19	企管部	康凡	出差借款	借	5 000
2020-12-27	销售部	苏美美	出差借款	借	3 500

表 4.5　应付货款供应商往来辅助核算明细

日　期	供应商	摘　要	方　向	金额(元)
2020-11-25	天翼	期初数据	贷	40 680

1. 输入末级科目期初余额(末级科目单元格底色为白色)

(1) 在总账管理子系统中,选择"设置"|"期初余额"命令,打开"期初余额录入"对话框。

(2) 在 1001(库存现金)科目"期初余额"栏中输入金额 13 622,然后按回车键。

(3) 在 10020101(人民币户)科目"期初余额"栏中输入金额 189 285,回车后,上级科目余额自动汇总生成。

(4) 按表 4.2 所示输入其他末级科目期初余额。

2. 输入数量/外币辅助核算科目期初余额

(1) 在"期初余额录入"对话框中,数量辅助核算科目 140301 显示为两行:首先在第 1 行中输入人民币期初余额 54 000,然后在第 2 行中输入数量期初余额 300。所有明细科目余额输入完成后,原材料科目自动汇总,如图 4.3 所示。

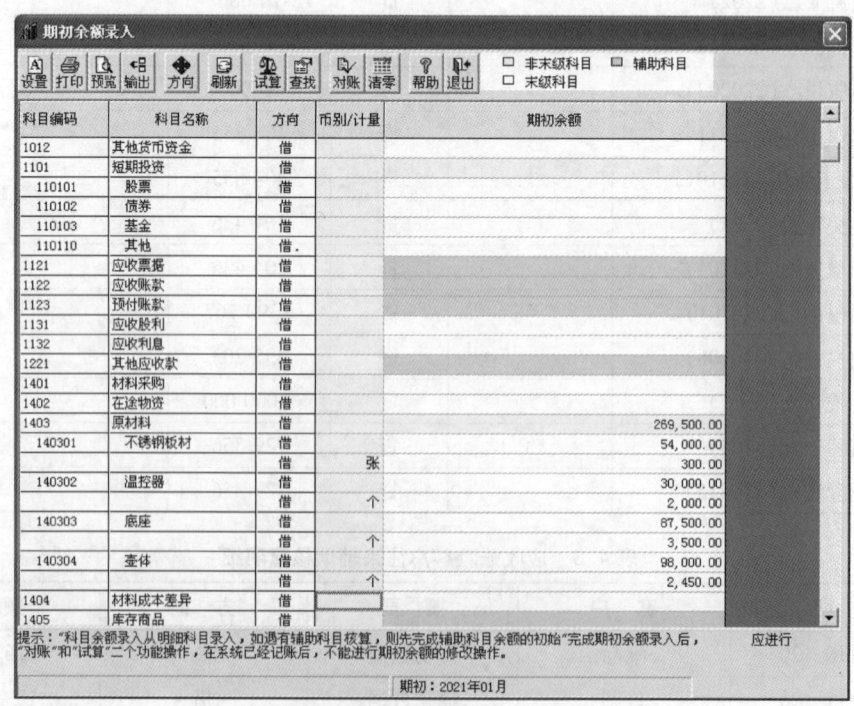

图 4.3　输入数量辅助核算科目期初余额

(2) 外币辅助核算科目 10020102 显示为两行:首先在第 1 行中输入人民币期初余额,然后在第 2 行中输入美元期初余额。本例无须输入。

3. 输入客户往来辅助核算科目期初余额

(1) 双击"1122 应收账款"科目的"期初余额"栏,打开"客户往来期初"对话框。
(2) 单击"增加"按钮,按表 4.3 所示输入资料,如图 4.4 所示。
(3) 完成后单击"退出"按钮,辅助账期初余额自动带到总账。
(4) 同理,输入"其他应收款""应付货款"科目期初余额。

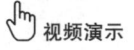

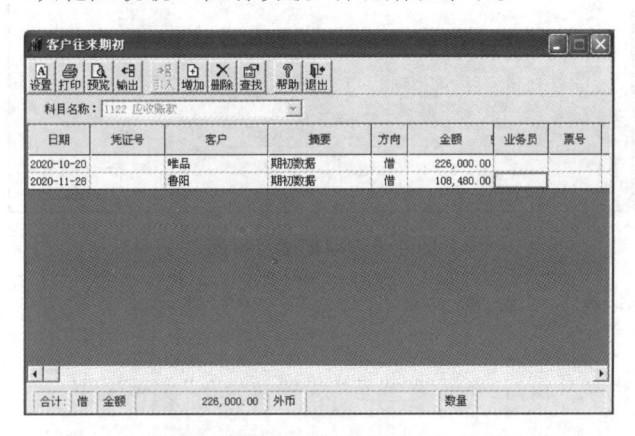

图 4.4 输入客户往来辅助核算科目客户往来期初

> **提示**
>
> 辅助核算科目的底色显示为蓝色,期初余额的输入要在相应的辅助账中进行。

4. 输入项目辅助核算科目期初余额

(1) 双击"1405 库存商品"科目的"期初余额"栏,打开"项目核算期初"对话框。
(2) 单击"增加"按钮,按项目输入期初,如图 4.5 所示。

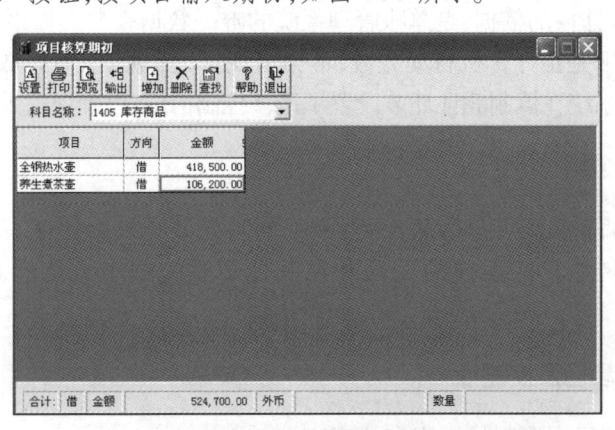

图 4.5 输入项目辅助核算科目项目核算期初

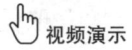

5. 进行期初余额试算平衡

(1) 全部科目期初余额输入完成,单击"试算"按钮,打开"期初试算平衡表"对话框,如图4.6所示。

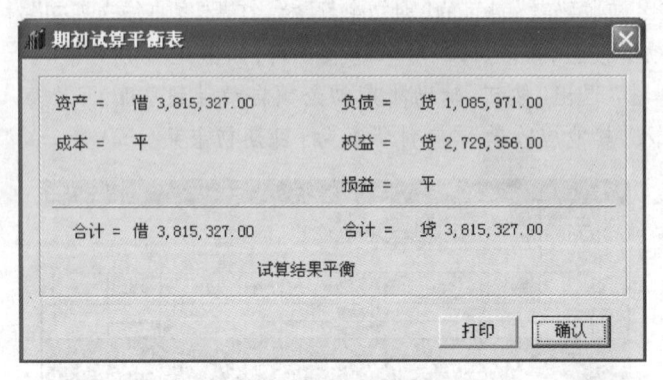

```
期初试算平衡表

资产 = 借 3,815,327.00      负债 = 贷 1,085,971.00
成本 = 平                   权益 = 贷 2,729,356.00
                            损益 = 平
合计 = 借 3,815,327.00      合计 = 贷 3,815,327.00
              试算结果平衡
              [打印]  [确认]
```

图4.6 期初试算平衡

(2) 如果期初余额不平衡,则修改期初余额;如果期初余额试算平衡,则单击"确定"按钮。

(3) 期初余额试算平衡后,备份账套至"总账初始化"文件夹中。

> **提示**
>
> 期初余额试算不平衡时,可以进行填制凭证、审核凭证等操作,但不能记账。

任务3 填制凭证

知识点

1. 凭证的重要性

记账凭证是登记账簿的依据,是总账管理系统的唯一数据来源。如果记账凭证是正确的,因为在T3系统中记账是由计算机自动完成,不会出现错记和漏记,所以账簿就是正确的。正因为此,会计信息化系统在填制凭证环节设置了诸多控制措施,以确保输入内容的正确性。

2. 记账凭证的分类

记账凭证按其编制来源可分为两大类:手工填制凭证和机制凭证。机制凭证包括利用总账管理系统自动转账功能生成的凭证和在其他子系统中生成传递到总账管理系统的凭证。

3. 填制凭证的项目及控制点

填制凭证时各项目应填制的内容和注意事项如下。

1）凭证类别

填制凭证时可以直接选择所需的凭证类别。如果在设置凭证类别时设置了凭证的限制类型，还必须符合限制类型的要求，否则系统会给出错误提示。

2）凭证编号

如果选择"系统编号"方式，则系统按凭证类别按月自动生成凭证编号；如果选择"手工编号"方式，则需要手工输入凭证号，但应注意凭证号的连续性、唯一性。

3）凭证日期

填制凭证时，日期一般自动取登录系统时的业务日期。在选中"制单序时控制"复选框的情况下，凭证日期应大于或等于该类凭证最后一张凭证的日期，但不能超过机内系统日期。

4）附单据数

记账凭证打印出来后，应将相应的原始凭证黏附其后。这里的附单据数就是指将来该记账凭证所附的原始单据数。

5）摘要

摘要是对经济业务的概括说明。每行摘要将随相应的会计科目在明细账、日记账中出现。摘要可以直接输入，如果定义了常用摘要的话，也可以调用常用摘要。凭证中的每一行都必须有摘要，每行摘要的内容可以不同，否则凭证无法保存。

6）会计科目

填制凭证时，要求会计科目必须是末级科目。可以输入科目编码、科目名称、科目助记码。

如果输入的是银行科目，一般系统会要求输入有关结算方式的信息，此时最好输入，以方便日后进行银行对账；如果输入的科目有外币核算，系统会自动带出在外币设置时已设置的相关汇率——如果不符还可以修改，输入外币金额后系统会自动计算出本币金额；如果输入的科目有数量核算，应该输入数量和单价，系统会自动计算出本币金额；如果输入的科目有辅助核算，应该输入相关的辅助信息，以便系统生成辅助核算账簿。

7）金额

金额可以是正数或负数（红字），但不能为0。凭证金额应符合"有借必有贷，借贷必相等"的原则，否则将不能保存。

另外，如果设置了常用凭证，可以在填制凭证时直接调用常用凭证，从而增加凭证输入的速度和规范性。

需要特别提醒的是：本项目业务设计及处理是基于假定菲尼电器只启用了总账管理子系统这一前提。

4. 修改凭证

在信息化方式下，凭证的修改分为无痕迹修改和有痕迹修改。

1）无痕迹修改

无痕迹修改是指系统内不保存任何修改线索和痕迹。对于尚未审核和签字的凭证可以直接进行修改；对于已经审核或者签字的凭证应当先取消审核或签字，然后才能修改。显然，在这两种情况下，都没有保留任何审计线索。

2) 有痕迹修改

有痕迹修改是指系统通过保存错误凭证和更正凭证的方式来保留修改痕迹,因而会在系统中留下审计线索。对于已经记账的错误凭证,一般应采用有痕迹修改,具体方法是采用红字冲销法或补充更正法。前者适用于更正记账金额大于应记金额的错误或会计科目的错误,后者适用于更正记账金额小于应记金额的错误。

能否修改他人填制的凭证,取决于系统选项的设置。其他子系统生成的凭证,只能在总账管理系统中进行查询、审核、记账,不能修改和作废,只能在生成该凭证的原子系统中进行修改和删除,以保证记账凭证与原子系统中的原始单据相一致。

修改凭证时,一般情况下凭证类别和编号是不能修改的。修改凭证日期时,为了保持序时性,日期应介于前后两张凭证日期之间,且日期的月份不能修改。

5. 删除凭证

删除凭证要分两步进行,作废凭证和整理凭证。

对于尚未审核和签字的凭证,如果不需要的话,可以直接将其作废。作废凭证仍保留凭证内容和编号,仅显示"作废"字样。作废凭证不能修改、不能审核,但应参与记账,否则月末无法结账。记账时不对作废凭证进行数据处理,相当于一张空凭证。进行账簿查询时,查不到作废凭证的数据。

与作废凭证相对应,系统也提供对作废凭证的恢复,即将已标识为"作废"的凭证恢复为正常凭证。如果作废凭证没有保留的必要,可以通过"整理凭证"将其彻底删除。

跟我练

以会计702马群身份在T3中进行填制凭证、修改凭证和删除凭证的操作。

(1) 填制凭证。

① 2日,销售部报销业务招待费1 200元,以现金支付。(附原始凭证餐票一张)

② 5日,财务部姜楠从工行人民币户提取现金10 000元,作为备用金。(现金支票号2101)

③ 6日,收到全友集团电汇投资资金500 000美元。

④ 9日,采购温控器800个,单价为15元,入原料库,货款以工行存款支付。(转账支票号2109)

⑤ 11日,收到山东鲁阳公司转账支票一张,金额为108 480元,用于偿还前欠货款。(转账支票号2111)

⑥ 15日,从天翼购入304不锈钢板材400张,单价为180元,已验收入库,货款未付。

⑦ 18日,企管部康凡出差归来,报销差旅费5 000元,交回现金640元,提供原始单据5张。

⑧ 20日,向唯品商贸城赊销全钢热水壶200把,无税金额24 000元;养生煮茶壶300把,无税金额60 000元,增值税率13%。

⑨ 1月22日,报销行政人员交通费756元、通信费1 500元。调用常用凭证生成。

(2) 修改凭证。

经检查发现,1月15日填制的记-0006号凭证有两处错误:一是供应商应为"鸿飞"而非"天翼";二是采购不锈钢板材420张误录为400张。

(3) 删除凭证。

将记-0009号凭证删除。

1. 填制凭证

1) 第1笔业务

业务特征：凭证科目无辅助核算。会计分录如下：

借：销售费用/招待费(560106)　　　　　　　　　　1 200
　　贷：库存现金(1001)　　　　　　　　　　　　　　1 200

(1) 以会计702马群身份进入T3，在总账管理子系统中，选择"凭证"｜"填制凭证"命令，进入"填制凭证"窗口。

(2) 单击"增加"按钮，系统自动增加一张空白记账凭证。

(3) 输入制单日期"2021.01.02"，输入附单据数为1。

(4) 输入摘要为"报销业务招待费"；选择科目名称为560106、借方金额为1 200，按回车键；摘要自动带到下一行，输入贷方科目为1001、在贷方金额处按"＝"键将借贷方差额带到当前光标位置，如图4.7所示。

(5) 单击"保存"按钮，打开"现金流量表"对话框。单击"增加"按钮，选择该笔业务的现金流量项目"支付其他与经营活动有关的现金"。然后单击"保存"按钮返回。

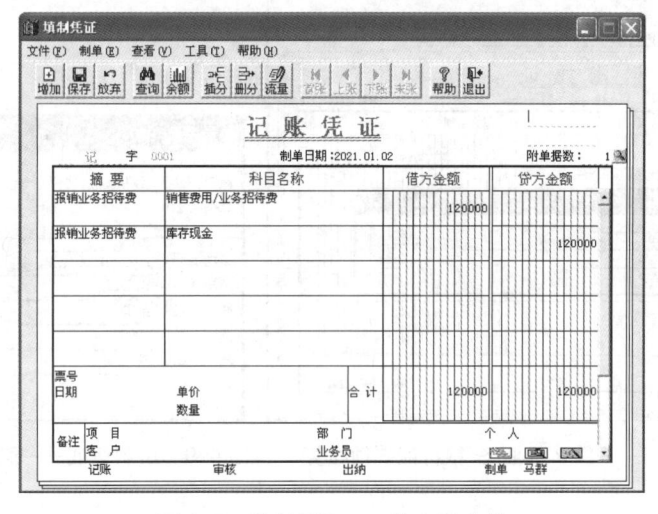

图4.7　填制凭证——第1笔业务

> **提示**
>
> (1) 凭证一旦保存，其凭证类别、凭证编号即不能修改。
>
> (2) 可按"＝"键将当前凭证借贷方金额的差额带到当前光标位置。
>
> (3) 凭证中如果涉及现金流量科目需要选择现金流量项目，以便为编制现金流量表提供数据准备。

工作项目 4 总账管理

2) 第 2 笔业务处理

业务特征:科目设置了银行账辅助核算,且结算方式中设置了"票据管理",需要登记支票登记簿。会计分录如下:

借:库存现金(1001)　　　　　　　　　　　　　　　　10 000
　　贷:银行存款/工行存款/人民币户(10020101)　　　　10 000

(1) 在"填制凭证"窗口中,单击"增加"按钮,增加一张记账凭证。

(2) 输入摘要时,可单击参照按钮,从中选择已定义的常用摘要"从工行提现金"。

(3) 输入借方相关信息后,系统打开"现金流量表"对话框。本笔业务不涉及现金流量变动,直接单击"退出"按钮返回。

(4) 继续输入贷方信息,输入贷方科目"10020101"后,由于该科目设置了"银行账"辅助核算,系统打开"辅助项"对话框,填写结算方式、票号和发生日期,以备将来银行对账使用,如图 4.8 所示。

(5) 完成后单击"保存"按钮。系统弹出"此支票尚未登记,是否登记?"信息提示框。单击"是"按钮,打开"票号登记"对话框,进行支票登记,如图 4.9 所示。

(6) 完成后,单击"确定"按钮,保存凭证。

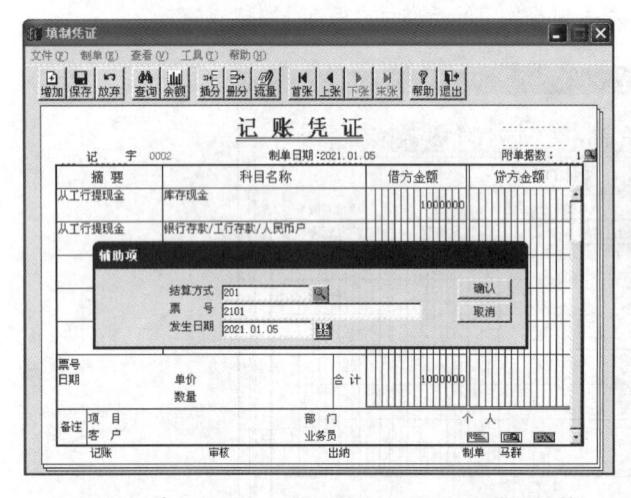

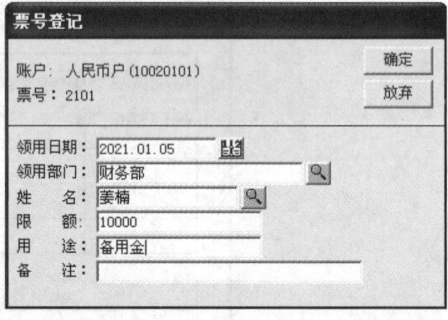

图 4.8　填制凭证——第 2 笔业务-银行账辅助核算　　图 4.9　填制凭证——第 2 笔业务-票号登记

提示

如果在"选项"对话框中选中了"支票控制"复选框,且结算方式已设为票据管理方式,那么银行辅助核算使用该结算方式时需要在支票登记簿中进行记录。

3) 第 3 笔业务处理

业务特征:涉及银行账科目且设置了外币核算。会计分录如下:

借:银行存款/工行存款/美元户(10020102)　　　　　　3 600 000
　　贷:实收资本(3001)　　　　　　　　　　　　　　　3 600 000

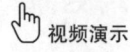

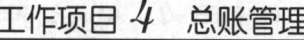

(1) 增加一张记账凭证,输入摘要"收全友投资款"。

(2) 输入借方科目10020102,系统自动显示外币汇率7.20,并打开"辅助项"对话框。选择结算方式为3(电汇),单击"确认"按钮,打开"现金流量表"对话框。

(3) 选择该笔业务的现金流量项目为"吸收投资者投资收到的现金",然后单击"保存"按钮返回。

(4) 输入外币金额为500 000,系统自动计算并显示本币金额360 000,如图4.10所示。

5) 继续输入贷方信息,输入完成后,单击"保存"按钮保存凭证。

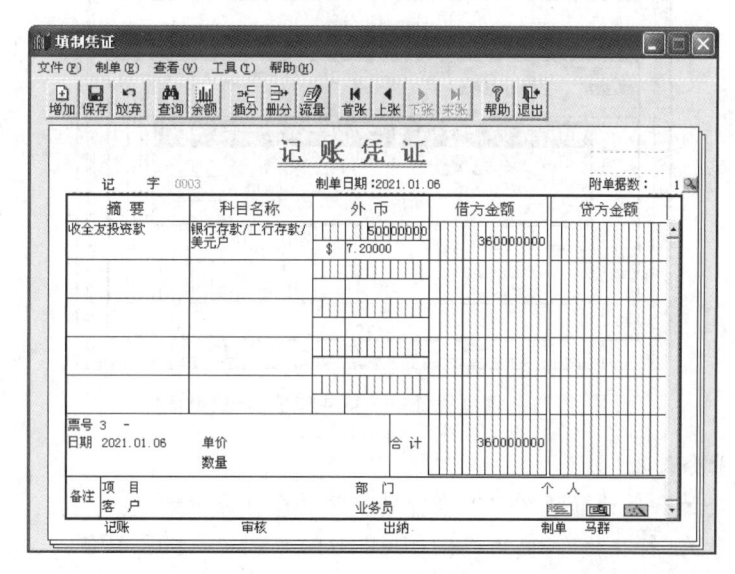

图4.10 填制凭证——第3笔业务-外币核算

提示

汇率栏中的内容是固定的,不能输入或修改。如果使用浮动汇率,汇率栏中会显示最近的一次汇率,并可以直接在汇率栏中修改。

4) 第4笔业务处理

业务特征:科目设置了数量核算。会计分录如下:

借:原材料/温控器(140302)　　　　　　　　　　　　12 000
　　应交税费/应交增值税/进项税额(22210101)　　　　1 560
　　贷:银行存款/工行存款/人民币户(10020101)　　　13 560

(1) 增加一张记账凭证,输入完会计科目140302后,系统打开"辅助项"对话框。

(2) 输入数量为800、单价为15,如图4.11所示。然后单击"确认"按钮。

(3) 输入其他信息,本笔业务现金流量项目选择"购买原材料、商品、接受劳务支付的现金"。保存凭证。

(4) 登记支票簿。

工作项目 4 总账管理

> **提示**
>
> 系统根据"数量×单价"自动计算出金额,并默认放置于借方。如果应为贷方金额,可按键盘上的空格键调整金额到贷方。

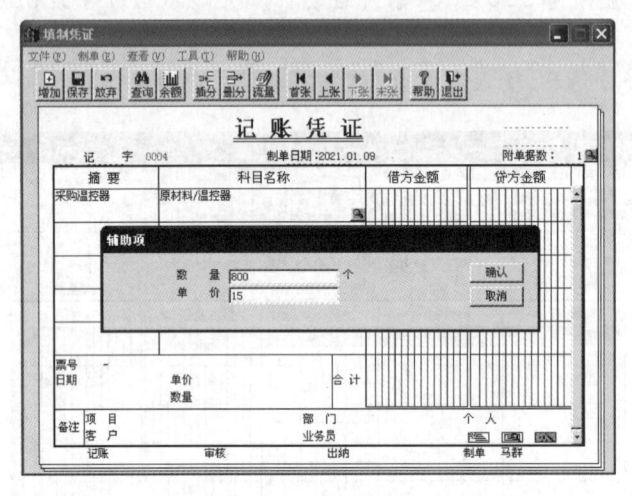

图 4.11 填制凭证——第 4 笔业务-数量核算

5) 第 5 笔业务处理

业务特征:会计科目设置了客户往来辅助核算。会计分录如下:

借:银行存款/工行存款/人民币户(10020101)　　108 480
　　贷:应收账款(1122)　　108 480

(1) 增加一张记账凭证。在填制凭证的过程中,输入完客户往来科目 1122 后,打开"辅助项"对话框。

(2) 选择客户为"鲁阳"、业务员为"苏美美"、发生日期为"2021.01.11",如图 4.12 所示。然后单击"确认"按钮。

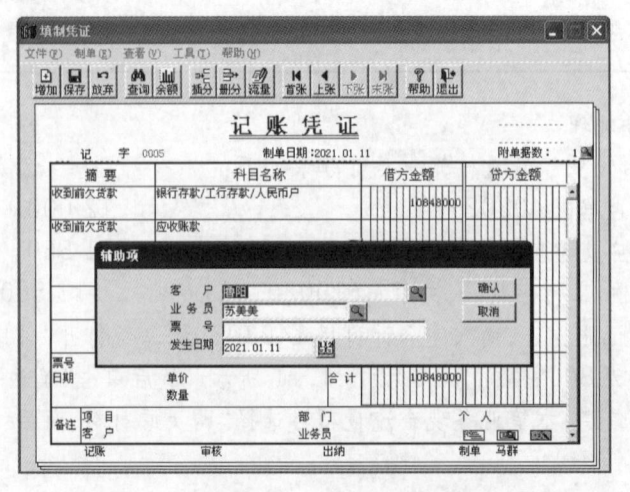

图 4.12 填制凭证——第 5 笔业务-客户往来

(3) 单击"保存"按钮,保存凭证。本笔业务现金流量项目选择"销售产成品、商品、提供劳务收到的现金"。

6) 第 6 笔业务处理

业务特征:会计科目设置了供应商往来辅助核算。会计分录如下:

借:原材料/不锈钢板材(140301)　　　　　　　　72 000
　　应交税费/应交增值税/进项税额(22210101)　　9 360
　贷:应付账款/应付货款(220201)　　　　　　　　81 360

(1) 增加一张记账凭证。在填制凭证的过程中,输入完供应商往来科目 2202 后,打开"辅助项"对话框。

(2) 选择供应商"天翼"、业务员"王曼"、发生日期为"2021.01.15",如图 4.13 所示。然后单击"确认"按钮。

(3) 单击"保存"按钮,保存凭证。

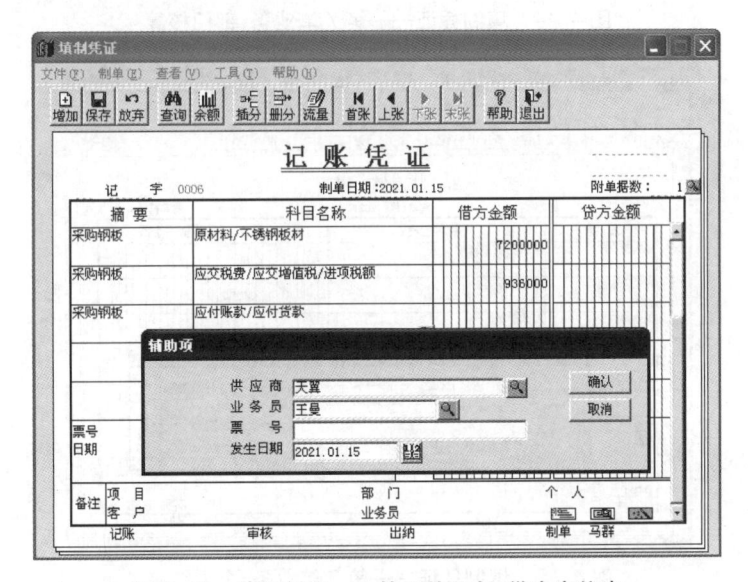

图 4.13　填制凭证——第 6 笔业务-供应商往来

7) 第 7 笔业务处理

业务特征:会计科目设置了部门核算和个人核算。会计分录如下:

借:管理费用——差旅费(560212)　　　　　4 360
　　库存现金(1001)　　　　　　　　　　　　 640
　贷:其他应收款(1221)　　　　　　　　　　5 000

(1) 在填制凭证的过程中,输入完部门核算科目 560212 后,打开"辅助项"对话框。选择部门为"企管部",如图 4.14 所示。然后单击"确认"按钮。

(2) 继续输入借方科目 1001,选择现金流量项目为"收到其他与经营活动有关的现金"。

(3) 输入完个人往来科目 1221,打开"辅助项"对话框。选择部门为"企管部"、个人为"康凡"、发生日期为"2021.01.18",如图 4.15 所示。然后单击"确认"按钮。

(4) 单击"保存"按钮,保存凭证。

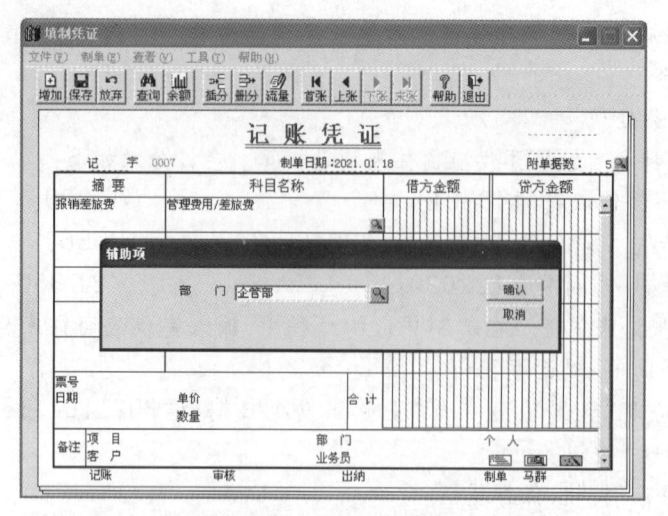

图 4.14 填制凭证——第 7 笔业务-部门核算

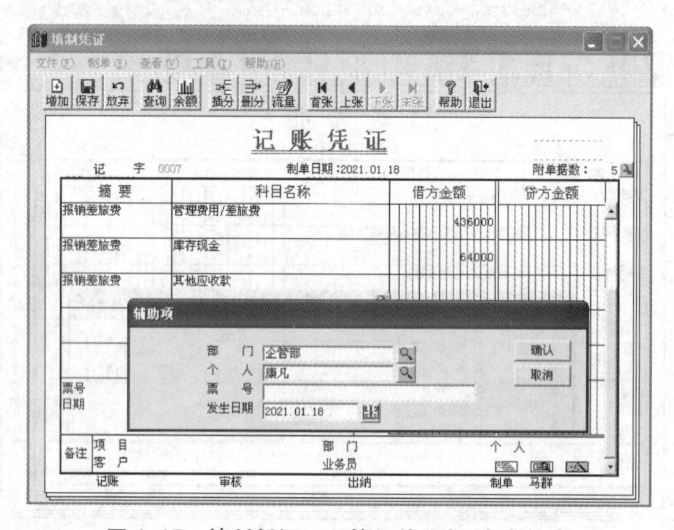

图 4.15 填制凭证——第 7 笔业务-个人往来

> **提示**
>
> 在输入个人信息时,如果不输入部门名称,只输入个人名称,则系统将根据所输入的个人名称自动输入其所属的部门。

8) 第 8 笔业务处理

业务特征:会计科目设置了项目辅助核算。会计分录如下:

借:应收账款(1122) 94 920
 贷:主营业务收入(5001) 24 000(全钢热水壶)
   主营业务收入(5001) 60 000(养生煮茶壶)
   应交税费/应交增值税/销项税额(22210106) 10 920

(1) 在填制凭证的过程中,输入完项目核算科目 5001 后,打开"辅助项"对话框。选择项目为"全钢热水壶",输入贷方金额 24 000。

(2) 继续输入贷方科目 5001,系统弹出辅助项对话框,删除"全钢热水壶",重新选择"养生煮茶壶",如图 4.16 所示。然后单击"确认"按钮。

(3) 全部输入完成后,单击"保存"按钮,保存凭证。

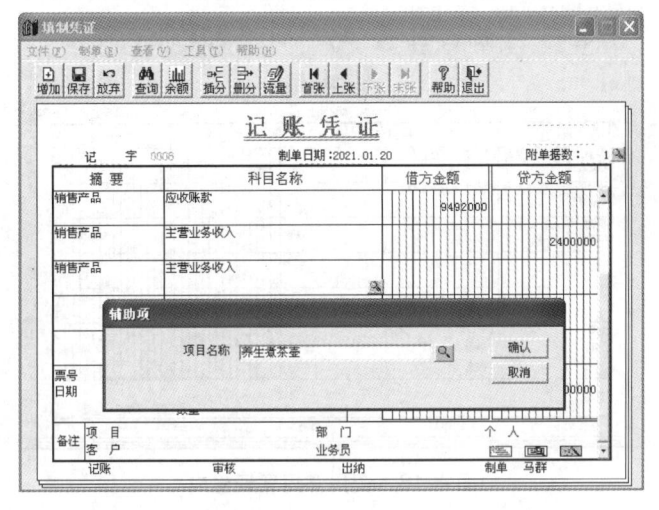

图 4.16 填制凭证——第 8 笔业务-项目核算

9) 第 9 笔业务处理

业务特征:调用常用凭证完成。

(1) 在"填制凭证"窗口中,选择"制单"|"调用常用凭证"命令或按 F4 键,打开"调用常用凭证"对话框。单击参照按钮,打开"常用凭证"对话框,如图 4.17 所示。

图 4.17 系统内置的常用凭证

(2) 双击选中"0104 报销行政人员交通/通信费",单击"选入"按钮返回"填制凭证"窗口,各行摘要、科目均自动带出。

(3) 补充输入各行金额,然后保存凭证,如图 4.18 所示。该笔业务记入"支付其他与经营活动有关的现金"现金流量项目。

图 4.18　调用常用凭证生成

2. 修改凭证

(1) 在"填制凭证"窗口中,单击"上张""下张"按钮,找到"记-0006"号凭证。

(2) 将光标定位在第 1 行,移动鼠标指针到凭证下方的"数量"处,待鼠标指针的形状变为 时双击,打开"辅助项"对话框。修改数量为 420,然后单击"确认"按钮返回。

(3) 修改第 2 行进项税额为 3 120。

(4) 将光标定位在第 3 行,移动鼠标指针到凭证下方"备注"栏的供应商处,待鼠标指针的形状变为 时双击,打开"辅助项"对话框。删除供应商"天翼",重新选择供应商为"鸿飞",然后单击"确认"按钮返回。

(5) 按"="键修改贷方金额,然后保存凭证。

> **提示**
>
> 只有未审核凭证可以无痕迹修改。
> 凭证类别、凭证号不能修改。

3. 删除凭证

(1) 在"填制凭证"窗口中,单击"上张""下张"按钮,找到"记-0009"号凭证。

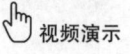

（2）选择"制单"|"作废/恢复"命令，凭证左上角出现"作废"标记。

（3）选择"制单"|"整理凭证"命令，选择凭证期间为"2021.01"，单击"确定"按钮，打开"作废凭证表"对话框。

（4）选择要删除的凭证，如图4.19所示。单击"确定"按钮，弹出"是否还需整理凭证断号"信息提示框。单击"是"按钮，完成作废凭证的删除。

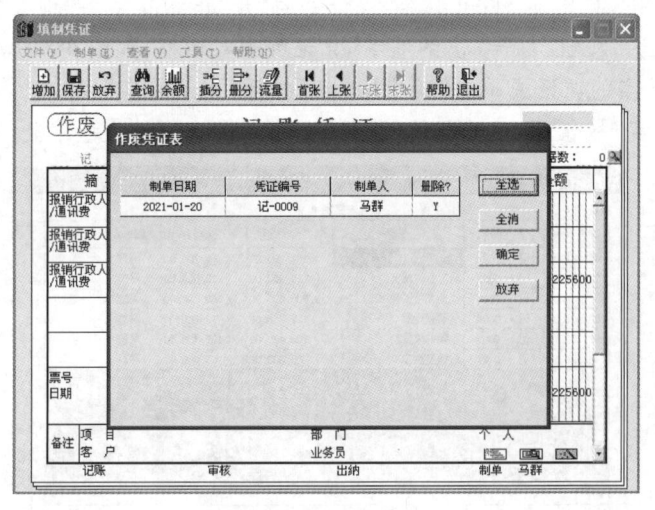

图4.19 删除凭证

任务4 凭证复核

知识点

凭证复核包括审核凭证和出纳签字。

1. 审核凭证

审核凭证是审核人员按照相关规定，对制单人填制的记账凭证进行检查核对，如是否与原始凭证相符，会计入账科目、金额是否正确等。凭证审核无误后，审核人便可签字，否则可以标识错误，由制单人进行修改后再重新审核。

在T3系统中，凭证审核是必须环节。并且，按照内部控制要求，审核人与制单人不能为同一人。

如果设置了凭证审核明细权限，则审核凭证还会受到明细权限的制约。

2. 出纳签字

涉及资金收支的业务是企业管理的重点内容，为了加强对现金收支的管理，企业可以在总账选项中选中"出纳凭证必须经由出纳签字"复选框。如果选中该项，那么涉及现金收支的凭证(称为出纳凭证)必须经过出纳签字才能记账。

跟我练

（1）出纳签字。1月31日，由出纳703姜楠对现金银行凭证进行审核并签字。

（2）审核凭证。1月31日，由主管701于美琪对所有凭证进行审核并签字。

1. 出纳签字

（1）选择"文件"|"重新注册"命令，打开"登录"对话框。以703冯洁的身份注册，进入总账管理子系统。

（2）选择"总账"|"凭证"|"出纳签字"命令，打开"出纳签字"查询条件对话框。

（3）单击"确认"按钮，打开"出纳签字"凭证列表对话框，如图4.20所示。

（4）双击要签字的凭证或单击"确定"按钮，打开"出纳签字"窗口。

（5）单击"签字"按钮，凭证底部的"出纳"处自动签上出纳人姓名。

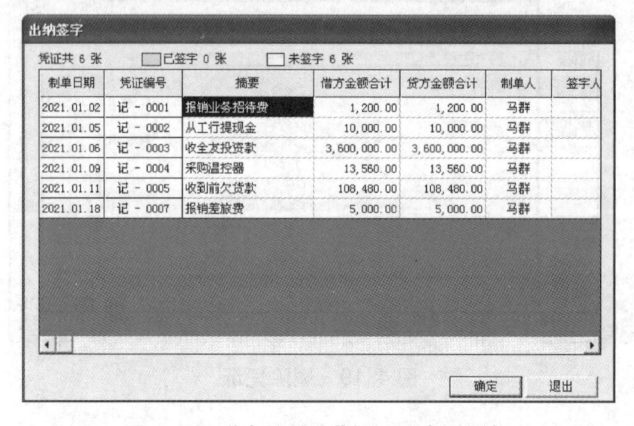

图4.20 "出纳签字"凭证列表对话框

（6）如果需要对其他凭证签字，可以翻页找到对应的凭证进行签字。完成后单击"退出"按钮，返回"出纳签字"窗口。

（7）单击"退出"按钮返回。

提示

（1）如果在设置总账管理子系统参数时，不选中"出纳凭证必须经由出纳签字"复选框，则无须出纳签字。

（2）涉及指定为现金科目和银行科目的凭证才需要出纳签字。

（3）凭证填制人和出纳签字人可以为不同的人，也可以为同一个人。

（4）凭证一经签字，就不能被修改、删除，只有取消签字后才可以修改或删除。取消签字只能由出纳自己进行。

（5）可以选择"签字"|"成批出纳签字"命令对所有凭证进行出纳签字。

（6）出纳签字和审核凭证没有先后顺序。

2. 审核凭证

（1）以账套主管的身份重新登录，在总账管理子系统中，选择"凭证"|"审核凭证"命令，打开"凭证审核"对话框。

(2) 单击"确认"按钮,打开"凭证审核"列表对话框。

(3) 双击要签字的凭证或单击"确定"按钮,进入"审核凭证"窗口。

(4) 检查要审核的凭证,无误后单击"审核"按钮,凭证底部的"审核"处自动签上审核人姓名(见图4.21),并自动翻到下一张凭证。

(5) 如果需要对其他凭证审核,可以翻页找到对应的凭证进行审核。审核完成后单击"退出"按钮,返回"审核凭证"窗口。

(6) 单击"退出"按钮返回。

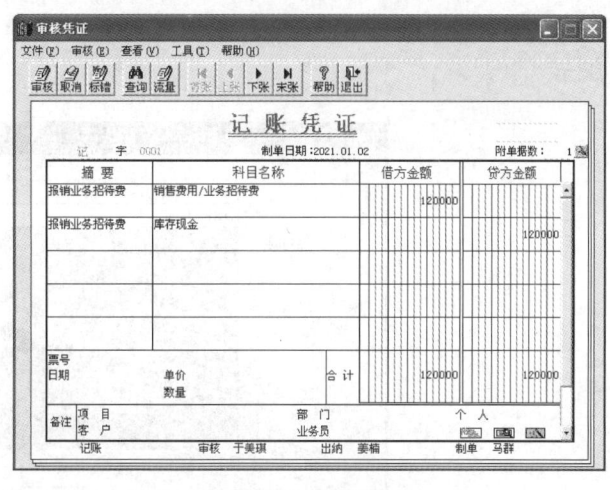

图 4.21 审核凭证

提示

(1) 审核人必须具有审核权。如果选中了"凭证审核控制到操作员"复选框,那么还需要进行凭证审核权限设置,即审核人必须拥有对制单人所制凭证的审核权。

(2) 作废凭证不能被审核,也不能被标错。

(3) 审核人和制单人不能是同一个人,凭证一经审核,就不能被修改、删除,只有取消审核签字后才可修改或删除;已标记作废的凭证不能被审核,需要先取消作废标记后才能审核。

(4) 审核凭证发现错误时,可单击"标错"按钮,使凭证左上角显示"有错"字样,以提醒制单人对有错凭证进行修改。

任务 5　记账

知识点

记账凭证经过审核签字后,便可以记账了。在计算机系统中,记账是由计算机自动进行的。记账过程一旦遇到断电或因其他原因造成中断,系统会自动调用恢复记账前状态功能恢复数据,然后可以再重新选择记账。

如果记账后发现输入的记账凭证有错误需要进行修改,需要人工调用恢复记账前状态功能。系统提供了两种恢复记账前状态的方式:将系统恢复到最后一次记账前状态和将系统恢复到月初状态。只有主管才能选择将数据恢复到月初状态。

如果期初余额试算不平衡,则不能记账;如果上月未结账,则本月不能记账。

跟我练

由账套主管701于美琪对本月凭证进行记账处理。

(1) 在总账管理子系统中,选择"凭证"|"记账"命令,打开"记账"对话框。

（2）单击"全选"按钮,选择所有的凭证作为记账的范围,如图 4.22 所示。

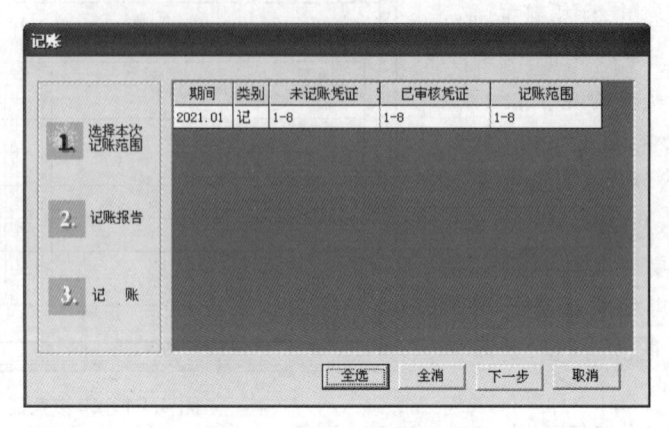

图 4.22 记账-选择记账范围

（3）单击"下一步"按钮,显示记账报告。如果需要打印记账报告,可单击"打印"按钮;如果不需要打印记账报告,单击"下一步"按钮。

（4）单击"记账"按钮,打开"期初试算平衡表"对话框。单击"确定"按钮,系统开始登记有关的总账和明细账、辅助账。登记完后,弹出"记账完毕!"信息提示对话框。

（5）单击"确定"按钮,记账完毕。

提示

① 第 1 次记账时,如果期初余额试算不平衡,则不能记账。
② 如果上月未结账,则本月不能记账。
③ 未审核凭证不能记账,记账范围应小于等于已审核范围。
④ 作废凭证不需要审核可直接记账。

任务 6 账证查询

知识点

1. 信息系统账证查询的优势

企业对经济业务进行记录的目的就是为了获取必要的管理信息。在会计信息化系统中,录入系统中的所有数据都存储在数据库中,系统提供了多维度的查询功能。相比手工管理方式,账证查询具有以下优势。

1）快捷方便

信息系统运算速度快,检索方便,可以实现快速检索。

2）精准查询

在账证查询时,可以利用系统提供的丰富的查询条件,精准定位要查找的内容。

3）模拟记账信息查询

在账证查询时,不仅可以查看到已记账的数据,还能查看到未记账凭证的数据。

4）账证联查

可以实现穿透查询,如查询总账时可以联查明细账,而查明细账时可以联查凭证等。

2. 基本会计账簿查询

基本会计账簿就是手工处理方式下的总账、发生额余额表、明细账、序时账、日记账、多栏账等。

1）总账

查询总账时,可单独显示某科目的年初余额、各月发生额合计、全年累计发生额和月末余额。

2）发生额余额表

发生额余额表可以同时显示各科目的期初余额、本期发生额、累计发生额和期末余额。采用信息化的企业,可用发生额和余额表代替总账。

3）明细账

明细账以凭证为单位显示各账户的明细发生情况,包括日期、凭证号、摘要、借方发生额、贷方发生额和余额。

4）序时账

序时账根据记账凭证以流水账的形式反映各账户的信息,一般包括日期、凭证号、科目、摘要、方向、数量、外币和金额等。

5）日记账

在信息化方式下,任何账户都可以查询日记账,只要将会计科目设置为日记账即可,而且可以随时设置。现金、银行存款日记账一般是在出纳功能中单独查询的。日记账一般包括日期、凭证号、摘要、对方科目、借方发生额、贷方发生额和余额。

6）多栏账

在查询多栏账之前,必须先设置多栏账的格式。设置多栏账格式可以有两种方式：自动编制栏目和手工编制栏目。

3. 辅助核算账簿查询

辅助核算账簿在手工处理方式下一般作为备查账存在。

1）个人核算

个人核算主要进行个人借款、还款管理工作,以便及时控制个人借款,完成清欠工作。个人核算可以提供个人往来明细账、催款单、余额表、账龄分析报告和自动清理核销已清账等功能。

2）部门核算

部门核算主要是为了考核部门收支的发生情况,及时反映控制部门费用的支出,对各部门的收支情况加以比较分析,便于部门考核。部门核算可以提供各级部门的总账、明细账核算,以及对各部门的收入与费用进行部门收支分析等功能。

工作项目 4 总账管理

跟我练

以账套主管701于美琪身份进行账证查询。

(1) 查询2021年1月用库存现金支出的金额大于1 000元的凭证。
(2) 查询2021年1月包括末级科目在内的余额表。
(3) 查询2021年1月不锈钢板材数量金额明细账。
(4) 定义并查询2021年1月管理费用多栏账。
(5) 查询职工康凡2021年1月个人往来清理情况。
(6) 查询2021年1月各部门收支分析表。

1. 查询2021年1月用库存现金支出的金额大于1 000元的凭证

(1) 在总账管理子系统中,选择"凭证"|"查询凭证"命令,打开"凭证查询"对话框。

(2) 单击"辅助条件"按钮,选择科目为"库存现金"、方向为"贷方",输入金额为1 000,如图4.23所示。

(3) 单击"确认"按钮,系统显示出符合要求的凭证。

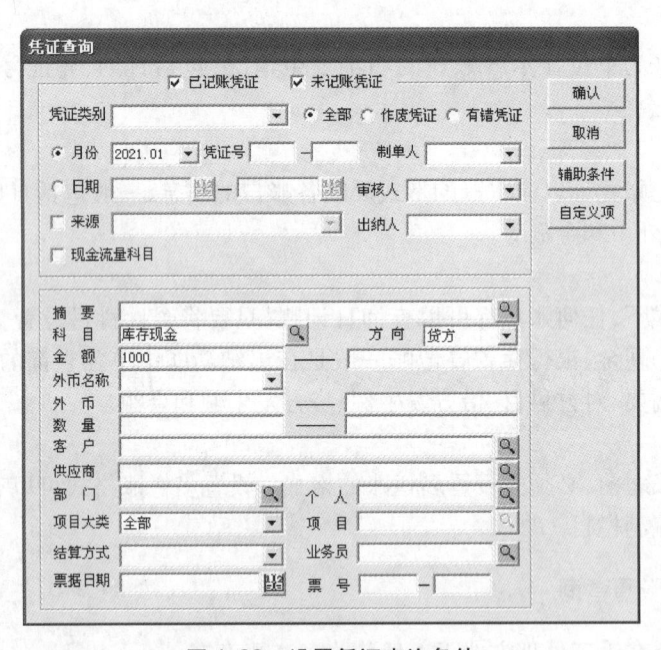

图4.23 设置凭证查询条件

2. 查询2021年1月包括末级科目在内的余额表

(1) 在总账管理子系统中,选择"账簿查询"|"余额表"命令,打开"发生额及余额表查询条件"对话框。

(2) 选中"末级科目"复选框,单击"确认"按钮,打开"发生额及余额表"对话框,如图4.24所示。

(3) 单击"累计"按钮,系统自动增加"累计发生借方"和"累计发生贷方"两个栏目。

图 4.24 发生额及余额表

3. 查询 2021 年 1 月不锈钢板材数量金额明细账

(1) 在总账管理子系统中,选择"账簿查询"|"明细账"命令,打开"明细账查询条件"对话框。

(2) 选择查询科目"140301—140301",单击"确认"按钮,打开"明细账"对话框。选择"数量金额式"账页形式,显示如图 4.25 所示。

(3) 单击"总账"按钮,可以联查到原材料科目总账。

(4) 将光标放置于某一记录行,单击"凭证"按钮,可以联查到当前数据的凭证来源。

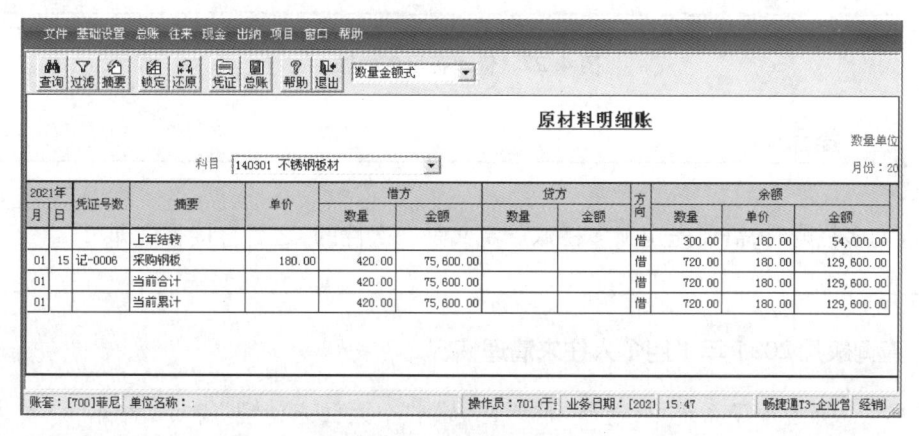

图 4.25 数量金额式明细账

4. 定义并查询2021年1月管理费用多栏账

（1）在总账管理子系统中，选择"账簿查询"|"多栏账"命令，打开"多栏账"对话框。

（2）单击"增加"按钮，打开"多栏账定义"对话框。选择核算科目"5602 管理费用"，单击"自动编制"按钮，系统自动将管理费用下的明细科目作为多栏账的栏目，如图4.26所示。

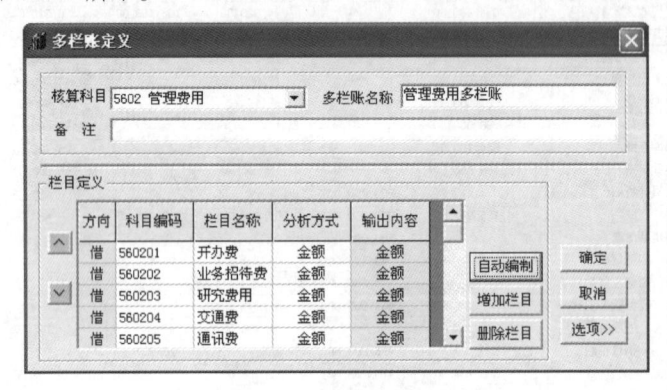

图4.26 多栏账定义

（3）单击"确定"按钮，完成管理费用多栏账的定义。

（4）单击"查询"按钮，打开"多栏账查询"对话框。单击"确定"按钮，显示管理费用多栏账，如图4.27所示。

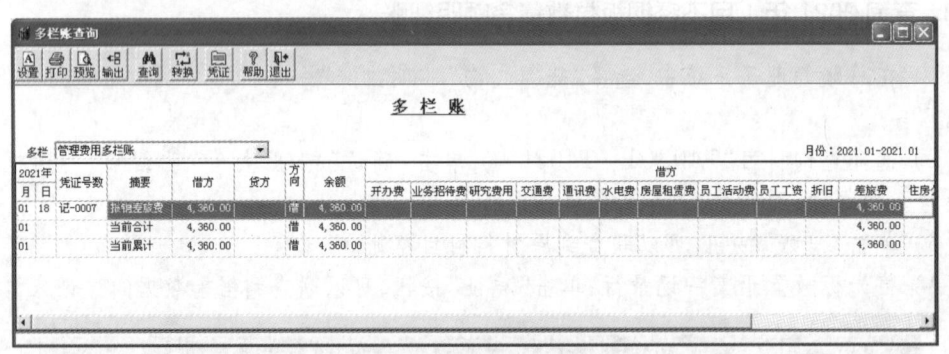

图4.27 管理费用多栏账

提示

查询多栏账时，需要先定义多栏账。定义是一次性的，之后直接查询即可。

5. 查询康凡2021年1月个人往来清理情况

（1）在总账管理子系统中，选择"辅助查询"|"个人往来清理"命令，打开"个人往来两清条件"对话框。

(2) 选择部门"企管部"、个人"康凡"，截止月份"2021.01"，选中"显示已两清"复选框，单击"确认"按钮，进入"个人往来两清"窗口。

(3) 单击"勾对"按钮，打开"自动勾兑结果"对话框，显示勾兑情况。单击"返回"按钮。

(4) 系统自动将已达账项打上两清标志"〇"，如图4.28所示。

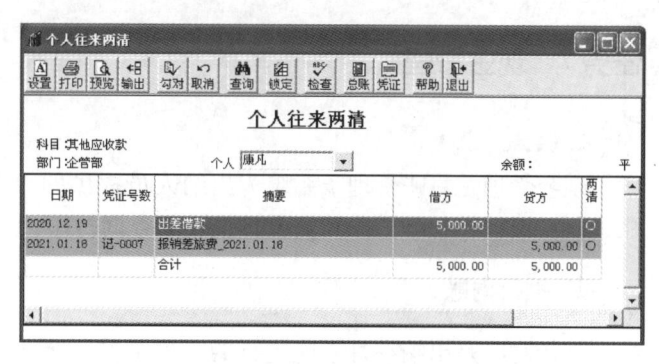

图4.28　个人往来两清

6. 查询2021年1月各部门差旅费支出情况

(1) 在总账管理子系统中，选择"辅助查询"|"部门收支分析"命令，打开"部门收支分析条件"对话框。

(2) 选择管理费用下的"差旅费"科目作为分析科目，如图4.29所示。

(3) 单击"下一步"按钮。选择所有部门作为分析部门，如图4.30所示。

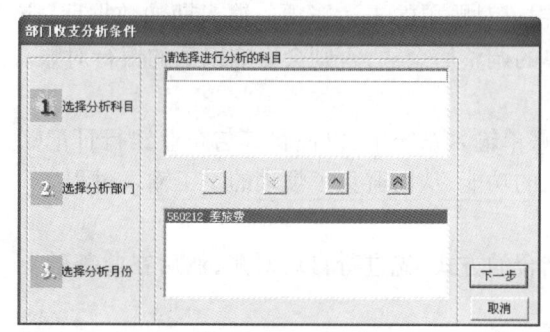

图4.29　选择分析科目

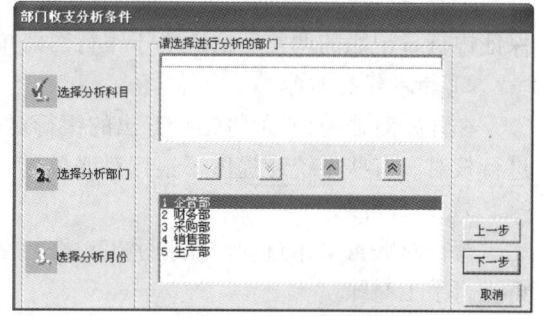

图4.30　选择分析部门

(4) 单击"下一步"按钮。选择"2021.01"作为分析月份，然后单击"完成"按钮，系统显示各部门差旅费支出情况，如图4.31所示。

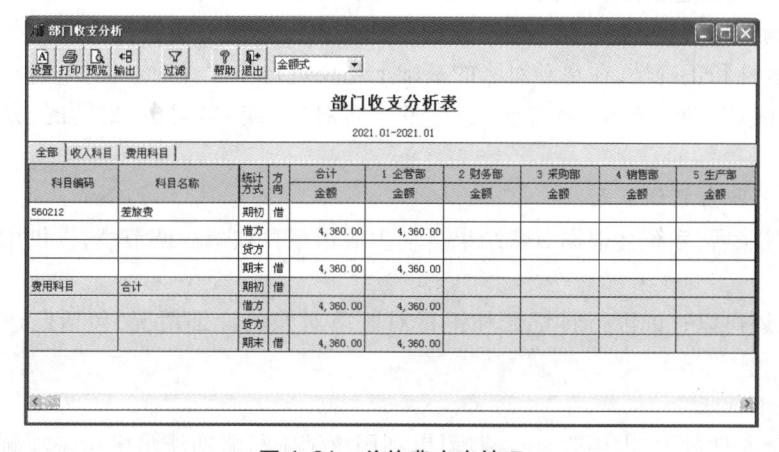

图4.31　差旅费支出情况

任务7　现金管理

🔊 知识点

现金管理是总账管理子系统为出纳人员提供的一套管理工具和工作平台,包括银行对账、现金、银行存款日记账和资金日报表的查询打印、支票登记簿。

1. 银行对账

银行对账是出纳在月末应进行的一项工作。企业为了了解未达账项的情况,通常都会定期与开户银行进行对账。在信息化方式下,银行对账的程序如下。

1) 输入银行对账期初数据

在第1次利用总账管理系统进行银行对账前,应该输入银行启用日期时的银行对账期初数据。

银行对账的启用日期是指使用银行对账功能前最后一次手工对账的截止日期。银行对账不一定与总账管理系统同时启用,银行对账的启用日期可以晚于总账管理子系统的启用日期。

银行对账期初数据包括银行对账启用日的企业方银行日记账和银行方银行对账单的调整前余额,以及启用日期之前的单位日记账和银行对账单的未达账项。输入期初数据后,应保证银行日记账的调整后余额等于银行对账单的调整后余额,否则会影响以后的银行对账。

2) 输入银行对账单

在开始对账前,必须将银行开出的银行对账单输入系统中,以便将其与企业银行日记账进行核对。有些系统还提供了银行对账单导入的功能,从而避免了烦琐的手工输入过程。

3) 银行对账

银行对账可采用自动对账和手工对账相结合的方式,先进行自动对账,然后在此基础上再进行手工对账。

自动对账是指系统根据设定的对账依据,将银行日记账(银行未达账项文件)与银行对账单进行自动核对和勾销。对于已核对无误的银行业务,系统将自动在银行日记账和银行对账单双方打上两清标志,视为已达账项,否则视为未达账项。对账依据可由用户自己设置,但"方向+金额"是必要条件,通常可设置为"结算方式+结算号+方向+金额"。

采用自动对账后,可能还有一些特殊的已达账项没有对上而被视为未达账项。为了保证对账的彻底性和正确性,在自动对账的基础上还要进行手工补对。例如,自动对账只能针对"一对一"的情况进行对账,而对于"一对多""多对一"或"多对多"的情况,只能由手工对账来实现。

4) 查询打印余额调节表

在进行对账后,系统会根据对账结果自动生成银行存款余额调节表,以供用户查询打印或输出。

对账后,还可以查询银行日记账和银行对账单对账的详细情况,包括已达账项和未达账项。

5) 核销银行账

为了避免文件过大,占用磁盘空间,可以利用核销银行账功能将已达账项删除。对于企业银行日记账已达账项的删除不会影响企业银行日记账的查询和打印。

6）长期未达账项审计

有的软件还提供长期未达账项审计的功能。通过设置截止日期和至截止日期未达天数，系统可以自动将至截止日期未达账项未达天数超过指定天数的所有未达账项显示出来，以便企业了解长期未达账项情况，从而采取措施对其追踪、加强监督，避免不必要的损失。

2. 现金、银行存款日记账和资金日报表的查询打印

现金日记账和银行存款日记账不同于一般会计科目的日记账，是属于出纳管理的，因此将其查询和打印功能放置于出纳管理平台。现金、银行日记账一般可按月查询或按日查询，查询时也可以包含未记账凭证在内。

资金日报表可以反映现金和银行存款日发生额及余额情况。在手工环境下，资金日报表由出纳员逐日填写，以反映当日营业终了时现金、银行存款的收支情况和余额；在计算机系统中，资金日报表可由总账管理系统根据记账凭证自动生成，以便及时掌握当日借贷金额合计、余额和当日业务量等信息。资金日报表既可以根据已记账凭证生成，也可以根据未记账凭证生成。

3. 支票登记簿

加强支票的管理对于企业来说非常重要，因此总账管理子系统提供了支票登记簿功能，以供出纳员详细登记支票领用和报销情况，如领用日期、领用部门、领用人、支票号、用途、预计金额、报销日期、实际金额、备注等。

在使用支票登记簿时，需要注意以下问题：

（1）建立会计科目时，必须为银行存款科目设置银行账属性。

（2）设置结算方式时，必须为支票结算方式设置票据管理属性。

（3）领用支票时，银行出纳必须据实填写领用日期、领用部门、领用人、支票号、用途、预计金额、备注等信息。

（4）经办人持原始单据报销支票时，会计人员据此填制记账凭证。在输入该凭证时，系统要求输入结算方式和支票号。填制完凭证后，在采取支票控制的方式下，系统自动在支票登记簿中将该支票填上报销日期，表示该支票已报销。否则，出纳员需要自己填写报销日期。

跟我练

由出纳 703 姜楠进行银行对账、现金日记账和资金日报查询、支票登记簿管理。

（1）银行对账。

菲尼电器从 2021 年 1 月 1 日启用银行对账。单位日记账工行人民币户调整前余额为 189 285 元，未达项一笔，为 2020 年 12 月 22 日发生的企业已收银行未收 21 000 元；银行对账单调整前余额为 168 285 元。

2021 年 1 月份取得的银行对账单如表 4.6 所示。要求进行银行对账，查询银行存款余额调节表。

表4.6 2021年1月银行对账单

日 期	结算方式	票 号	借方金额	贷方金额
2021.01.05	201 现金支票	2101		10 000
2021.01.09	202 转账支票	2109		13 560
2021.01.10	202 转账支票	2111	108 480	

(2) 查询现金日记账。

(3) 查看1月9日的资金日报。

(4) 进行支票登记。

采购部王曼26日领用转账支票一张采购温控器,票号为2126,金额为7 800元。进行支票登记。

1. 银行对账

1) 输入银行对账期初

(1) 选择"现金"|"设置"|"银行期初录入"命令,打开"银行科目选择"对话框。

(2) 选择科目为"10020101 人民币户",单击"确定"按钮,打开"银行对账期初"对话框。

(3) 确定启用日期为"2021.01.01"。

(4) 输入单位日记账的调整前余额为189 285,输入银行对账单的调整前余额为168 285。

(5) 单击"日记账期初未达项"按钮,打开"企业方期初"对话框。

(6) 单击"增加"按钮,输入日期为"2020.12.22"、借方金额为21 000,如图4.32所示。

(7) 单击"保存"按钮,然后单击"退出"按钮,返回"银行对账期初"对话框,如图4.33所示。

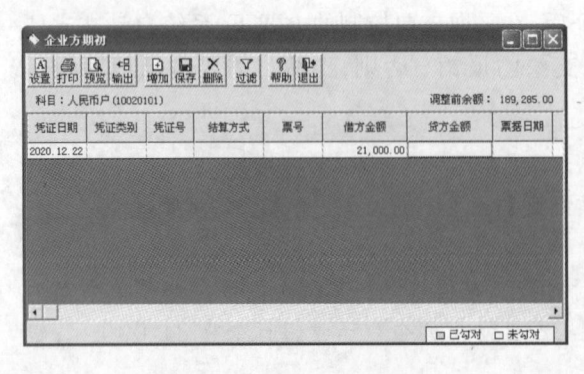

图4.32 银行方期初增加

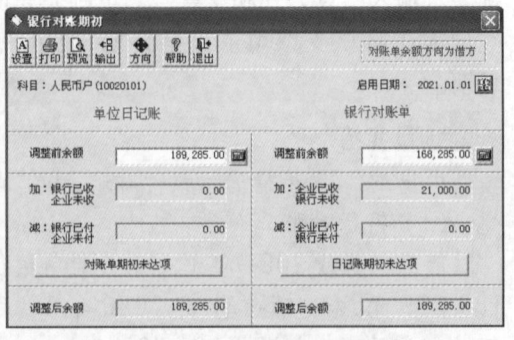

图4.33 银行对账期初

提示

(1) 第 1 次使用银行对账功能前,系统要求输入日记账和对账单未达账项,而在开始使用银行对账功能之后不再使用此功能。

(2) 在输入完单位日记账、银行对账单期初未达账项后,不要随意调整启用日期,尤其是向前调,因为这样可能会造成启用日期后的期初数不能再参与对账。

2) 输入银行对账单

(1) 选择"现金"|"现金管理"|"银行账"|"银行对账单"命令,打开"银行科目选择"对话框。

(2) 选择科目为"10020101 人民币户"、月份为"2021.01—2021.01",单击"确定"按钮,打开"银行对账单"对话框。

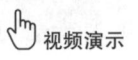

(3) 单击"增加"按钮,输入银行对账单数据。然后单击"保存"按钮,如图 4.34 所示。

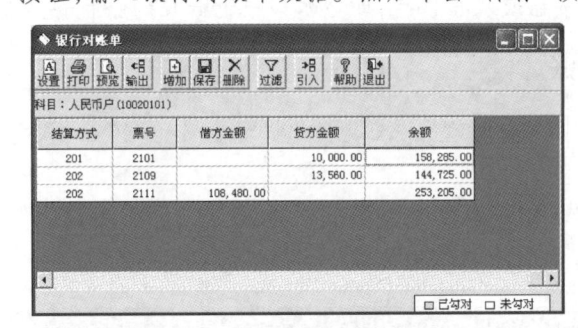

图 4.34 银行对账单

3) 进行 1 月份银行自动对账工作

(1) 选择"现金"|"现金管理"|"银行账"|"银行对账"命令,打开"银行科目选择"对话框。

(2) 选择科目为"10020101 人民币户"、月份为"2021.01—2021.01",单击"确定"按钮,打开"银行对账"窗口。

(3) 单击"对账"按钮,打开"自动对账"条件对话框。

(4) 输入截止日期为"2021-01-31",并默认系统提供的其他对账条件,如图 4.35 所示。

(5) 单击"确定"按钮,显示自动对账结果,如图 4.36 所示。

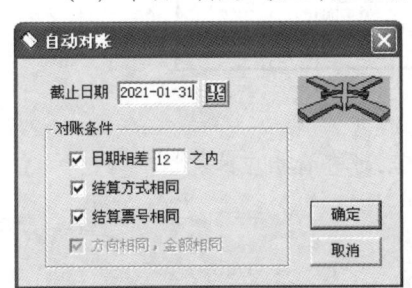

图 4.35 自动对账条件设置

图 4.36 银行自动对账结果

> **提示**
>
> (1) 对账条件中的方向、金额相同是必选条件,对账截止日期则可输入,也可不输。
> (2) 对于已达账项,系统自动在银行存款日记账和银行对账单双方的"两清"栏中打上圆圈标志。
> (3) 在自动对账不能完全对上的情况下,可采用手工对账。手工对账的标志为 Y,以区别于自动对账标志。

4)查询余额调节表

(1)选择"现金"|"现金管理"|"银行账"|"余额调节表查询"命令,打开"银行存款余额调节表"窗口。

(2)选中科目"10020101 人民币户"。

(3)单击"查看"按钮或双击该行,即显示该银行账户的银行存款余额调节表。

2. 查看现金日记账

(1)选择"现金"|"现金管理"|"日记账"|"现金日记账"命令,打开"现金日记账查询条件"对话框。

(2)选择科目为"1001 库存现金",默认月份为"2021.01",单击"确定"按钮,打开"现金日记账"对话框,如图 4.37 所示。

图 4.37 现金日记账

(3)双击某行或将光标定位在某行再单击"凭证"按钮,可查看相应的凭证。

(4)单击"退出"按钮。

3. 查看 1 月 9 日的资金日报表

(1)选择"现金"|"现金管理"|"日记账"|"资金日报"命令,打开"资金日报表查询条

件"对话框。

（2）输入查询日期为"2021.01.09"，选中"有余额无发生也显示"复选框。

（3）单击"确认"按钮，打开"资金日报表"对话框，如图4.38所示。然后单击"退出"按钮。

图4.38 资金日报表

4. 登记支票簿

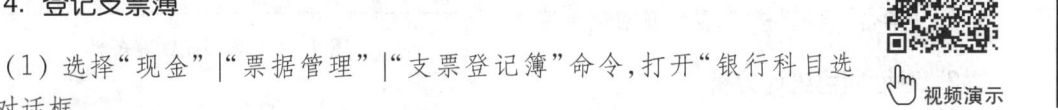

（1）选择"现金"|"票据管理"|"支票登记簿"命令，打开"银行科目选择"对话框。

（2）选择科目为人民币户10020101，单击"确定"按钮，打开"支票登记"对话框。

（3）单击"增加"按钮。

（4）输入领用日期为"2021.01.26"、领用部门为"采购部"、领用人为"王曼"、支票号2126、预计金额为7 800、用途为"采购温控器"，单击"保存"按钮，如图4.39所示。

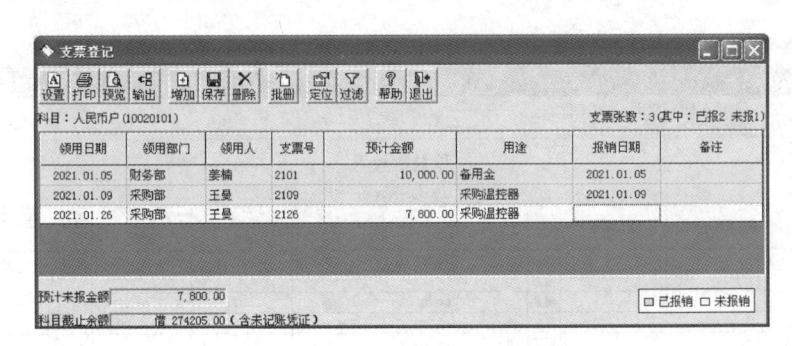

图4.39 支票登记

提示

（1）只有在"结算方式"对话框中选中"票据管理方式"复选框才能在此选择登记。

（2）领用日期和支票号必须输入，其他内容可输可不输。

（3）报销日期不能在领用日期之前。

（4）已报销的支票可成批删除。

工作项目 4 总账管理

任务 8 项目管理

知识点

项目核算用于收入、成本、在建工程等业务的核算。它以项目为中心为使用者提供各项目的成本、费用、收入、往来等汇总和明细信息,以及项目统计分析等。

跟我练

以账套主管 701 于美琪身份查询"全钢热水壶"项目明细账,并进行项目统计分析。

1. 查询"华宇天骄"项目明细账

(1) 选择"项目"|"账簿"|"项目明细账"|"项目明细账"命令,打开"项目明细账条件"对话框。

(2) 选择项目"全钢热水壶",如图 4.40 所示。

(3) 单击"确定"按钮,显示项目明细账。

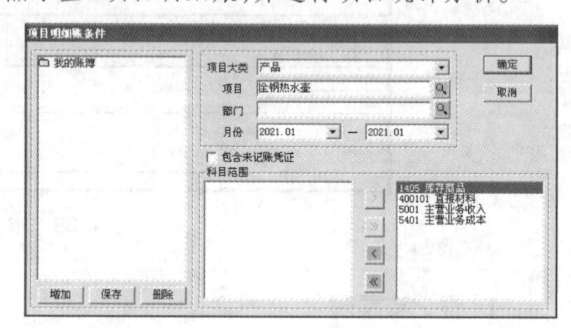

图 4.40 项目明细账条件

2. 进行项目统计分析

(1) 选择"项目"|"账簿"|"项目统计分析"命令,打开"项目统计条件"对话框。

(2) 使用默认条件,单击"下一步"按钮。

(3) 选择所有项目核算科目作为统计科目,单击"下一步"按钮。

(4) 选择统计月份"2021.01"。然后单击"完成"按钮,显示项目统计情况,如图 4.41 所示。

项目分类及项目名称	项目编号	统计方式	方向	合计 金额	库存商品(1405) 金额	直接材料(400101) 金额	主营业务收入(5001) 金额	主营业务成本(5401) 金额
电热水壶(1)		期初	借	524,700.00	524,700.00			
		借方						
		贷方		84,000.00			84,000.00	
		期末	借	440,700.00	524,700.00		84,000.00	
全钢热水壶	01	期初	借	418,500.00	418,500.00			
		借方						
		贷方		24,000.00			24,000.00	
		期末	借	394,500.00	418,500.00		24,000.00	
养生煮茶壶	02	期初	借	106,200.00	106,200.00			
		借方						
		贷方		60,000.00			60,000.00	
		期末	借	46,200.00	106,200.00		60,000.00	
合计		期初	借	524,700.00	524,700.00			
		借方						
		贷方		84,000.00			84,000.00	
		期末	借	440,700.00	524,700.00		84,000.00	

图 4.41 项目统计表

任务 9　往来管理

知识点

往来管理包括客户往来核算和供应商往来核算。

客户往来核算和供应商往来核算主要进行客户与供应商往来款项的发生、清欠管理工作，以便及时掌握往来款项的最新情况。它可以提供往来款项的余额表、明细账、催款单、往来账清理、往来账龄分析等功能。

跟我练

查询客户"鲁阳"明细账。

（1）选择"往来"|"账簿"|"客户往来明细账"|"客户明细账"命令，打开"客户明细账"对话框。

（2）选择客户"鲁阳"，单击"确定"按钮，显示客户明细账详细情况。

以上任务完成后，将账套备份至"总账日常业务"。

任务 10　转账定义

知识点

每个会计期末，企业都要进行期末结转，以便核算当期损益。

1. 机制凭证的分类

机制凭证就是计算机自动编制的凭证。按照其是否在总账系统生成，机制凭证分为内部机制凭证和外部机制凭证。

外部机制凭证是指总账之外的其他子系统根据业务处理自动生成凭证转入总账管理系统。例如，工资管理子系统有关工资费用分配的凭证、固定资产管理子系统有关固定资产增减变动及计提折旧的凭证、核算管理子系统生成的出入库凭证等。

内部机制凭证就是通过在总账管理系统设置凭证模板而由系统自动生成记账凭证。这是因为一些期末业务具有较强的规律性，而且每个月都会重复发生，如费用的分配、费用的分摊、费用的计提、税金的计算、成本费用的结转、期间损益的结转等。这些业务的凭证分录是固定的，金额来源和计算方法也是固定的，因而可以利用自动转账功能将处理这些经济业务的凭证模板定义下来，期末通过调用这些模板来自动生成相关凭证。

2. 如何进行转账定义

T3 中提供自定义转账、对应结转、销售成本结转、汇兑损益结转和期间损益结转 5 种类型。

定义凭证模板时，应设置凭证类别、摘要、借贷会计科目及其金额公式。其中，最关键的是金额公式的设置。因为各月金额不可能总是相同的，所以不能直接输入金额数，而必须利用总账管理子系统提供的账务函数来提取账户数据，如期初余额函数、期末余额函数、发生额函数、累计发生额函数、净发生额函数等。

定义转账凭证时，一定要注意凭证的生成顺序。

凭证模板只需要定义一次即可,各月不必重复定义。

跟我练

以 702 马群的身份进行转账定义。
(1) 设置自定义转账凭证。
按短期借款期初余额计提短期借款利息(年利率 6%)。
(2) 设置对应结转凭证。
将"应交税费—应交增值税—销项税额"转入"应交税费—未交增值税"。
(3) 设置期间损益结转凭证。
结转本月期间损益。

1. 设置自定义转账凭证

按短期借款期初余额计提短期借款利息会计分录为:
借:财务费用——利息费用(560301)　短期借款(2001)科目的期初余额×0.06／12
　　贷:应付利息(2231)　　用 JG( )取对方科目计算结果

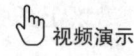

(1) 在总账管理子系统中,选择"期末"|"转账定义"|"自定义转账"命令,打开"自动转账设置"对话框。

(2) 单击"增加"按钮,打开"转账目录"对话框。

(3) 输入转账序号为 0001,选择转账说明为"计提短期借款利息"、凭证类别为"记记账凭证",如图 4.42 所示。

(4) 单击"确定"按钮,继续定义转账凭证分录信息。

(5) 确定分录的借方信息。选择科目编码为 560301、方向为"借",在"金额公式"栏单击"参照"按钮,打开"公式向导"对话框。选择"期初余额"、QC( ),如图 4.43 所示。

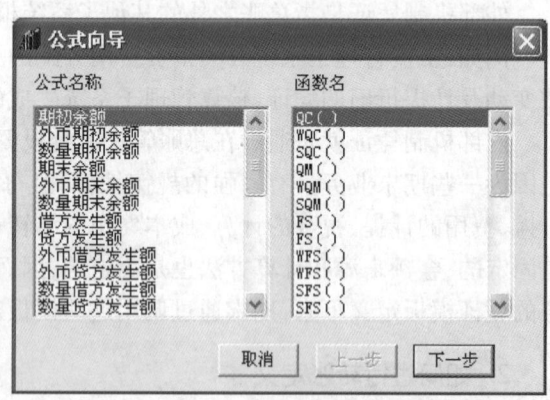

图 4.42　定义转账目录　　　　　　图 4.43　选择期初余额函数

(6) 单击"下一步"按钮,在"公式向导"对话框中选择科目为 2001。然后单击"完成"按钮,返回"金额公式"栏。继续输入"＊0.06／12"。

(7) 单击"增行"按钮,确定分录的贷方信息。选择科目编码为 2231、方向为"贷",输入或选择金额公式 JG( )。

(8) 单击"保存"按钮,完成后如图 4.44 所示。然后单击"退出"按钮返回。

图4.44 计提短期借款利息自定义凭证

> **提示**
> (1) 转账科目可以为非末级科目、部门可为空,以表示所有部门。
> (2) 输入转账计算公式有两种方法:一是直接输入计算公式;二是用向导方式输入公式。
> (3) JG( )的含义为取对方科目计算结果,其中的"( )"必须为英文符号,否则系统会提示"金额公式不合法:未知函数名"。

2. 设置对应结转凭证

(1) 在总账管理子系统中,选择"期末"|"转账定义"|"对应结转"命令,打开"对应结转设置"对话框。

(2) 录入编号"0002",选择凭证类别"记 记账凭证",输入摘要"结转销项税额",在"转出科目"栏输入"22210106"或单击参照按钮选择"22210106 应交税费——应交增值税——销项税额"。

(3) 单击"增行"按钮,在"转入科目编码"栏输入"222102"或单击参照按钮选择"222102 应交税费——未交增值税";结转系数输入"1.00",如图4.45所示。

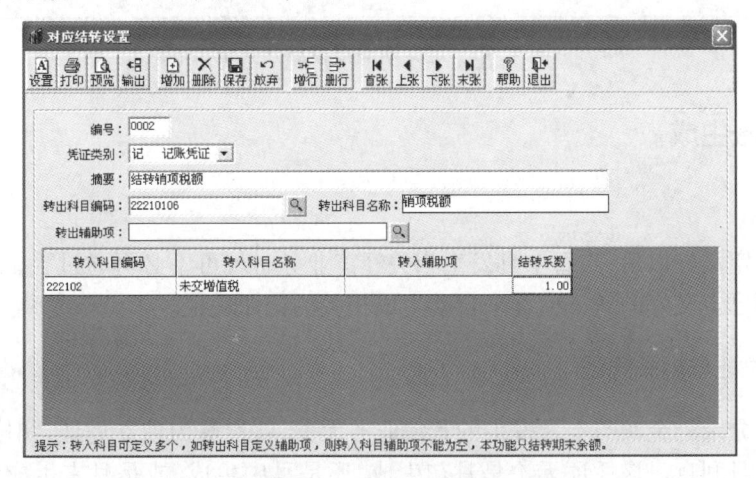

图4.45 对应结转设置

(4) 单击"保存"按钮,单击"退出"按钮。

> **提示**
>
> (1) 对应结转不仅可以进行两个科目的一对一结转,还可以进行科目的一(一个转出科目)对多(多个转入科目)结转。
> (2) 对应结转的科目可为上级科目,但其下级科目的科目结构必须一致(相同明细科目),如果有辅助核算,则两个科目的辅助账类也必须一一对应。
> (3) 对应结转只能结转期末余额。

3. 期间损益结转设置

(1) 在总账管理子系统中,选择"期末"|"转账定义"|"期间损益"命令,打开"期间损益结转设置"对话框。

(2) 选择本年利润科目为3103,如图4.46所示。然后单击"确定"按钮返回。

图4.46 定义期间损益结转凭证

任务11 转账生成

知识点

凭证模板定义好以后,当每个月发生相关经济业务时就可不必再通过手工输入凭证,而可以直接调用已定义好的凭证模板来自动生成相关的记账凭证。

1. 独立凭证与相关凭证

如果会计分录的金额与本月发生的其他业务无关,就称其为独立凭证,如按短期借款期初余额计提本月利息。该凭证无论是月初生成,还是月中生成,或是月末生成,该凭证上的金额都是相同的。

而结转期间损益凭证则不同。如果计提短期借款利息凭证未生成未记账,那么此时结转期间损益的话就会漏掉利息费用科目发生额,导致金额不完整。因此结转期间损益一定是当所有的损益类科目全部记账完成后才能得到完整的数据。我们称之为相关凭证。

2. 转账生成的注意事项

一般而言,只有在凭证记账后,账务函数才能取出相关数据。因此,利用自动转账生成凭证时,一定要使得相关凭证已经全部记账,这样才能保证取出的数据是完整的。例如,定义了一张根据本期利润计提所得税的凭证,那么要生成该张凭证,就必须保证有关利润的凭证已经全部记账,否则要么不能取出相应的数据而导致金额为 0 不能生成凭证,要么取出的数据不完整而导致所得税计提错误。

利用自动转账生成的凭证属于机制凭证,仅仅代替了人工查账和填制凭证的环节,仍然需要审核记账。

跟我练

1 月 31 日,由 702 马群生成上述计提短期借款利息、结转销售税额和结转期间损益凭证。由 701 于美琪对生成的机制凭证进行审核、记账。

1. 生成计提短期借款利息凭证

(1) 由 702 马群登录总账管理子系统,选择"期末"|"转账生成"命令,打开"转账生成"对话框。

(2) 单击"自定义转账"单选按钮,再单击"全选"按钮,如图 4.47 所示。

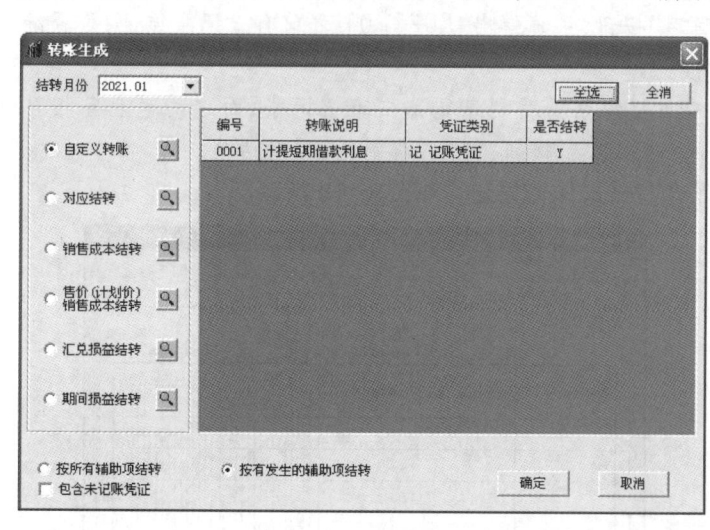

图 4.47 转账生成

(3) 单击"确定"按钮,系统生成转账凭证。

(4) 单击"保存"按钮,系统自动将当前凭证追加到未记账凭证中,凭证左上角出现"已生成"标志,如图 4.48 所示。

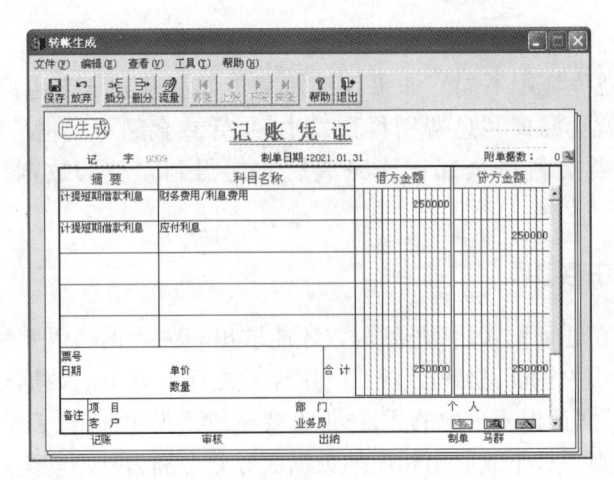

图 4.48 自动转账生成

> **提示**
> （1）进行转账生成之前，注意转账月份为当前会计月份。
> （2）进行转账生成之前，应先将相关经济业务的记账凭证登记入账。
> （3）生成的转账凭证仍需要审核，才能记账。

2. 生成对应结转凭证

（1）在"转账生成"对话框中，选中"对应结转"单选按钮，单击"全选"按钮。

（2）单击"确定"按钮，系统弹出"2021.01之前有未记账凭证，是否继续结转？"信息提示框。

（3）此前只有计提短期借款利息凭证未审核记账，而这两笔业务相互独立，并无关联，因此，单击"是"按钮，打开"填制凭证"对话框。

（4）单击"保存"按钮，保存凭证。如图4.49所示。

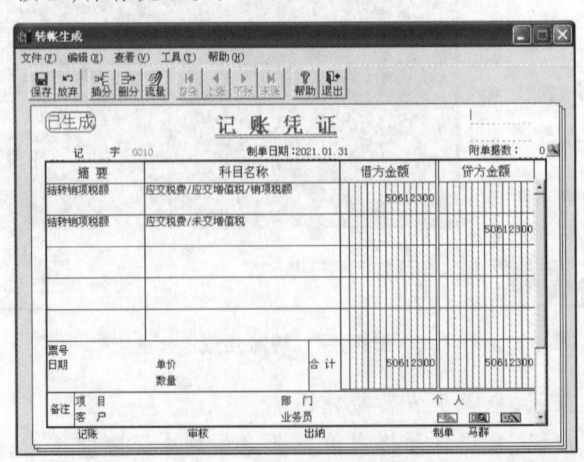

图 4.49 对应结转生成

3. 生成期间损益结转凭证

（1）由 701 于美琪登录 T3，对所有凭证进行审核记账，为期间损益结转做好数据准备。

（2）由 702 马群登录 T3，在总账管理子系统中，选择"期末"|"转账生成"命令，打开"转账生成"对话框。

（3）单击"期间损益结转"单选按钮，再单击"全选"按钮，然后单击"确定"按钮，生成期间损益结转凭证。单击"保存"按钮，凭证如图 4.50 所示。

（4）单击"退出"按钮返回。

（5）再由 701 于美琪对该凭证进行审核、记账。

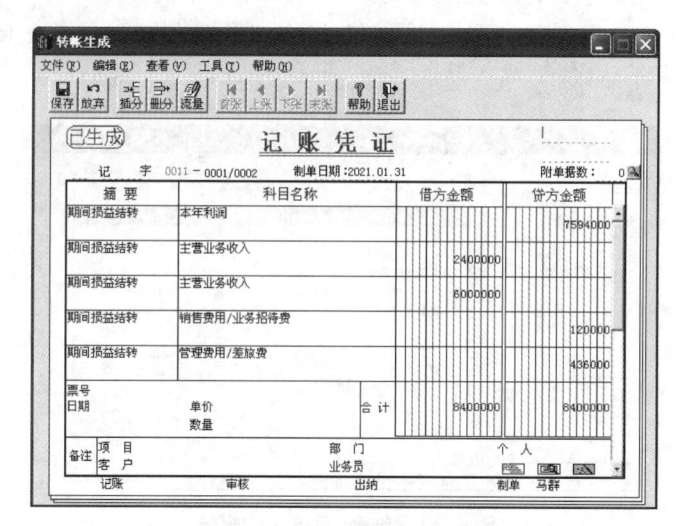

图 4.50 期间损益结转生成

任务 12 结账

知识点

每个会计期间结束，都要进行结账，结账意味着本月业务处理全部结束。

1. 结账前检查

（1）检查本月凭证是否已全部记账，有未记账凭证时不能结账。

（2）核对总账和明细账、总账和辅助账，账账不符不能结账。

（3）对科目余额进行试算平衡，试算结果不平衡不能结账。

（4）检查损益类账户是否已结转至本年利润。

（5）当总账与其他子系统集成应用时，总账管理子系统必须在其他各子系统结账后才能最后结账。

2. 结账

结账时，系统会对以上工作进行检查，并给出工作报告。

符合结账条件后,系统会自动计算当月各账户发生额合计和余额,并将其转入下月月初。

为本月打上结账标记。

结账后,当月不能再填制凭证,也不能接收其他子系统传递的凭证。

跟我练

由701于美琪进行1月份结账工作,并备份账套。

(1) 在总账管理子系统中,选择"期末"|"结账"命令,打开"结账"对话框。

(2) 单击要结账月份"2021.01",然后单击"下一步"按钮。

(3) 单击"对账"按钮,系统对要结账的月份进行账账核对。

(4) 单击"下一步"按钮,系统显示"2021年01月工作报告",如图4.51所示。

(5) 查看工作报告后,单击"下一步"按钮。单击"结账"按钮,如果符合结账要求,系统将进行结账,否则不予结账。

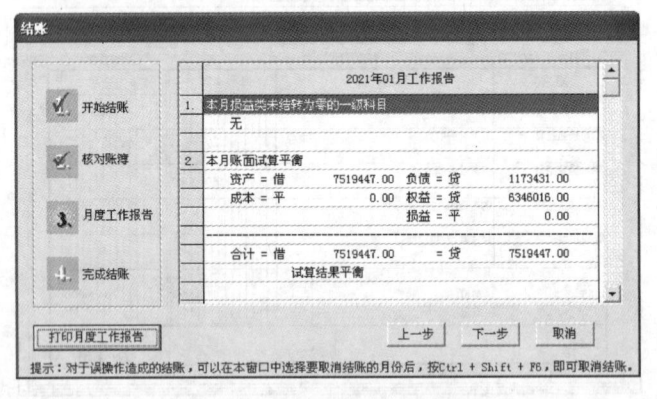

图 4.51 结账-月度工作报告

以上完成后,将账套备份至"总账期末业务"。

4.3 拓展应用

任务1 反结账

知识点

结账表示本月业务处理终结,系统将账户余额自动结转到下月,本月不允许再处理任何业务。如果结账后发现尚有未处理的本月业务或其他情况,则需要取消本月结账。

只有账套主管能够取消结账。

跟我练

由701于美琪取消2021年1月结账。

(1) 由701于美琪登录总账管理子系统,选择"期末"|"结账"命令,打开"结账"对话框。

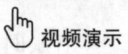

(2) 将光标定位于"2021.01"所在行,按 Ctrl+Shift+F6 组合键,打开"确认口令"对话框。输入主管口令1,如图4.52所示。

(3) 单击"确认"按钮,结账标记取消。

任务2 红字冲销

知识点

如果凭证记账之后发现账簿错误,因为凭证已经记账,因此不能无痕迹修改,只能采用红字冲销或补充更正的方式更正错误。

既可以人工填制红字冲销凭证,也可以由系统自动生成红字冲销凭证。如果采用系统自动生成方式,需要告知系统要被冲销的凭证类型和凭证号,系统便会自动生成一张与该凭证内容完全相同,只是金额为红字(负数)的凭证。

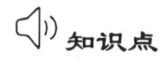

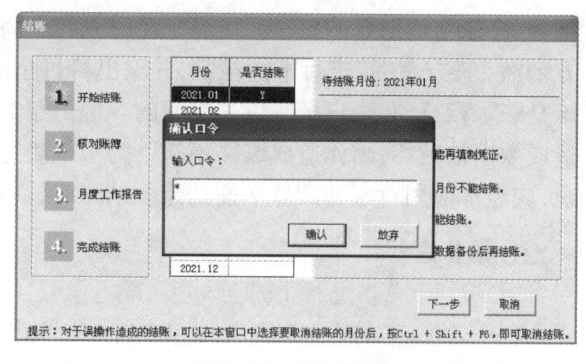

图 4.52 取消结账

跟我练

由702马群冲销记-0010号结转销项税额凭证。

(1) 由702马群登录总账管理子系统,选择"总账"|"凭证"|"填制凭证"命令,打开"填制凭证"窗口。

(2) 选择"制单"|"冲销凭证"命令,打开"冲销凭证"对话框。输入凭证号为0010,单击"确定"按钮,系统自动生成红字冲销凭证,如图4.53所示。

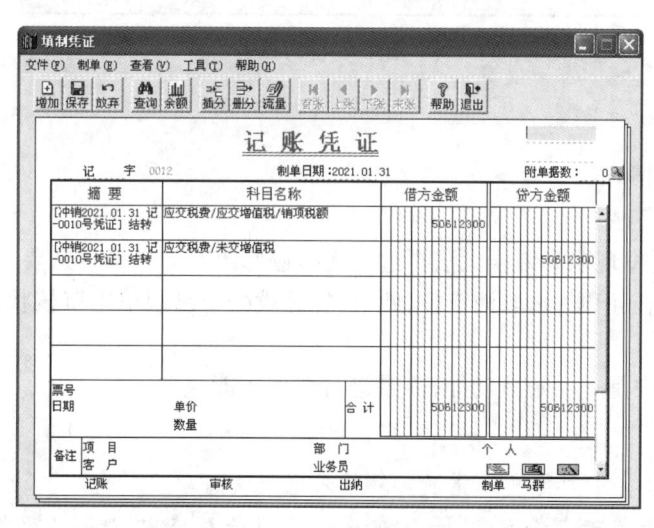

图 4.53 红字冲销凭证

任务3 对账

知识点

对账是对账簿数据进行核对,以检查记账是否正确、账账是否相符。对账包括总账与明细账、总账与辅助账的核对。试算平衡时系统会将所有账户的期末余额按会计平衡公式"借方余额＝贷方余额"进行平衡检验,并输出科目余额表。在正常情况下,系统自动记账后,应该是账账相符的,账户余额也是平衡的。但由于非法操作或计算机病毒等原因,有时可能会造成数据被破坏,因此造成账账不符。为了检查是否账证相符、账账相符和账户余额是否平衡,应经常使用对账和试算平衡功能。结账时,一般系统会自动进行对账和试算平衡。

跟我练

由 701 于美琪进行 1 月份对账工作。

(1) 在总账管理子系统中,选择"期末"|"对账"命令,打开"对账"对话框。

(2) 将光标定位在要进行对账的月份"2021.01",单击"选择"按钮。

(3) 单击"对账"按钮,开始自动对账,并显示对账结果,如图 4.54 所示。

(4) 单击"试算"按钮,可以对各科目类别余额进行试算平衡。

图 4.54 对账

任务 4 反记账

知识点

凭证记账之后发现账簿错误无法再进行无痕迹修改。如果确有必要,可以利用 T3 系统反记账功能取消凭证记账,再取消审核,此时,凭证就处于已制单未审核状态,就可以进行无痕迹修改了。

反记账在 T3 中是一项隐藏功能,需要进行调用才能显现。

跟我练

由 701 于美琪将 1 月份所有凭证恢复至未记账状态。

(1) 以 701 于美琪身份登录 T3。在总账管理子系统中,选择"期末"|"对账"命令,打开"对账"对话框。

(2) 按 Ctrl+H 组合键,弹出"恢复记账前状态功能已被激活。"信息提示框,如图 4.55 所示。

(3) 单击"确定"按钮返回,单击"退出"按钮。此时在"凭证"菜单下会显示"恢复记账前状态"菜单项。

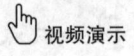

(4) 选择"凭证"|"恢复记账前状态"命令,打开"恢复记账前状态"对话框。
(5) 选中"2021 年 01 月初状态"单选按钮,如图 4.56 所示。
(6) 单击"确定"按钮,弹出"请输入主管口令"信息提示框。
(7) 输入主管口令,单击"确定"按钮,稍候系统弹出"恢复记账完毕!"信息提示对话框。单击"确定"按钮。

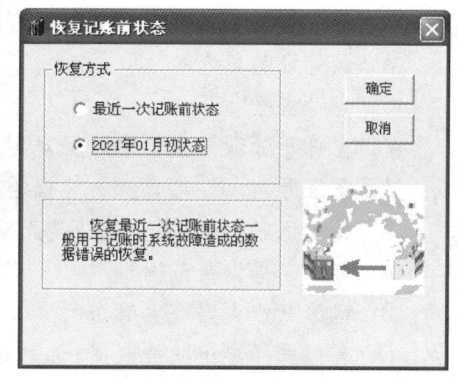

图 4.55　激活恢复记账前状态功能　　　　图 4.56　反记账

随堂测

一、判断题

1. 制单序时控制是指凭证的填制日期必须大于等于系统日期。　　　　　　　　(　　)
2. 记账凭证是登记账簿的依据,是总账管理子系统的唯一数据来源。　　　　　(　　)
3. 期初余额试算不平衡时,可以填制凭证,但不能记账。　　　　　　　　　　(　　)
4. 凭证上的摘要是对本凭证所反映的经济业务内容的说明,凭证上的每个分录行必须有摘要,且同一张凭证上的摘要应相同。　　　　　　　　　　　　　　　　　　(　　)
5. 在填制记账凭证时所使用的会计科目必须是末级会计科目,金额可以为 0,红字用"-"号表示。　　　　　　　　　　　　　　　　　　　　　　　　　　　　　　(　　)
6. 在总账管理子系统中,取消出纳凭证的签字既可由出纳员自己进行,也可由账套主管进行。　　　　　　　　　　　　　　　　　　　　　　　　　　　　　　　　(　　)
7. 通过总账管理子系统账簿查询功能,既可以实现对已记账经济业务的账簿信息查询,也可以实现对未记账凭证的模拟记账信息查询。　　　　　　　　　　　　　(　　)
8. 每个月月末,均需要先进行转账定义,再进行转账生成。　　　　　　　　　(　　)

二、选择题

1. (　　)不是总账管理系统提供的选项。
A. 凭证编号方式采用自动编号　　　　B. 外币核算采用固定汇率
C. 出纳凭证必须经由出纳签字　　　　D. 结账前一定要进行对账
2. 以下科目中,(　　)可能是其他系统的受控科目。
A. 库存现金　　　　B. 应收账款　　　　C. 预付账款　　　　D. 管理费用
3. 如果企业 2021 年 5 月 1 日启用总账,那么需要在 T3 系统中录入(　　)科目期初数据。

A. 2021年年初余额 B. 2021年1—4月借贷方累计发生额
C. 2021年1—4月各月借贷方发生额 D. 2021年4月月末余额
4. 总账期初余额不平衡,则不能进行(　)操作。
A. 填制凭证　　　　B. 修改凭证　　　　C. 审核凭证　　　　D. 记账
5. 凭证一旦保存,则(　)不能修改。
A. 凭证类别　　　　B. 凭证日期　　　　C. 附单据数　　　　D. 凭证摘要
6. 总账管理子系统中取消凭证审核的操作员必须是(　)。
A. 该凭证制单人　　　　　　　　B. 有审核权限的人
C. 会计主管　　　　　　　　　　D. 该凭证审核人
7. 在总账管理子系统中设置自定义转账分录时无须定义(　)。
A. 凭证号　　　　　B. 凭证类别　　　　C. 会计科目　　　　D. 借贷方向
8. 关于记账,以下哪些说法是正确的?(　)。
A. 可以选择记账范围
B. 记账只能由账套主管进行
C. 可以选择要记账的账簿,如总账、明细账、日记账、辅助账和多栏账
D. 一个月可以多次记账

三、思考题

1. 总账子系统有哪些主要功能?
2. 总账选项设置的意义是什么?内容是什么?
3. 凭证录入的主要项目包括哪些?系统提供了哪些控制手段?
4. 修改凭证有哪两种方式?各自适用于哪种情况?
5. 凭证能删除吗?
6. 记账可以选择凭证范围吗?可以选择记账种类吗?
7. 什么是转账定义?系统提供了哪些类型转账定义?
8. 系统结账的基本条件是什么?

工作项目 5

财务报表

知识目标
- 了解财务报表子系统的主要功能。
- 认知报表格式设计的主要工作内容。
- 认知报表数据处理的主要工作内容。
- 掌握自定义报表的基本工作流程。

技能目标
- 掌握自定义报表的基本操作。
- 学会利用报表模板生成资产负债表、利润表。

思政育人

诚信为本,
三题"不做假账"_5

5.1 财务报表认知

会计作为一个以提供财务信息为主的管理信息系统,其目的是向企业内外的信息使用者提供相关会计信息,表现形式为对外财务报表及对内管理报表。

财务报表是 T3 中的一个子系统,与通用电子表格软件 Excel 相比,财务报表系统能轻松实现与 T3 其他子系统的无缝对接,即数据共享和集成。虽然报表中的数据可以从总账及其他业务系统获得,但并不意味着,报表系统能自动提供企业所需要的报表。准确地讲,报表系统只是提供了制作报表的工具及一些常见的模板,企业可以利用这套工具,设计并制作各种不同类型的会计报表。

5.1.1 财务报表子系统的基本功能

财务报表子系统具有文件管理、格式设计和数据处理功能。

1. 文件管理

文件管理是对报表文件的创建、读取和保存进行管理。

2. 格式设计

格式设计是对报表格式进行定义。报表格式是一张报表中相对固定不变的内容,如报表的标题、栏目、表中项目,项目的数据虽然每个期间不同,但数据的来源是相对固定的,可以通过设置公式定义单元中的数据来源或计算方法。

3. 数据处理

数据处理提供数据输入与采集、报表数据计算、报表汇总、数据审核、图形输出等功能。

它既可以通过取数公式从 T3 其他子系统中获取数据,也可以通过表内计算得到,另外还可以进行表间运算或从其他报表文件中获取数据。

5.1.2 编制财务报表的工作流程

在财务报表子系统中,编制报表主要有两种方法:对于各企业标准的对外财务报告,一般调用系统预置的报表模板,微调后快速生成;对于企业内部用的各种管理报表,需要自行完成报表定义。结合以上两种情况,编制报表的工作流程如图 5.1 所示。

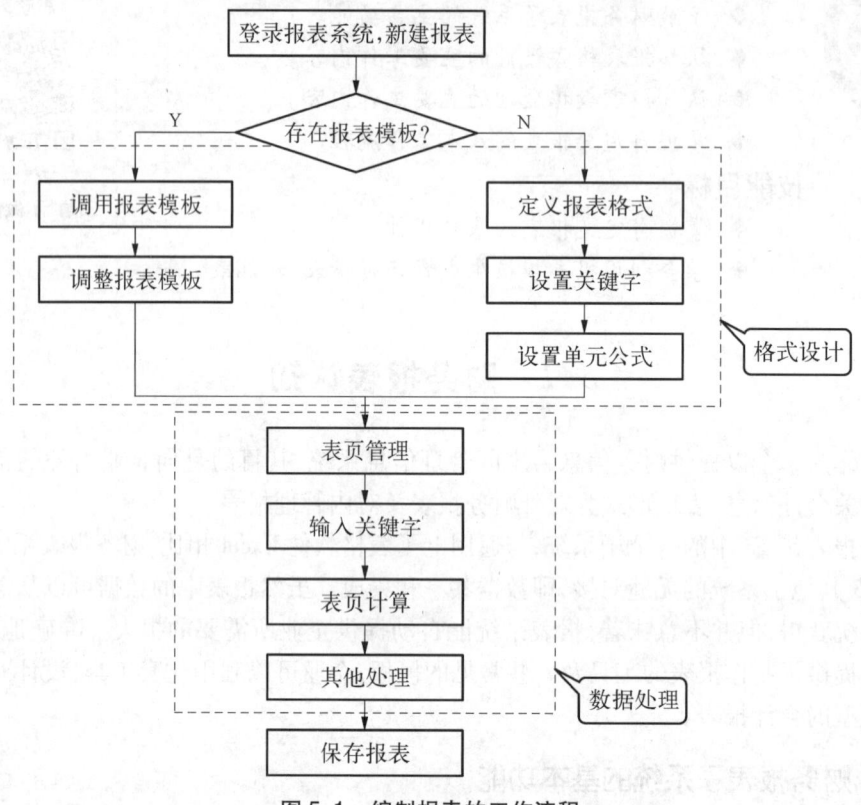

图 5.1 编制报表的工作流程

5.2 实战演练

以系统管理员的身份在系统管理中恢复"总账期末业务"账套;以账套主管 701 于美琪的身份登录 T3,进行财务报表编制。

任务 1 新建报表

🔊 知识点

在财务报表子系统中新建报表时,默认表名为 report1,并自动进入"格式"状态。在保存文件时按照文件命名的基本规定为此报表命名。

跟我练

（1）以账套主管的身份进入T3，单击左侧的"财务报表"功能，进入财务报表系统。系统打开"日积月累"对话框。

（2）单击取消"开始时启动日积月累"选项，单击"关闭"按钮。

（3）选择"文件"|"新建"命令，打开"新建"对话框。选择左侧列表框中的"常用"选项，在右侧列表框中选择"空报表"选项，建立一张空白报表，报表名默认为report1，并自动进入"格式"状态。

提示

（1）新报表中默认所有单元类型均为数值型。
（2）如果是单击"新建"按钮，则自动按照常用模板新建一张空白报表。

任务2 格式设计

知识点

我们可以把报表拆分为相对固定的内容和相对变化的内容两部分：相对固定的内容包括报表的结构、报表中的数据来源等；相对变化的内容主要是指报表中的数据。与此相适应，编制报表主要分为报表格式设计和报表数据处理。

在"格式"状态下进行报表的格式设计。格式设计具体包括以下操作。

1. 设置表尺寸

设置表尺寸即定义报表的大小，也就是设定报表的行数和列数。报表的行数包括报表的标题、表头、表体和表尾。

2. 输入表内文字

表内文字包括报表的标题、表中的栏目及项目（关键字值除外）。一张新建报表中的单元格默认为数值型，在格式状态下输入了内容的单元格自动默认为表样型，定义为表样型的单元格在数据状态下不允许修改和删除。

3. 设置关键字

关键字是游离于单元格之外的特殊对象，可以唯一地标识一个表页，用于在大量表页中快速选择表页。在格式状态下，可以对关键字进行设置、取消。关键字的值则在数据状态下输入。

财务报表共提供了以下6种关键字。每个报表可以定义多个关键字。

（1）单位名称。单位名称为字符型（最大28个字符），是该报表表页编制单位的名称。

（2）单位编号。单位编号为字符型（最大10个字符），是该报表表页编制单位的编号。

（3）年。年为数值型（1980—2099），是该报表表页反映的年度。

（4）季。季为数值型（1—4），是该报表表页反映的季度。

（5）月。月为数值型（1—12），是该报表表页反映的月份。

（6）日。日为数值型（1—31），是该报表表页反映的日期。

除此之外，财务报表有自定义关键字的功能，可以用于业务函数中。

4. 定义行高和列宽

按照表中项目的长度设置列宽，按照项目的字体需要设置单元行高。

5. 设置组合单元

组合单元是由相邻的两个或更多的单元格组合而成的单元格。这些单元格必须是同一种单元格类型（表样型、数值型、字符型），财务报表子系统在处理报表时将组合单元格视为一个单元格。

可以组合同一行相邻的几个单元格，也可以组合同一列相邻的几个单元格，还可以把一个多行多列的平面区域设为一个组合单元格。

组合单元格的名称可以用区域的名称或区域中的单元格的名称来表示。

6. 设置单元风格

这是指设置单元格的字形、字体、字号、颜色、图案、折行显示等。

7. 设置单元属性

单元属性包括单元格类型、对齐方式、字体颜色等。其中，单元格类型分为数值型、字符型和表样型。

（1）数值型单元格中存放报表的数据，在数据状态下（"格式/数据"按钮显示为"数据"时）可进行输入和修改。数值型单元格的内容可以是 1.7×10^{-308} 至 1.7×10^{308} 之间的任何数（15 位有效数字），数字可以直接输入或由单元格中存放的单元格公式运算生成。建立一个新表时，所有单元格的类型默认为数值型。数值型单元格中可以有逗号、百分号、货币符号和小数位数等。

（2）字符型单元格需要先在格式设计状态下定义，然后在数据状态下输入和修改。字符型单元格的内容可以是汉字、字母、数字和各种键盘可输入的符号组成的一串字符，一个单元格中最多可输入 63 个字符或 31 个汉字。字符型单元格的内容也可由单元格公式生成。

（3）表样型单元格是报表的格式，是定义一个没有数据的空表所需的所有文字、符号或数字。一旦单元格被定义为表样型，那么在其中输入的内容对所有表页都有效。表样型单元格在格式状态下（"格式/数据"按钮显示为"格式"时）输入和修改。

8. 画表格线

画表格线是将表体部分打上格线。表格线有多种不同的类型。

提示

(1) 财务报表的格式和数据是分开管理的,它们的输入由不同的功能完成,建立报表格式时不能对数据进行操作,进行数据处理时不能编辑报表格式。格式和数据状态的转换可通过单击财务报表左下角的"格式/数据"按钮实现。

(2) 在格式状态下所做的操作对本报表所有的表页都发生作用。在格式状态下不能进行报表数据的输入、计算等操作。

跟我练

定义部门费用明细表,格式如表 5.1 所示。

表 5.1 部门费用明细表

编制单位:　　　　　　　　　　　年　月　　　　　　　　　　　单位:元

部　门	交通费	通信费	差旅费	招待费	合　计
企管部			*		*
财务部					
采购部					
销售部					
合　计					

制表人:

具体要求如下:

(1) 设置表尺寸为 9 行 6 列。

(2) 设置关键字。在 C2 单元格设置关键字"年",在 C2 单元格设定关键字"月",并设置"月"关键字向右偏移 50。

(3) 设置组合单元。将 A1:F1 设置为组合单元。

(4) 定义行高列宽。定义第 1 行行高为 7 mm、A 列列宽为 30 mm。

(5) 设置单元属性。

标题:"部门费用明细表"设置为黑体、14 号、水平居中。

表体:表体中的文字全部水平居中。

表尾:设置 B9 单元格类型为字符型。

(6) 画表格线。在 A3 至 F8 区域画网线。

1. 设置表尺寸

(1) 单击空白报表底部左下角的"格式/数据"按钮,使当前状态为格式状态。

(2) 选择"格式"|"表尺寸"命令,打开"表尺寸"对话框。

(3) 输入行数为 9、列数为 6,单击"确认"按钮。界面上只显示 9 行×6 列制表区。

工作项目 5　财务报表

2. 输入表内文字

（1）在 A1 单元格输入"部门费用明细表"，然后按回车键。
（2）在 A2 单元格输入"编制单位："，在 F2 单元格输入"金额单位:元"。
（3）按表 5.2 所示的内容在相应单元格中输入汉字。输入完成后的效果如图 5.2 所示。

图 5.2　录入表内文字

> **提示**
>
> （1）报表项目是指报表的文字内容，主要包括表头内容、表体项目、表尾项目等，不包括关键字。
> （2）日期一般不作为文字内容输入，而是需要设置为关键字。

3. 设置关键字

（1）选中需要设置关键字的单元格 C2。
（2）选择"数据"|"关键字"|"设置"命令，打开"设置关键字"对话框。
（3）选中"年"单选按钮，如图 5.3 所示，单击"确定"按钮。C2 单元中显示红色的"××××年"。
（4）同理，在 C2 单元格中设置"月"关键字。年关键字和月关键字重叠在一起。
（5）选择"数据"|"关键字"|"偏移"命令，打开"定义关键字偏移"对话框。
（6）在需要调整位置的关键字后面输入偏移量。设置"月"关键字偏移量为"50"，如图 5.4 所示。单击"确定"按钮。

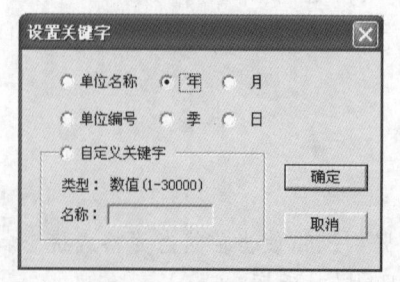

图 5.3　设置关键字 　　　　图 5.4　定义关键字偏移

> **提示**
>
> （1）每张报表可以定义多个关键字。
> （2）如果要取消关键字，则选择"数据"|"关键字"|"取消"命令。
> （3）关键字的位置可以用偏移量来表示，负数值表示向左偏移，正数值表示向右偏移。关键字偏移量单位为像素。

4. 设置组合单元

（1）单击行号"1"，即选中了需要合并的区域 A1：F1。

（2）选择"格式"|"组合单元"命令，打开"组合单元"对话框。

（3）选择组合方式"整体组合"或"按行组合"，如图 5.5 所示，A1：F1 即合并成一个单元格。

5. 定义行高和列宽

（1）选中需要调整的单元所在行号 1。

（2）选择"格式"|"行高"命令，打开"行高"对话框。

图 5.5　组合单元

（3）输入行高为 7，然后单击"确认"按钮。

（4）选中需要调整的单元格所在的 A 列，选择"格式"|"列宽"命令，打开"列宽"对话框。设置列宽为 30。

> **提示**
>
> 行高、列宽的单位为毫米。

6. 设置单元属性

（1）选中标题所在的组合单元格 A1。

（2）选择"格式"|"单元属性"命令，打开"单元格属性"对话框。

（3）单击"字体图案"选项卡，设置字体为"黑体"、字号为 14。

（4）单击"对齐"选项卡，设置水平对齐方式为"居中"，单击"确定"按钮。

（5）同理，设置表体字体水平居中。

（6）选定 B9 单元格。选择"格式"|"单元属性"命令，打开"单元格属性"对话框。在"单元类型"选项卡的"单元类型"列表框中选择"字符"选项，如图 5.6 所示。单击"确定"按钮。

图 5.6　单元格属性

> **提示**
>
> （1）格式状态下输入内容的单元格均默认为表样型单元格；未输入内容的单元格均默认为数值型单元格，在数据状态下可输入数值。如果希望在数据状态下输入字符，应将其定义为字符型单元格。
>
> （2）字符型单元格和数值型单元格输入内容后只对本表页有效，表样型单元格输入内容后对所有表页有效。

7. 画表格线

（1）选中报表需要画线的区域 A3：F8。
（2）选择"格式"|"区域画线"命令，打开"区域画线"对话框。
（3）选中画线类型"网线"单选按钮，单击"确认"按钮，将所选区域画上表格线。

任务3 定义报表公式

◆ 知识点

报表公式定义也属于报表格式定义的范畴，本书将其独立列作一个任务是为了强调报表公式定义的重要性。财务报表中的公式分为三类，即单元公式、审核公式、舍位公式。本任务先对单元公式进行介绍。

1. 账务函数

单元公式用于定义报表数据间的运算关系。在单元格中按"fx"或输入"＝"就可直接定义计算公式。计算公式可以取本表页的数据，可以取其他表页中的数据，也可以取其他报表的数据。

单元公式中最常用的是账务函数，账务函数的作用是从总账中获取数据。其基本格式为：

函数名(〈科目编码〉,〈会计期间〉,〈方向〉,[〈账套号〉],[〈会计年度〉],[〈编码1〉],[〈编码2〉],[〈是否包含未记账〉])

其中，科目编码可以是科目名称，但必须加用双引号；会计期间可以是"年""季""月"等变量，也可以是用具体数字表示的年、季、月；方向即"借"或"贷"，可以省略；账套号为数字，默认为第1套账；会计年度即数据取数的年度，可以省略；编码1和编码2与科目编码的核算账类有关，可以取科目的辅助账，如职员编码、项目编码等，如果无辅助核算则省略。

账务函数主要包括以下几种：

总账函数	金额式	数量式	外币式
期初余额函数	QC( )	SQC( )	WQC( )
期末余额函数	QM( )	SQM( )	WQM( )
发生额函数	FS( )	SFS( )	WFS( )

累计发生额函数	LFS( )	SLFS( )	WLFS( )
条件发生额函数	TFS( )	STFS( )	WTFS( )
对方科目发生额函数	DFS( )	SDFS( )	WDFS( )
净额函数	JE( )	SJE( )	WJE( )
汇率函数	HL( )		

企业常用的资产负债表中常用期初余额函数 QC( )和期末余额函数 QM( );利润表中常用发生额函数 FS( )和累计发生额函数 LFS( )。

2. 统计函数

统计函数用于针对一定的数据范围计算统计结果,最常用的就是求合计数。另外还可以求平均值、最大值、最小值,等等。

跟我练

(1) 在 D4 单元格中利用账务函数取总账系统企管部差旅费发生数。
(2) 在 F4 单元中利用统计函数定义合计数为 B4:E4 之和。
(3) 保存报表名称为"部门费用明细表"。

1. 定义 D4 单元格公式

(1) 选定需要定义公式的单元格 D4,单击"fx",打开"定义公式"对话框。
(2) 单击"函数向导"按钮,打开"函数向导"对话框。在左侧的函数分类列表中选中"用友账务函数",在右侧函数名列表中选择"发生(FS)",如图 5.7 所示。

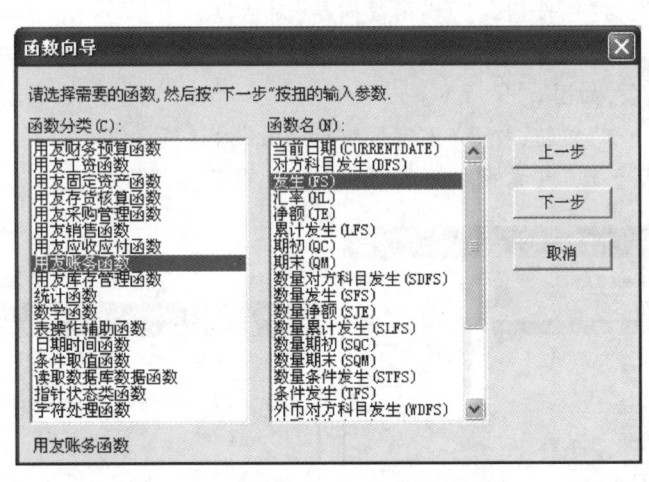

图 5.7 函数向导

(3) 单击"下一步"按钮,打开"用友账务函数"对话框。
(4) 单击"参照"按钮,打开"账务函数"对话框。选择科目"560212 差旅费",选择部门"企管部",如图 5.8 所示。
(5) 单击"确定"按钮,返回"用友账务函数"对话框。
(6) 单击"确定"按钮,返回"定义公式"对话框。

工作项目 5 财务报表

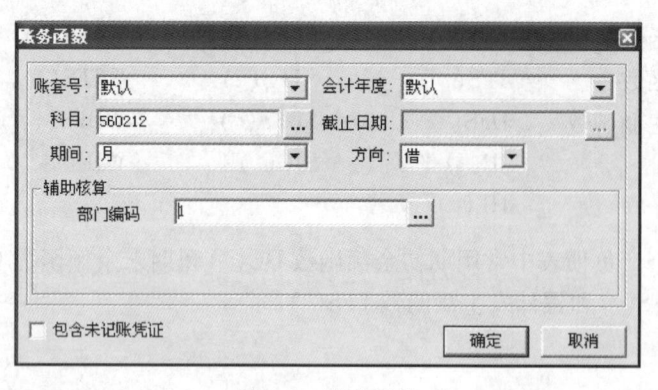

图 5.8 账务函数

(7)单击"确认"按钮,返回财务报表窗口。D4 单元格中显示"公式单元"字样,在公式栏中可以查看到 D4 单元格的公式。

> **提示**
> (1)单元格公式中涉及的符号均为英文半角字符。
> (2)单击 fx 按钮或按"="键,都可打开"定义公式"对话框。

2. 定义 F4 单元格公式

(1)选择单元格 F4,单击"fx"按钮,打开"定义公式"对话框。
(2)单击"函数向导"按钮,打开"函数向导"对话框。
(3)在"函数分类"列表框中选择"统计函数",在右边的"函数名"列表框中选中 PTOTAL 选项,如图 5.9 所示。
(4)单击"下一步"按钮,打开"固定区统计函数"对话框。
(5)在"固定区区域"文本框中输入"B4:E4",如图 5.10 所示。

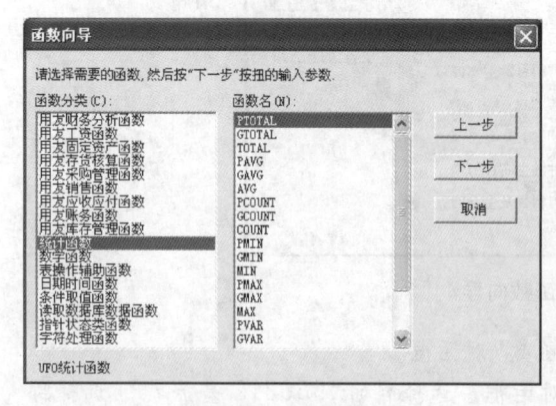

图 5.9 统计函数

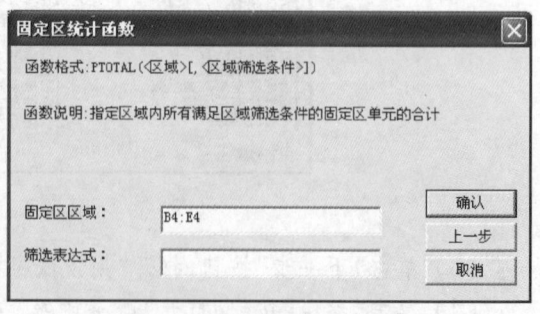

图 5.10 固定区统计函数

(6)单击"确认"按钮返回。定义完成后如图 5.11 所示。单元格中显示"公式单元"字样,在窗口上方的编辑栏中可以看到单元格中定义的公式。

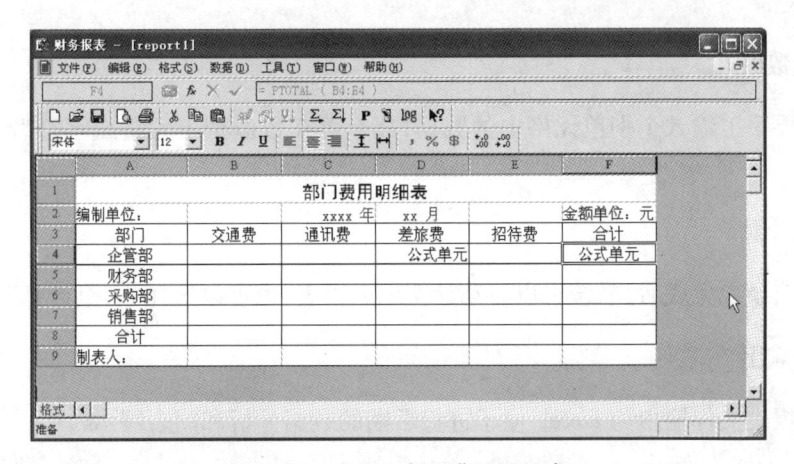

图 5.11 自定义部门费用明细表

3. 保存报表

（1）选择"文件"|"保存"命令，如果是第 1 次保存，则打开"另存为"对话框。

（2）选择保存文件的文件夹，输入报表文件名"部门费用明细表"，选择保存类型为"*.rep"，然后单击"保存"按钮。

> **提示**
>
> （1）报表格式设置完成后切记要及时将这张报表格式保存下来，以便以后随时调用。
> （2）如果没有保存就退出，系统会出现提示"是否保存报表？"，以防止误操作。
> （3）.rep 为报表文件专用扩展名。
> （4）报表文件独立于 SQL 数据库存在，不包含在备份账套内。

任务 4　报表数据处理

知识点

数据处理工作必须在数据状态下进行。

数据处理是根据预先设定的公式进行数据的采集、计算、汇总等，还可以进行表页管理、审核、舍位平衡、汇总和合并报表等。以下为数据处理常用操作。

1. 表页管理

报表数据处理一般是针对某一特定的表页进行的，因此在数据处理时还涉及对表页的操作。表页管理包括增加、删除、插入和追加表页等。

2. 录入关键字值

关键字值是报表系统从 T3 其他子系统中检索数据的依据，如果报表中定义了关键字，则需输入关键字的值。

3. 输入数据

如果需要手工输入个别单元格中的数据,那么可在数值型单元格或字符型单元格中输入数据。

4. 报表计算

关键字值录入完成后,系统可以自动计算生成报表,也可以选择"表页计算"生成报表。

5. 报表输出

可以将报表文件输出为 Excel,便于进行后期的数据分析和图表展示。

6. 其他

如果报表中设置了审核公式,则可以进行报表审核。

如果报表中设置了舍位平衡公式,则可以进行报表舍位平衡。

还可以进行报表汇总、制作图表。

跟我练

(1) 生成 2021 年 1 月部门费用明细表。

(2) 增加一张表页以便生成 2 月份部门费用明细表。

1. 打开部门费用明细表,切换报表由格式状态变为数据状态

(1) 进入财务报表子系统,选择"文件"|"打开"命令。

(2) 选择存放报表格式的文件夹中的报表文件"部门费用明细表.rep",再单击"打开"按钮。

(3) 保证空白报表底部左下角的"格式/数据"按钮当前状态为数据状态。如果需要切换状态,单击左下角的"格式/数据"按钮即可。

提示

(1) 报表数据处理必须在数据状态下进行。

(2) 在数据状态下,看到的是报表的全部内容,包括格式和数据。

2. 输入关键字生成报表

(1) 选择"数据"|"关键字"|"录入"命令,打开"录入关键字"对话框。

(2) 输入年为"2021"、月为"1"、日为"31",如图 5.12 所示。

(3) 单击"确认"按钮,弹出"是否重算第 1 页?"对话框。

(4) 单击"是"按钮,系统根据已定义的单元公式自动计算生成 1 月份部门费用明细表,如图 5.13 所示。如果单击"否"按钮,系统暂不计算 1 月份数据,之后可利用表页重算功能生成 1 月份数据。

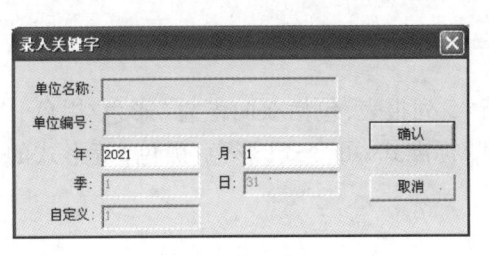

图 5.12　录入关键字

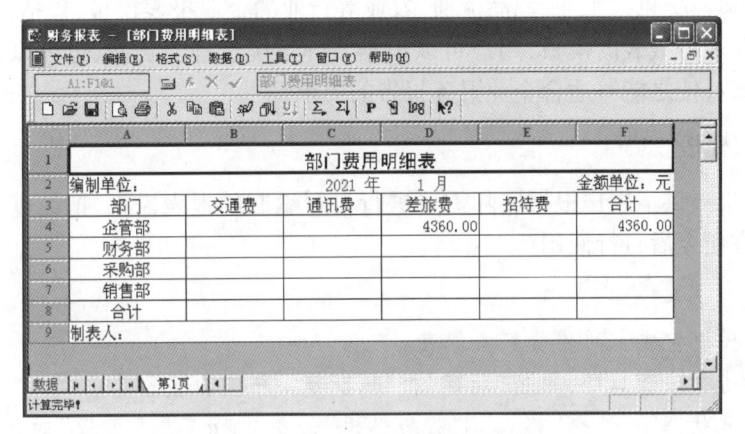

图 5.13　1 月份部门费用明细表

> **提示**
>
> （1）根据定义的单元公式生成的数据不得修改、删除。
> （2）如果数据有误,只能在"格式"状态下修改单元公式。

3. 增加一张表页

（1）选择"编辑"|"追加"|"表页"命令,打开"追加表页"对话框。
（2）输入需要增加的表页数 1,单击"确认"按钮。

> **提示**
>
> （1）追加表页是指在最后一张表页后追加 N 张空表页;插入表页是指在当前表页后面插入一张空表页。
> （2）一张报表最多只能管理 99 999 张表页,演示版最多为 4 页。

任务 5　调用报表模板生成资产负债表和利润表

知识点

T3 财务报表子系统提供了常用的报表模板,主要包括以下几种类型。

1. 套用格式

套用格式提供了 5 行×5 列报表,包括双向汇总(彩色/黑色)、单向汇总(横向/纵向/彩色/黑色)、边框式/开放式/标准式、可变式(彩色/黑色)等形式的表格,用户可以根据实际需要进行选择。

2. 常用报表模板

常用报表模板提供了工业、商品流通、农业等行业的企业报表模板,包括资产负债表、利润分配表、损益表等报表的模板,用户可以根据实际情况选择。当然,也可以在报表模板的基础上进行修改,使之能够适合企业财务报告的要求。

3. 自定义模板

自定义模板提供了用户根据实际需要进行自行编制的报表模板,把经过自行设计的报表作为模板,方便今后自行使用。

跟我练

利用报表模板生成 1 月份资产负债表。

(1) 在财务报表窗口中,单击"新建"按钮,新建一张空白报表。

(2) 在格式状态下,选择"格式"|"报表模板"命令,打开"报表模板"对话框。选择您所在的行业"小企业会计准则(2013)"、财务报表"资产负债表",如图 5.14 所示。

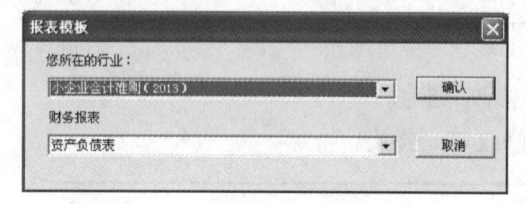

图 5.14 调用报表模板

(3) 单击"确认"按钮,弹出"模板格式将覆盖本表格式!是否继续?"信息提示框。

(4) 单击"确定"按钮,打开"资产负债表"模板。

(5) 在格式状态下,根据企业实际情况,调整报表格式及报表公式。

(6) 切换至数据状态下,选择"数据"|"关键字"|"录入"命令,打开"录入关键字"对话框。

(7) 输入关键字年为"2021"、月为"01"、日为"31"。

(8) 单击"确认"按钮,弹出"是否重算第 1 页?"信息提示框。单击"是"按钮,系统会自动根据单元格公式计算 1 月份数据。

(9) 单击"保存"按钮,保存资产负债表。

同理,生成 2021 年 1 月利润表。

5.3 拓展应用

任务 1 审核公式

知识点

审核公式用于审核报表内或报表之间的钩稽关系是否正确。

报表中的各个数据之间一般都存在着某种核算关系，利用这种核算关系可以定义审核公式。审核公式的格式为：

<表达式><逻辑运算符><表达式>[MESS"说明信息"]

其中，逻辑运算符有 =、>、<、>=、<=、<>；"说明信息"为一字符串，最大长度64字，用于表示某一审核公式不通过时警告框中的提示信息。

报表审核公式在格式状态下定义。报表的审核在数据状态下进行。如果审核正确，状态栏会提示"完全正确！"。否则，状态栏会提示出现的错误信息——错误信息的内容是在定义审核公式时由用户自己输入的。

跟我练

以账套主管身份为资产负债表编辑审核公式并执行审核。

审核内容：审核资产负债表资产合计期末数是否等于负债和所有者权益的期末数，如果不相等，提示"资产合计不等于负债和所有者权益合计！"。

（1）在财务报表子系统中，打开资产负债表，确保当前处于格式状态。

（2）选择"数据"|"编辑公式"|"审核公式"命令，打开"审核公式"对话框。

（3）输入审核公式，如图 5.15 所示。单击"确定"按钮返回。

（4）单击"格式/数据"按钮，切换到数据状态。选择"数据"|"审核"命令，系统按照审核公式进行审核，完成后在状态栏中显示"完全正确！"。

图 5.15　审核公式

任务 2　舍位平衡

知识点

舍位平衡公式用于报表数据进行进位或小数取整时调整数据，以避免破坏原数据平衡。

在报表汇总或合并时，如以"元"为单位的报表上报，可能会转换为以"千元"或"万元"为单位的报表，原来的数据平衡关系可能会被破坏，因此需要调整，使之符合指定的平衡公式。报表经舍位后，重新调整平衡关系的公式称为舍位平衡公式。

跟我练

以账套主管身份对资产负债表进行舍位平衡。

要求：将当前以元为单位的资产负债表变成以千元为单位，舍位后确保 C36=G36。

（1）在财务报表子系统中，打开资产负债表，确保当前处于格式状态。

（2）选择"数据"|"编辑公式"|"舍位公式"命令，打开"舍位平衡公式"对话框。

（3）输入舍位平衡公式，如图 5.16 所示。

图 5.16　舍位平衡公式

单击"确定"按钮返回。

(4) 单击"格式/数据"按钮,切换到数据状态。选择"数据"|"舍位平衡"命令,系统按照舍位公式自动生成舍位资产负债表。

随堂测

一、判断题

1. 在财务报表子系统中生成一张新表时,所有的单元格都默认为是数值型单元。
 (　　)
2. 字符型单元格不能在数据状态下输入数据。 (　　)
3. 财务报表只能从总账管理子系统中提取数据。 (　　)
4. 在数据状态下可以进行增加表页、设置单元公式及关键字、表页计算等操作。
 (　　)
5. 执行财务报表的审核功能是为了更正检查出的数据错误。 (　　)

二、选择题

1. 在财务报表子系统的数据处理中能够完成(　　)。
 A. 格式排版　　　　　　　B. 舍位平衡
 C. 修改单元格公式　　　　D. 设置关键字
2. 财务报表子系统提供的关键字中不包括(　　)。
 A. 单位名称　　B. 年　　C. 月　　D. 制表人
3. 财务报表的单元格数据类型包括(　　)。
 A. 字符型　　B. 表样型　　C. 数值型　　D. 逻辑型
4. 财务报表子系统中一般提供(　　)模板。
 A. 资产负债表　　　　　　B. 利润表
 C. 管理费用明细表　　　　D. 产品销售毛利分析表
5. 关于关键字的设置,以下哪些说法是正确的?(　　)。
 A. 在数据状态下设置并输入关键字
 B. 一个关键字在一张报表中只能定义一次
 C. 每张报表只能定义一个关键字
 D. 可以随时取消关键字的设置

三、思考题

1. 自定义报表的基本流程是什么?
2. 关键字的含义是什么?报表系统中提供了哪些关键字?
3. 报表系统中提供了哪几类公式?各自的作用是什么?
4. 财务报表系统提供了哪几种数据类型?各自用途是什么?
5. 如何利用报表模板快速编制财务报表?

工作项目 6 工资管理

知识目标
- ◆ 了解工资管理子系统的主要功能。
- ◆ 熟悉工资管理子系统的操作流程。
- ◆ 熟悉工资管理子系统初始化的工作内容。
- ◆ 掌握工资日常业务处理的工作内容。

技能目标
- ◆ 掌握建立工资账套、增加工资类别的操作。
- ◆ 掌握设置工资项目、设置工资计算公式的操作。
- ◆ 掌握工资变动处理、工资分摊的操作。

思政育人

增强法制观念，依法履行纳税义务

6.1 工资管理认知

工资管理的任务是以职工的工资原始数据为基础，计算应发工资、扣款和实发工资，编制工资结算单，进行个人所得税计算；提供对工资相关数据的查询和分析，进行工资费用的分配和计提。

6.1.1 工资管理子系统的基本功能

工资管理子系统的主要功能包括工资类别管理、人员档案管理、工资数据管理和工资报表管理等。

1. 工资类别管理

工资管理系统提供处理多个工资类别的功能。为每月多次发放工资的单位或者企业内部人员工资项目不同计算方法不同的情况提供了解决方案。

2. 人员档案管理

工资管理系统可以提供简单的人事管理功能，可以管理职工的基本信息、管理人员变动情况，还可以根据企业需要增设人员的附加信息。

3. 工资数据管理

工资数据管理可以根据不同企业的需要设计工资项目和计算公式；计算职工工资数据及代扣个人所得税，结合工资发放形式进行扣零处理或向代发工资的银行传输工资数据；进行与工资总额相关的工资分摊、费用计提。

4. 工资报表管理

工资报表管理提供多层次、多角度的工资数据查询。

6.1.2 工资管理子系统的操作流程

采用多工资类别核算的企业第 1 次启用工资管理子系统应按图 6.1 所示的步骤进行操作。

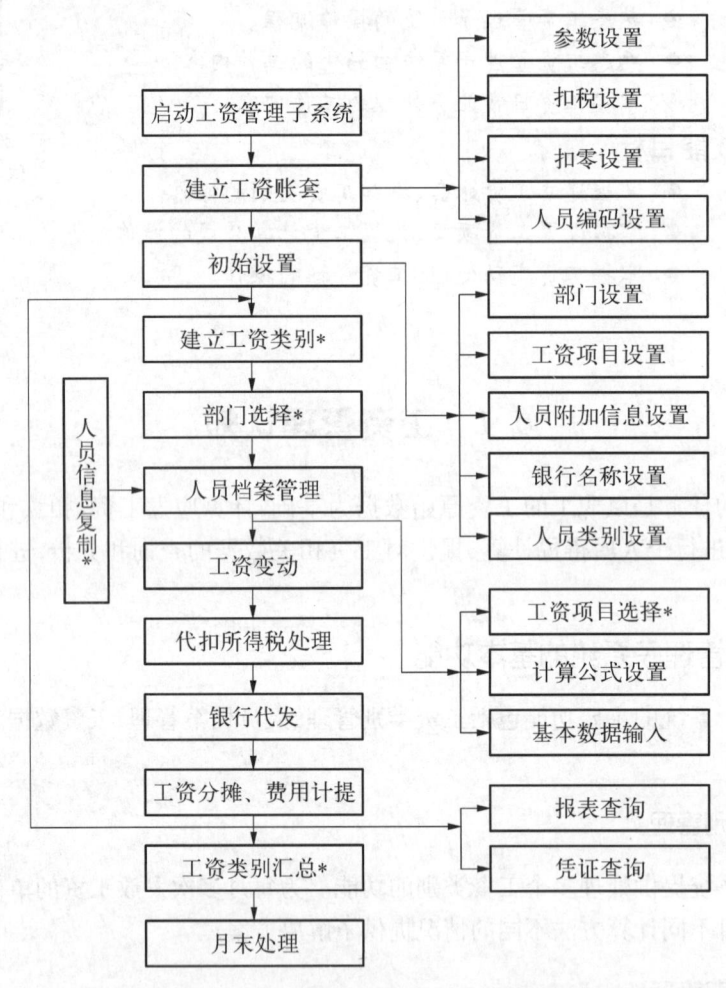

```
启动工资管理子系统
        ↓
    建立工资账套 ──→ 参数设置
        ↓           扣税设置
                    扣零设置
                    人员编码设置
        ↓
     初始设置 ───→ 部门设置
        ↓          工资项目设置
    建立工资类别*   人员附加信息设置
        ↓          银行名称设置
     部门选择*     人员类别设置
        ↓
    人员档案管理
        ↓
     工资变动 ───→ 工资项目选择*
        ↓         计算公式设置
   代扣所得税处理   基本数据输入
        ↓
     银行代发
        ↓
  工资分摊、费用计提 ──→ 报表查询
        ↓              凭证查询
    工资类别汇总*
        ↓
      月末处理

（人员信息复制*）
```

图 6.1 多工资类别核算管理企业的工资管理操作流程

> **提示**
>
> 去掉标注了"＊"的步骤即为单工资类别核算的基本操作流程。

6.2 实战演练

任务1 启用工资管理子系统

知识点

使用工资管理子系统的前提是必须启用工资管理子系统,在 T3 中只有设置了启用的系统才能登录。

如果总账管理子系统先启用,工资管理子系统的启用月必须大于等于总账管理子系统的未结账月。

跟我练

以系统管理员的身份恢复"总账初始化"账套。以账套主管的身份重新登录系统管理,启用工资系统,启用日期为 2021 年 1 月 1 日。

(1) 以系统管理员的身份进入系统管理,选择"账套"|"恢复"命令,恢复"总账初始化"账套。

(2) 选择"系统"|"注销"命令,注销系统管理员登录。

(3) 选择"系统"|"注册"命令,以账套主管的身份进入系统管理。选择"账套"|"启用"命令,打开"系统启用"对话框。

(4) 单击"WA 工资管理"复选框,选择启用日期为"2021""一月""1 日",如图 6.2 所示。

(5) 单击"确定"按钮,系统弹出信息提示框,单击"是"按钮,完成系统启用。

(6) 单击"退出"按钮,返回系统管理。

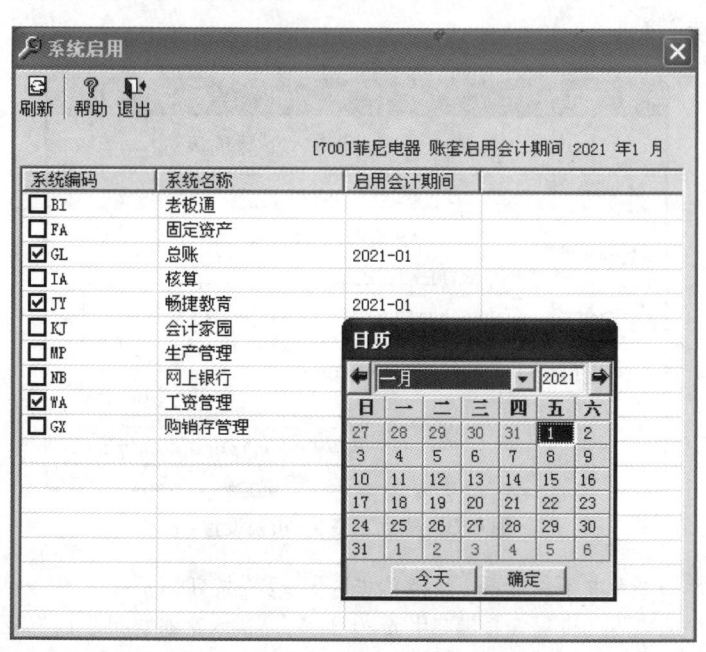

图 6.2 启用工资管理子系统

任务2　建立工资账套

知识点

在 T3 中,每个子系统的应用大致都分为两个部分:系统初始化和日常业务处理。系统初始化是为日常业务处理做好基础准备的,而且一旦设置完成就相对稳定,日后不需要经常变动和更改;工资管理子系统的初始化包括建立工资账套和基础信息设置两个部分。

工资账套与系统管理中的账套是不同的概念,系统管理中的账套是针对企业整体业务的,而工资账套只是针对工资管理子系统。要建立工资账套,前提是在系统管理中首先建立本单位的核算账套。建立工资账套时可以根据建账向导分 4 步进行,即参数设置、扣税设置、扣零设置和人员编码。

跟我练

以 702 马群身份进行全部工资管理业务处理。

菲尼电器工资账套的相关信息如下:

① 工资类别个数为"多个",核算币种为"人民币 RMB"。

② 从工资中代扣个人所得税。

③ 不进行扣零处理。

④ 人员编码长度为 3 位;启用日期为 2021 年 1 月 1 日;不预置工资项目。

(1) 以 702 马群身份进入 T3,登录日期为"2021-01-01"。选择"工资",打开"建立工资套"对话框。

(2) 在建立工资套的"参数设置"中,选择本账套所需处理的工资类别个数为"多个",默认币别名称为"人民币 RMB",单击"下一步"按钮。

(3) 在"扣税设置"中,选中"是否从工资中代扣个人所得税"复选框,如图 6.3 所示。然后单击"下一步"按钮。

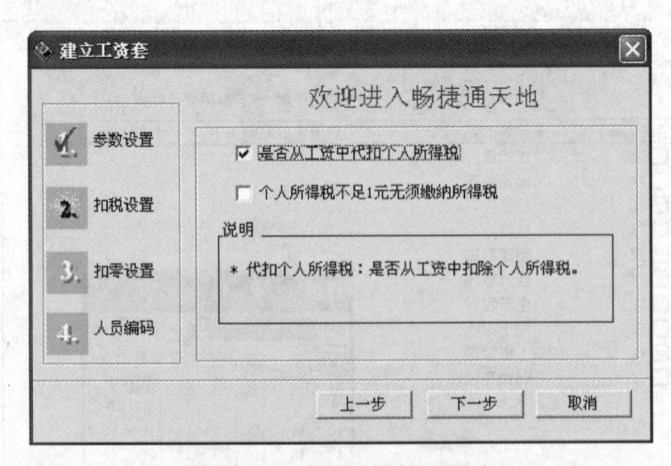

图 6.3　建立工资套-扣税设置

(4) 在"扣零设置"中不做选择,直接单击"下一步"按钮。

(5) 在"人员编码"中,设置人员编码长度为 3 位,确认本账套启用日期为"2021-01-01",如图 6.4 所示。

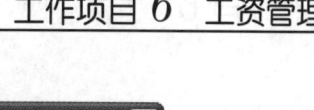

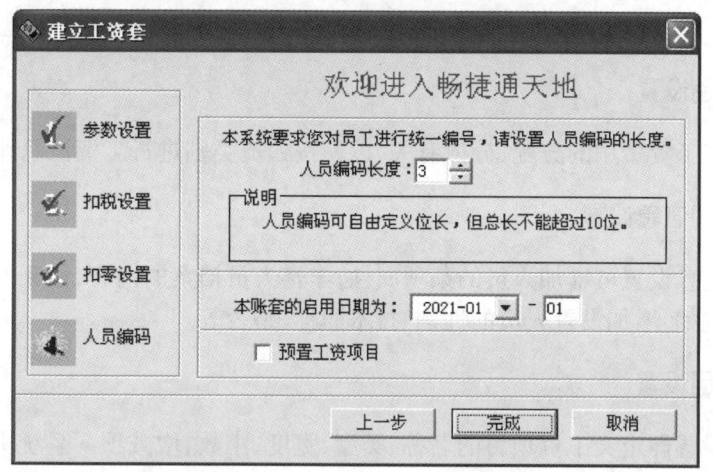

图6.4 建立工资套——人员编码

（6）单击"完成"按钮，系统弹出"未建立工资类别！"信息提示框。单击"确定"按钮，打开"工资管理——新建工资类别"对话框。单击"取消"按钮返回，完成工资账套的建立。

> **提示**
>
> （1）如果单位中所有人员的工资统一管理，人员的工资项目、工资计算公式全部相同，只需要建立单个工资类别。如果企业按周发放工资或一个月内多次发放工资，或者企业中有多个不同类别（部门）的人员，工资发放项目不同，计算公式也不同，但需要统一进行工资核算管理，则应选择建立多个工资类别。
>
> （2）扣零处理是指每次发放工资时将零头扣下，积累取整，于下次发放工资时补上。系统在计算工资时将依据扣零类型（扣零至元、扣零至角、扣零至分）进行扣零计算。用户一旦选中"扣零"复选框，系统将自动在固定工资项目中增加"本月扣零"和"上月扣零"两个项目。扣零的计算公式将由系统自动定义，无须设置。
>
> （3）选择代扣个人所得税后，系统将自动生成工资项目"代扣税"，并自动进行代扣税的计算。
>
> （4）建账完毕后，部分建账参数可以在"设置"|"选项"命令中进行修改。

任务3 工资账套基础信息设置

知识点

建立工资账套以后，还需要对工资管理系统日常业务处理所需的一些基础信息进行设置。这些信息为工资管理子系统中所有的工资类别所共用，主要包括以下几项。

1. 部门设置

员工工资一般是按部门进行管理的。部门档案已经在基础设置项目中的机构设置任务中建立完成,在工资管理子系统中共享基础设置中的各项档案。

2. 人员类别设置

人员类别与工资费用的分配、分摊有关,以便按人员类别进行工资汇总计算。

3. 人员附加信息设置

人员附加信息设置可增加人员的某项属性,丰富人员档案的内容,便于对人员进行更加有效的管理。例如,增加设置人员的性别、技术职称、婚否等。

4. 工资项目设置

工资项目设置即定义工资项目的名称、类型、宽度、小数、增减项。系统中有一些固定项目,是工资账中必不可少的,包括"应发合计""扣款合计""实发合计",这些项目不能删除和重命名;其他项目可根据实际情况定义或参照增加,如"基本工资""奖励工资""请假天数"等。在此设置的工资项目是针对所有工资类别的全部工资项目的。

5. 银行名称设置

代发工资的银行可按需要设置多个。这里的银行名称设置针对所有工资类别。例如,同一工资类别中的人员由于在不同的工作地点,需要在不同的银行代发工资;或者不同的工资类别由不同的银行代发工资,均需要设置相应的银行名称。

跟我练

(1) 设置人员类别。

本企业人员类别分为企业管理人员、车间管理人员、销售人员和生产工人。

(2) 设置工资项目。

本企业的工资项目如表6.1所示。

表6.1 工资项目

项目名称	类 型	长 度	小数位数	增减项
基本工资	数字	8	2	增项
岗位津贴	数字	8	2	增项
奖金	数字	8	2	增项
应发合计	数字	10	2	增项
社会保险	数字	8	2	减项
公积金	数字	8	2	减项
请假扣款	数字	8	2	减项
代扣税	数字	10	2	减项
扣款合计	数字	10	2	减项

续表

项目名称	类型	长度	小数位数	增减项
实发合计	数字	10	2	增项
请假天数	数字	8	2	其他
应税工资	数字	10	2	其他
应付工资	数字	10	2	其他

（3）设置银行名称。

本企业发放工资的银行为中国工商银行昌平支行；账号定长，长度为11位。

1. 设置人员类别

（1）在工资管理子系统中，选择"设置"|"人员类别设置"命令，打开"类别设置"对话框。

（2）单击"增加"按钮，增加人员类别，最后删除"无类别"人员分类，完成后如图6.5所示。然后单击"返回"按钮。

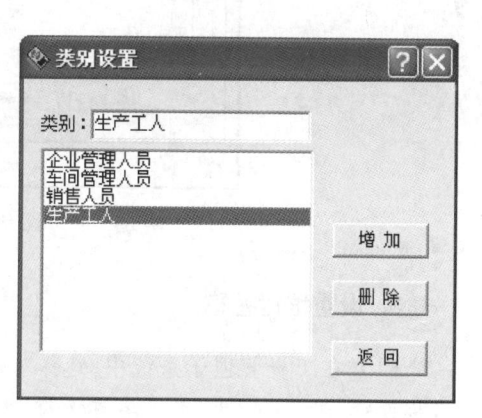

图6.5 设置人员类别

2. 设置工资项目

（1）在工资管理子系统中，选择"设置"|"工资项目设置"命令，打开"工资项目设置"对话框。系统已预置"应发合计""扣款合计""实发合计"和"代扣税"几个工资项目。

（2）单击"增加"按钮，工资项目列表中增加一空行。

（3）单击"名称参照"下拉列表框右侧的下拉按钮，在下拉列表框中选择"基本工资"选项。双击需要修改的栏目，按表6.1所示进行修改即可。

工资项目名称：可以单从"名称参照"列表中选择输入；对于参照中未提供的工资项目，可以双击"工资项目名称"一栏直接输入，或者先从"名称参照"下拉列表框中选择一个项目，然后单击"重命名"按钮修改为需要的项目。

类型：系统提供数字型和字符型供选择。

长度：长度中默认包括小数点及2位小数位。

增减项：选择"增项"意味着该工资项目是应发合计项目的构成部分，选择"减项"意味着该工资项目是扣款合计项目的构成部分，选择"其它"既不计入应发合计也不计入扣款合计。

（4）单击"增加"按钮，增加其他工资项目。可以用 ▲（上移）、▼（下移）按钮调整工资项目顺序，完成后如图6.6所示。

（5）单击"确认"按钮返回。

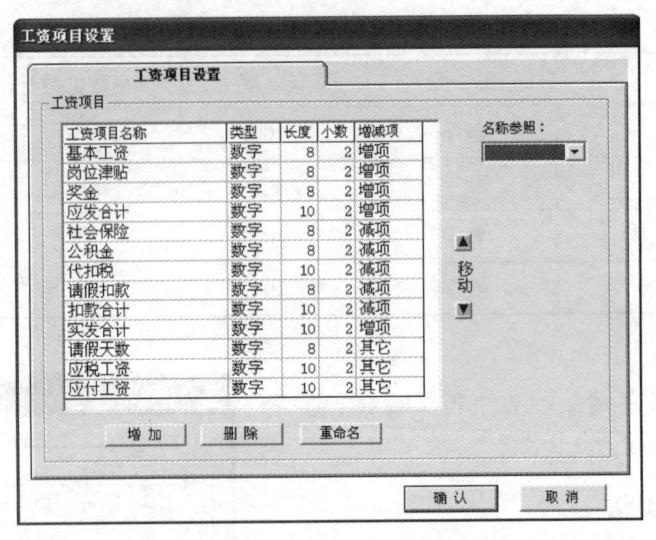

图 6.6　设置工资项目

3. 设置银行名称

（1）在工资管理子系统中，选择"设置"|"银行名称设置"命令，打开"银行名称设置"对话框。

（2）单击"增加"按钮，输入银行名称为"中国工商银行昌平支行"，默认账号定长，长度为 11，并删除其他未用到的银行名称，如图 6.7 所示。

（3）单击"返回"按钮。

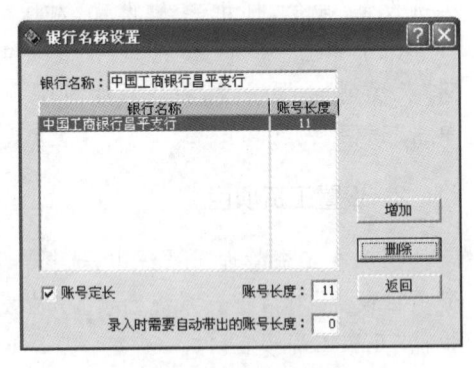

图 6.7　设置银行名称

任务 4　工资类别基础信息设置

知识点

1. 工资类别

工资系统是按工资类别来进行工资计算和管理的，每个工资类别中包含不同的工资项目、人员档案，需要按设定的工资计算公式进行工资计算、扣缴所得税处理、工资费用分摊处理等。对工资类别的维护包括建立工资类别、打开工资类别、删除工资类别、关闭工资类别和汇总工资类别。

2. 人员档案

人员档案的设置用于登记工资发放人员的姓名、职工编号、所在部门、人员类别等信息。此外，员工的增减变动也必须在本功能中处理。人员档案的操作是针对某个工资类别的，即应先打开相应的工资类别。

人员档案管理包括增加、修改、删除人员档案，人员调离与停发处理，查找人员等。

3. 设置工资项目和计算公式

系统初始设置的工资项目包括本单位各种工资类别所需要的全部工资项目。由于不同的工资类别、工资发放项目不同,计算公式也不同,因此应对某个指定工资类别所需的工资项目进行设置,并定义此工资类别的工资计算公式。

(1)选择建立本工资类别的工资项目。这里只能选择系统初始设置中的工资项目,不可自行输入。工资项目的类型、长度、小数位数、增减项等不可更改。

(2)设置计算公式。设置计算公式就是定义某些工资项目的计算公式和工资项目之间的运算关系。例如,缺勤扣款=基本工资÷月工作日×缺勤天数。运用公式可以直观地表达工资项目的实际运算过程,灵活地进行工资计算处理。定义公式可通过选择工资项目、运算符、关系符、函数等组合完成。

定义工资项目计算公式要符合逻辑,系统将对公式进行合法性检查,对于不符合逻辑的公式系统将给出错误提示。定义公式时要注意先后顺序,先得到的数据应先设置公式。例如,对于应发合计、扣款合计和实发合计3个工资项目,实发合计的公式要在应发合计和扣款合计公式之后。可通过单击公式框的▲、▼箭头调整计算公式顺序。如果出现计算公式超长的情况,可将所用到的工资项目名称缩短(减少字符数),或者设置过渡项目。定义公式时可使用函数公式向导参照输入。

4. 个人所得税设置

鉴于许多企事业单位计算职工工资的所得税工作量较大,本系统特提供个人所得税自动计算功能,用户只需要自定义扣税基数和各级所得税税率,系统就会自动计算个人所得税。

跟我练

(1)新建工资类别。

新建"在职职工"工资类别,包括企业所有部门。

(2)设置在职职工档案(见表6.2)。

表6.2 人员档案

编 号	姓 名	部门名称	人员类别	账 号	中方人员	是否计税
101	康凡	企管部	企业管理人员	20210010001	是	是
201	于美琪	财务部	企业管理人员	20210010002	是	是
202	马群	财务部	企业管理人员	20210010003	是	是
203	姜楠	财务部	企业管理人员	20210010004	是	是
301	王曼	采购部	企业管理人员	20210010005	是	是
401	苏美美	国内销售部	销售人员	20210010006	是	是
501	陈小春	生产部	车间管理人员	20210010007	是	是
502	陈勇	生产部	生产工人	20210010008	是	是

(3)选择"在职职工"工资类别工资项目。

"在职职工"工资类别工资项目和排列顺序是:基本工资、岗位津贴、奖金、应发合计、社会保险、公积金、请假扣款、代扣税、扣款合计、实发合计、请假天数、应税工资、应付工资。

(4) 设置"在职职工"工资项目计算公式。

工资项目计算公式和正确排列顺序如表 6.3 所示。

表 6.3 工资项目公式

工资项目	公 式
请假扣款	请假天数 * 100
岗位津贴	如果人员类别是企业管理人员或者车间管理人员,岗位津贴为 1 200,其他人员为 800. iff(人员类别="企业管理人员" or 人员类别="车间管理人员",1 200,800)
应发合计	基本工资+岗位津贴+奖金
社会保险	应发合计 * 11%
公积金	应发合计 * 12%
应税工资	基本工资+岗位津贴+奖金-社会保险+公积金+请假扣款
扣款合计	社会保险+公积金+请假扣款+代扣税
实发合计	应发合计-扣款合计
应付工资	应发合计-请假扣款

(5) 设置个人所得税税率。

个人所得税免征额为 5 000 元,税率如表 6.4 所示。

表 6.4 2019 年开始实行的 7 级超额累进个人所得税税率表

级 数	全年应纳税所得额	按月换算(元)	税率(%)	速算扣除数(元)
1	不超过 36 000 元	不超过 3 000 元	3	0
2	36 000 元至 144 000 元	3 000<X≤12 000	10	210
3	144 000 元至 300 000 元	12 000<X≤25 000	20	1 410
4	300 000 元至 420 000 元	25 000<X≤35 000	25	2 660
5	420 000 元至 660 000 元	35 000<X≤55 000	30	4 410
6	660 000 元至 960 000 元	55 000<X≤80 000	35	7 160
7	超过 960 000 元	超过 80 000 元	45	15 160

(6) 设置工资权限。

以 701 于美琪账套主管身份将 702 马群设置为"001 在职职工"工资类别主管。

1. 新建工资类别

(1) 在工资管理子系统中,选择"工资类别"|"新建工资类别"命令,打开"新建工资类别"对话框。

(2) 输入工资类别名称"在职职工",然后单击"下一步"按钮。

(3) 选择正式工所在部门。此处选择所有部门,如图 6.8 所示。

(4) 单击"完成"按钮,系统弹出"是否以 2021-01-01 为当前工资类别的启用日期?"信息提示框。单击"是"按钮,完成工资类别的创建。

图6.8 新建工资类别

2. 设置在职职工人员档案

(1) 在工资管理子系统在职职工工资类别中,选择"工资类别"|"打开工资类别"命令,打开"打开工资类别"对话框。选择"001 在职职工"工资类别,单击"确认"按钮,进入"在职职工"人员类别。

(2) 选择"工资"|"设置"|"人员档案"命令,进入"人员档案"窗口。单击"批增"按钮,打开"人员批量增加"对话框。

(3) 选择需要批量导入的人员档案,如图6.9所示。单击"确定"按钮,将前期职员档案中已经输入的职员信息带到人员档案。

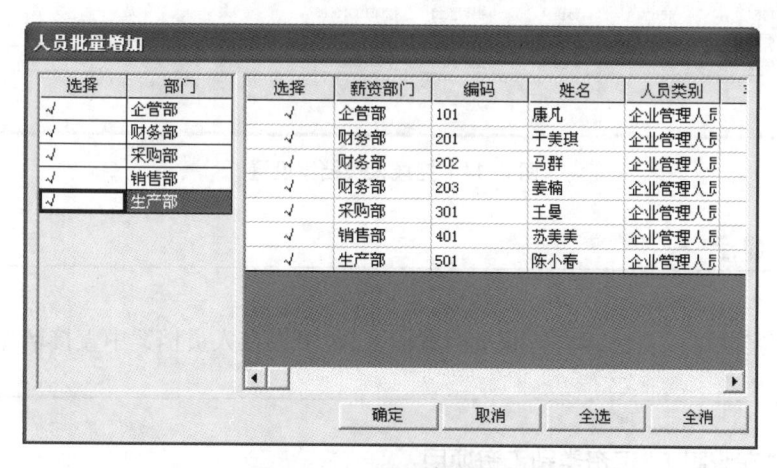

图6.9 批量导入职员档案

(4) 按表6.2所示修改相关人员人员类别,补充输入银行账号等信息,如图6.10所示。

(5) 单击"确认"按钮,系统提示"写入该人员档案信息吗?",单击"确定"按钮。在全部完成后,再单击"取消"按钮返回。

(6) 单击"增加"按钮,输入"502 陈勇"相关信息。然后单击"确认"按钮。

(7) 单击"取消"按钮,如图6.11所示。然后单击"退出"按钮,退出"人员档案"窗口。

图6.10 修改人员档案

图6.11 完成人员档案设置

> **提示**
>
> 人员档案既可以从已建立的职员档案输入,也可以在人员档案中直接增加。

3. 选择"在职职工"工资类别工资项目

(1) 在工资管理子系统在职职工工资类别中,选择"设置"|"工资项目设置"命令,打开"工资项目设置"对话框。"工资项目设置"选项卡中显示"代扣税"和"实发合计"两个工资项目。

(2) 单击"增加"按钮,增加一空白行,从"名称参照"下拉列表框中选择"基本工资"工资项目。同理,增加其他工资项目。

（3）所有工资项目增加完成后，利用▲（上移）、▼（下移）按钮调整工资项目顺序。

> **提示**
>
> ① "名称参照"下拉列表框中的工资项目是前期在工资账套基础设置中增加的工资项目。在设置工资类别时，只能从中选择，不能修改和自行增加。
> ② 此处设置的工资项目顺序决定了职工工资表中工资项目的显示顺序。

4. 定义工资项目计算公式

（1）定义"请假扣款"项目的计算公式。

① 在工资管理子系统在职职工工资类别中，选择"设置"|"工资项目设置"命令，打开"工资项目设置"对话框，选择"公式设置"选项卡。

② 单击左上角"工资项目"列表框下的"增加"按钮，在"工资项目"列表框中增加一空行。从下拉列表框中选择"请假扣款"选项。

③ 在"请假扣款公式定义"文本框中进行公式定义。选择"工资项目"列表框中的"请假天数"；在运算符选项区选择"＊"，在"＊"后输入"100"。

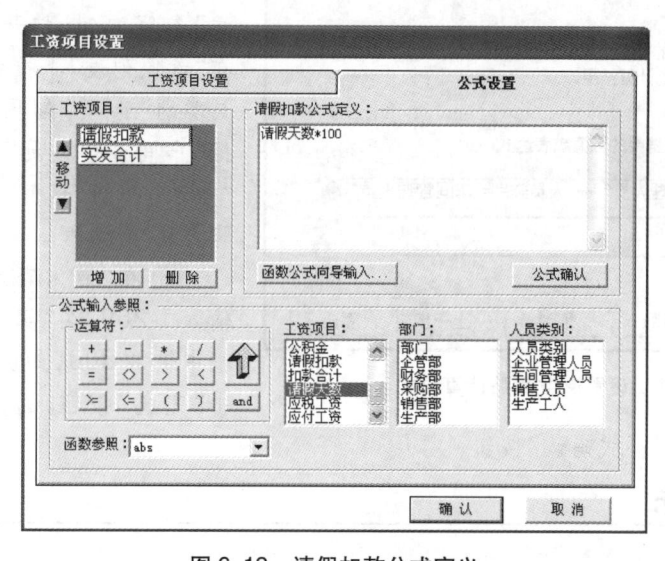

④ 请假扣款公式定义结果如图6.12所示。然后单击"公式确认"按钮。

图6.12 请假扣款公式定义

（2）定义"岗位津贴"项目的计算公式。

① 在"工资项目设置"对话框中，单击"公式设置"选项卡。

② 单击"增加"按钮，在"工资项目"列表框中增加一空行，在下拉列表框中选择"岗位津贴"选项。

③ 单击"函数公式向导输入"按钮，打开"函数向导——步骤之1"对话框。从"函数名"列表框中选择iff，如图6.13所示。然后单击"下一步"按

钮，打开"函数向导——步骤之2"对话框。

④ 单击"逻辑表达式"参照按钮，打开"参照"对话框。在"参照列表"下拉列表框中选择"人员类别"选项，在下面的列表框中选择"企业管理人员"选项，如图6.14所示。然后单击"确认"按钮。

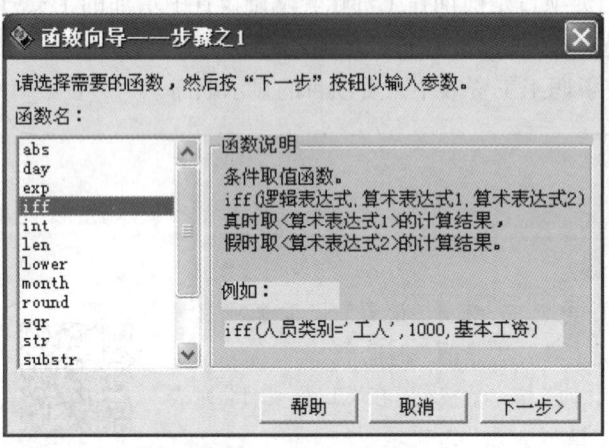

图6.13 选择iff函数

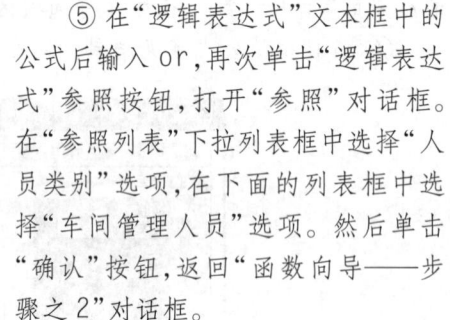

图6.14 设置逻辑表达式参照

⑤ 在"逻辑表达式"文本框中的公式后输入or，再次单击"逻辑表达式"参照按钮，打开"参照"对话框。在"参照列表"下拉列表框中选择"人员类别"选项，在下面的列表框中选择"车间管理人员"选项。然后单击"确认"按钮，返回"函数向导——步骤之2"对话框。

⑥ 在"算术表达式1"文本框中输入1 200，在"算术表达式2"文本框中输入800，如图6.15所示。单击"完成"按钮，返回"公式设置"选项卡中，然后单击"公式确认"按钮。

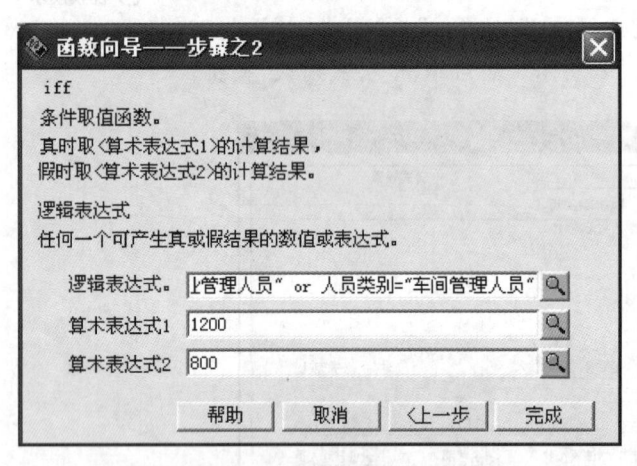

图6.15 设置岗位津贴计算公式

> **提示**
>
> （1）在or前后须有空格。
> （2）百分号(%)不能直接输入，如11%需要输入为0.11，否则单击"公式确认"按钮时系统会弹出提示"非法的公式定义"。
> （3）定义扣款合计时，由于"工资项目"列表框中无"代扣税"工资项目，所以需要人工在公式中输入该项目。
> （4）每设置完成一个计算公式，必须单击"公式确认"按钮。

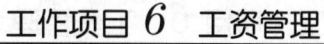

(3) 定义其他工资项目的计算公式(微课同名)。

① 设置应发合计、社会保险、公积金、应税工资、扣款合计、实发合计、应付工资项目的计算公式。

② 设置扣款合计时,在工资项目列表中找不到"代扣税"工资项目,需要手工录入。

③ 实发合计项目计算公式需要自行设置。

(4) 调整工资项目的计算顺序(微课调整公式先后顺序)。

① 全部计算公式定义完成后,根据计算公式间的逻辑关系,利用 ▼、▼ 按钮调整公式顺序,排列在前面的公式先计算。完成后如图6.16所示。

② 单击"确认"按钮返回。

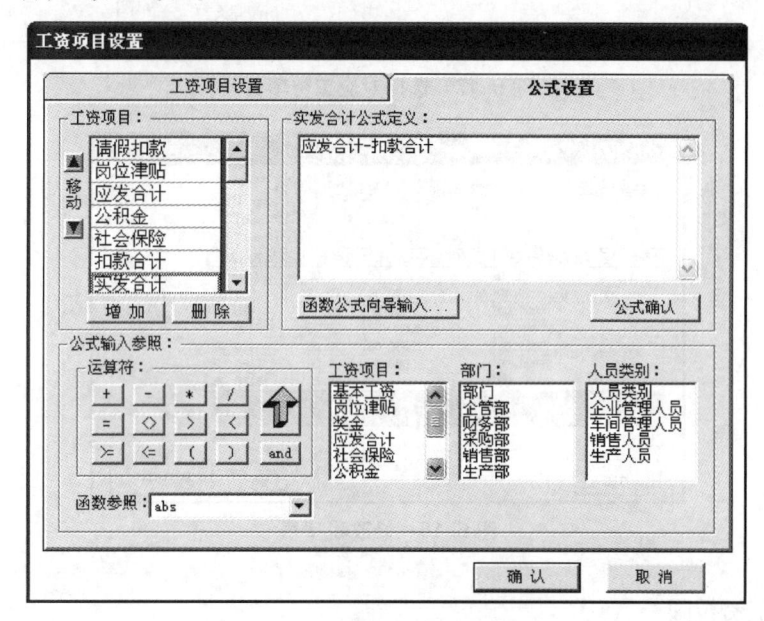

图6.16 完成全部计算公式定义

5. 设置个人所得税税率

(1) 在工资管理子系统在职职工工资类别中,选择"业务处理"|"扣缴所得税"命令,系统弹出信息提示。单击"确定"按钮,打开"栏目选择"对话框。

(2) 系统默认所得项目为"工资",对应工资项目为"实发合计"。重新选择对应工资项目为"应税工资",如图6.17所示。

(3) 单击"确认"按钮,系统弹出"是否重算数据?"信息提示框。单击"否"按钮,打开"个人所得税扣缴申报表"对话框。

(4) 单击"税率"按钮,打开"个人所得税申报表——税率表"对话框。将"基数"修改为5 000,附加费用修改为0。

(5) 修改各级次应纳税所得额上限和速算扣除数,则下一级次应纳税所得额下限自动调整。修改完成后,如图6.18所示。

(6) 单击"确认"按钮返回。

(7) 系统弹出信息提示框,单击"否",暂不计算个人所得税。然后单击"退出"按钮。

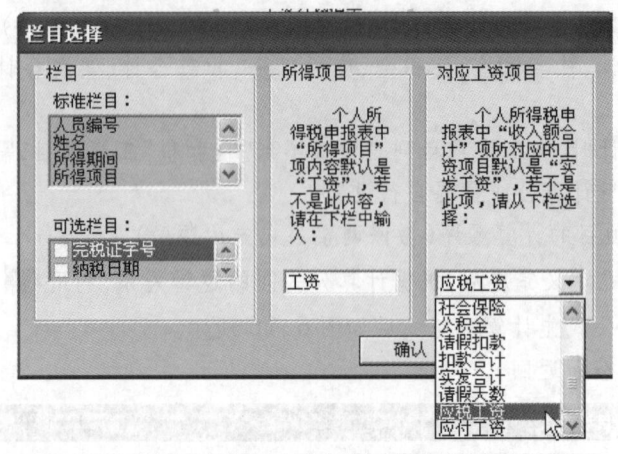

图 6.17　选择对应工资项目

图 6.18　修改税率表

6. 设置工资权限

（1）以账套主管 701 于美琪身份登录 T3 工资管理，打开"001 在职职工"工资类别。

（2）选择"设置"|"权限设置"命令，打开"权限设置"对话框。

（3）单击选中"工资类别主管"复选框，如图 6.19 所示。

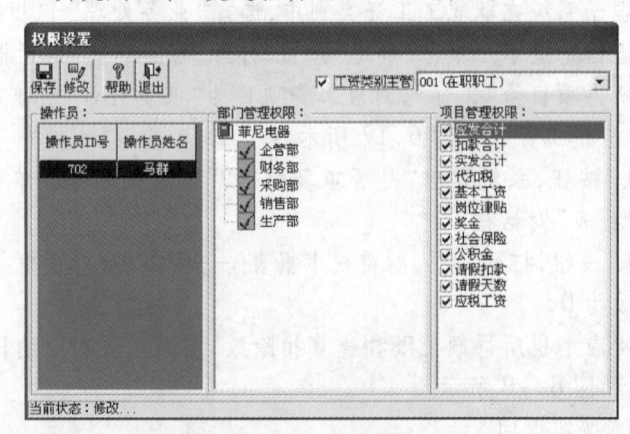

图 6.19　权限设置

(4) 单击"保存"按钮,系统弹出"已成功保存部门和项目权限!"信息提示框,单击"确定"按钮返回。

全部完成后,将账套备份至"工资初始化"文件夹中。

任务5　日常业务处理

知识点

日常业务处理主要包括两项工作:工资计算和工资费用分摊。

1. 工资计算

第1次使用工资管理子系统时,必须将所有人员的基本工资数据输入计算机中,平时发生的工资数据变动也在此进行调整。为了快速、准确地输入工资数据,系统提供了以下功能。

1) 筛选和定位

如果对部分人员的工资数据进行修改,那么最好采用数据过滤的方法,先将所要修改的人员过滤出来,然后再进行工资数据的修改。修改完毕后进行重新计算和汇总。

2) 过滤器

如果只对工资项目中的某一个或几个项目修改,可将要修改的项目过滤出来。例如,只对事假天数、病假天数两个工资项目的数据进行修改。对于常用的过滤项目,可以在过滤项目选择后,输入一个名称进行保存,以后可通过过滤项目名称调用,不用时也可以删除。

3) 页编辑

"工资变动"对话框中提供了"编辑"按钮,可以对选定的个人进行快速输入。单击"上一人""下一人"可变更人员、输入或修改其他人员的工资数据。

4) 替换

将符合条件的人员的某个工资项目的数据统一替换成某个数据。

2. 工资费用分摊

工资费用是成本的重要组成部分。职工工资计算完成后,还需要对工资费用进行计提计算、分配及计提各种相关费用,并编制财务核算凭证,供登账处理使用。

与职工工资相关的费用一般包括养老保险、医疗保险、失业保险、公积金、工会经费、职工教育经费等。

跟我练

(1) 输入在职职工基本工资数据,以及请假天数,如表6.5所示。

(2) 因销售业绩大幅提升,本月给销售部职工发放奖金2 000元。

表6.5　职工基本工资数据　　　　　　　　　　　　　　　单位:元

姓　名	基本工资	请假天数
康凡	12 000	
于美琪	8 000	

工作项目 6 工资管理

续表

姓　名	基本工资	请假天数
马群	6 000	
姜楠	5 000	3
王曼	7 000	
苏美美	6 000	
陈小春	6 000	2
陈勇	5 000	

（3）按表 6.6 所示进行 2021 年 1 月份工资费用分摊。其中，应付工资总额等于应付工资，企业应负担的公积金按职工应付工资的 12% 计提。

表 6.6　工资费用分摊

工资分摊 部　门	人员类别	应付工资		公积金（12%）	
		借方科目	贷方科目	借方科目	贷方科目
企管部、财务部、采购部	企业管理人员	560 209	221 101	560 213	221 105
销售部	销售人员	560 107	221 101	560 109	221 105
生产部	车间管理人员	410 101	221 101	410 104	221 105
	生产工人	400 102	221 101	400 104	221 105

1. 输入在职职工工资数据

（1）在工资管理子系统在职职工工资类别中，选择"业务处理"|"工资变动"命令，打开"工资变动"对话框。

（2）在"过滤器"下拉列表框中选择"过滤设置"，打开"项目过滤"对话框。

（3）选择"工资项目"列表框中的"基本工资""请假天数"，单击">"按钮，选入"已选项目"列表框中，如图 6.20 所示。

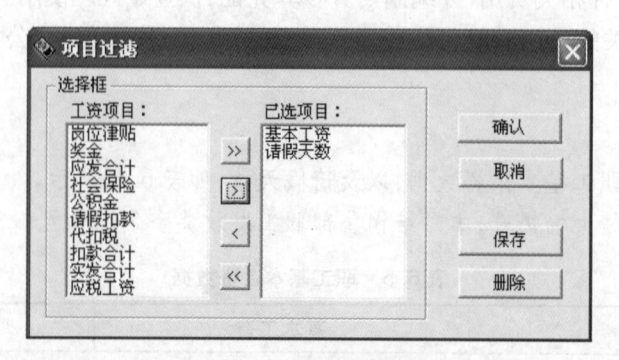

图 6.20　设置项目过滤

（4）单击"确认"按钮，返回"工资变动"对话框，此时每个人的工资项目只显示两项。

(5) 按表 6.5 内容输入工资数据,如图 6.21 所示。

图 6.21 输入工资数据

(6) 在"过滤器"下拉列表框中选择"所有项目"选项,屏幕上显示所有工资项目。
(7) 单击"保存"按钮。

> **提示**
>
> 这里只需要输入没有设置公式的项目,如基本工资和请假天数,其余各项由系统根据计算公式自动计算生成。

2. 用数据替换功能为销售部人员发放奖金

(1) 在"工资变动"对话框中,单击"替换"按钮,打开"工资项数据替换"对话框。在"将工资项目"下拉列表框中选择"奖金"选项,在"替换成"文本框中输入"奖金+2 000",在"替换条件"选项组中分别选择"部门""=""销售部",如图 6.22 所示。
(2) 单击"确认"按钮,弹出系统提示"数据替换后将不可恢复。是否继续?"。单击"是"按钮,系统提示"1 条记录被替换,是否重新计算?"。单击"是"按钮,系统自动完成工资计算。

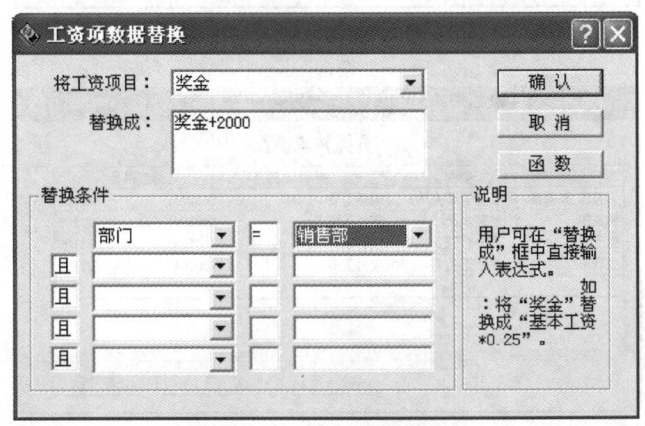

图 6.22 工资项数据替换

工作项目 6 工资管理

> **提示**
> （1）如果未输入替换条件，系统默认替换本工资类别全部人员。
> （2）可以利用"且""或"构造复合替换条件。

3. 工资分摊设置

（1）在工资管理子系统在职职工工资类别中，选择"业务处理"|"工资分摊"命令，打开"工资分摊"对话框。

（2）单击"工资分摊设置"按钮，打开"分摊类型设置"对话框。

（3）单击"增加"按钮，打开"分摊计提比例设置"对话框。

（4）输入计提类型名称为"应付工资"，分摊计提比例100%，如图6.23所示。单击"下一步"按钮，打开"分摊构成设置"对话框。

（5）按表6.6所示的内容进行设置，设置完成后如图6.24所示。单击"完成"按钮返回"分摊类型设置"对话框，继续设置公积金分摊类型，完成后如图6.25所示。

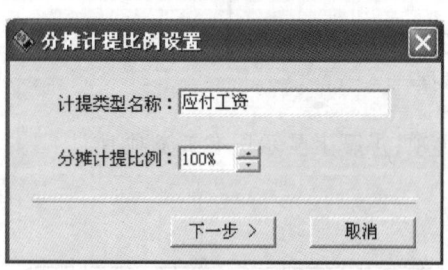

图 6.23 应付工资计提类型设置

部门名称	人员类别	项目	借方科目	贷方科目
企管部,财务部,采	企业管理人员	应付工资	560209	221101
销售部	销售人员	应付工资	560107	221101
生产部	车间管理人员	应付工资	410101	221101
生产部	生产工人	应付工资	400102	221101

图 6.24 应付工资分摊设置

部门名称	人员类别	项目	借方科目	贷方科目
企管部,财务部,采	企业管理人员	应付工资	560213	221105
销售部	销售人员	应付工资	560109	221105
生产部	车间管理人员	应付工资	410104	221105
生产部	生产工人	应付工资	400104	221105

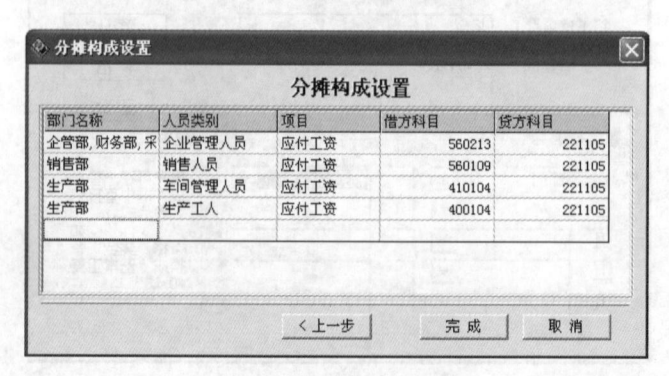

图 6.25 公积金分摊设置

4. 工资分摊处理

(1) 在"工资分摊"对话框中，选中需要分摊的计提费用类型"应付工资"和"公积金"，确定分摊计提的月份"2021.01"，选择核算部门"企管部""财务部""采购部""销售部""生产部"，并选中"明细到工资项目"复选框，如图 6.26 所示。

(2) 单击"确定"按钮，打开"应付工资一览表"对话框。选中"合并科目相同、辅助项相同的分录"复选框，如图 6.27 所示。

图 6.26 选择计提费用类型

图 6.27 应付工资一览表

(3) 单击"制单"按钮，生成工资分摊的记账凭证，如图 6.28 所示。

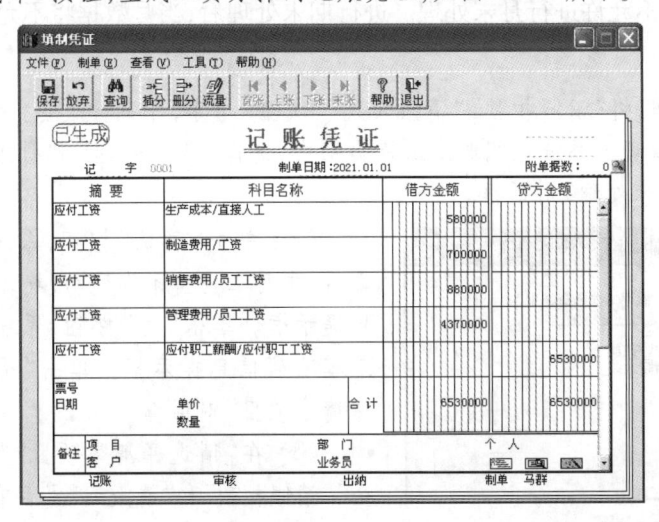

图 6.28 工资分摊凭证

（4）单击"退出"按钮，返回"应付工资一览表"对话框。

（5）从"类型"下拉列表框中选择"公积金"，选中"合并科目相同、辅助项相同的分录"复选框。然后单击"制单"按钮，生成应付住房公积金凭证，如图6.29所示。

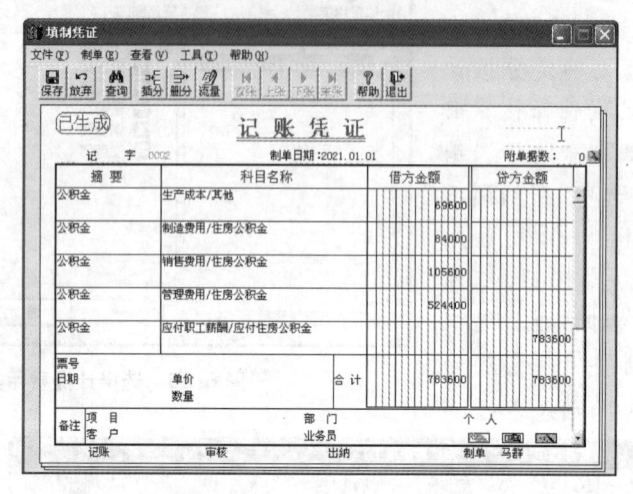

图6.29 应付住房公积金凭证

任务6 月末处理

知识点

月末处理是将当月数据经过处理后结转至下月。每月工资数据处理完毕后均可进行月末处理。由于在工资项目中有的项目是变动的，即每月的数据均不相同，因此在每月进行工资处理时，均须将其数据清为0，而后输入当月的数据。此类项目即为清零项目。

因月末处理功能只有主管人员才能执行，所以应以主管的身份登录系统。

月末处理只有在会计年度的1月至11月进行，且只有在当月工资数据处理完毕后才可进行。如果是处理多个工资类别，则应打开工资类别，分别进行月末处理；如果本月工资数据未汇总，系统将不允许进行月末处理。进行期末处理后，当月数据将不允许变动。

跟我练

进行月末处理，将"请假扣款""请假天数""奖金"清零，并备份账套。

（1）在工资管理子系统在职职工工资类别中，选择"业务处理"|"月末处理"命令，打开"月末处理"对话框。

（2）单击"确认"按钮，系统弹出"月末处理之后，本月工资将不许变动，继续月末处理吗？"信息提示框。单击"是"按钮，系统弹出"是否选择清零项？"信息提示框。单击"是"按钮，打开"选择清零项目"对话框。

（3）在"请选择清零项目"列表框中选择"奖金""请假扣款"和"请假天数"后单击">"按钮，将所选项目移动到右侧的列表框中，如图6.30所示。

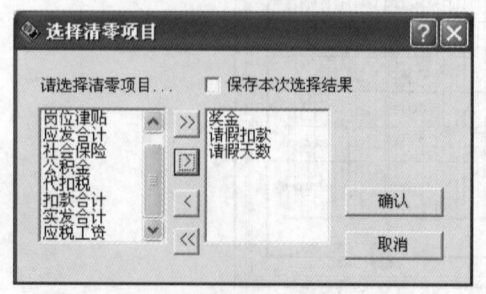

图6.30 选择清零项目

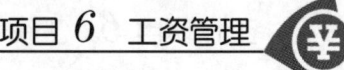

（4）单击"确认"按钮，弹出"月末处理完毕！"信息提示框。单击"确定"按钮返回。全部完成后，将账套备份至"工资日常业务"文件夹中。

6.3 拓展应用

任务1 删除凭证

知识点

外部系统（即总账管理子系统以外）生成的凭证不能在总账管理子系统中修改和删除，需要在生成该凭证的系统中进行处理。例如，工资管理子系统生成凭证后，如果发现数据错误，则需要在工资管理子系统中进行删除。

跟我练

（1）在工资管理子系统中，选择"统计分析"|"凭证查询"命令，打开"凭证查询"对话框。

（2）选中需要删除的第2张凭证，单击"删除"按钮。系统弹出信息提示框，如图6.31所示。

（3）单击"是"按钮，该行记录被删除。

（4）在总账管理子系统中，选择"凭证"|"填制凭证"命令，打开"填制凭证"对话框，可以看到在工资管理子系统中执行了删除的凭证只是标注了"作废"标记。如果想彻底删除凭证，还需要选择"制单"|"整理凭证"命令，将作废凭证彻底删除。

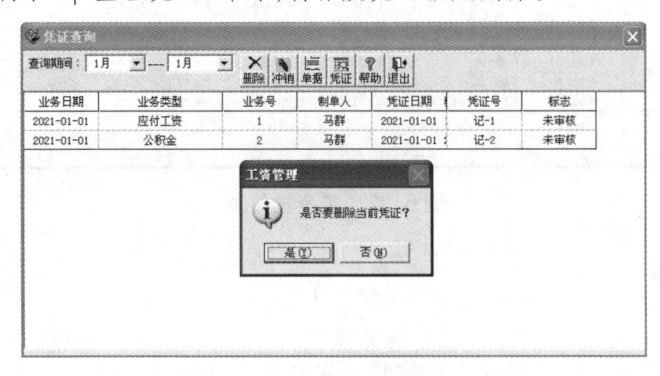

图6.31 删除凭证系统提示

任务2 工资数据查询统计

知识点

工资数据处理结果最终通过工资报表的形式反映。工资管理子系统提供了主要的工资报表，报表的格式由系统提供。如果对报表提供的固定格式不满意，可以通过修改表和新建表功能自行设计。

1. 工资表

工资表包括工资发放签名表、工资发放条、工资卡、部门工资汇总表、人员类别工资汇总表、条件汇总表、条件统计表、条件明细表、工资变动明细表、工资变动汇总表等由系统提供的原始表。工资表主要用于本月工资的发放和统计，工资表可以进行修改和重建。

2. 工资分析表

工资分析表是以工资数据为基础，对部门、人员类别的工资数据进行分析和比较产生的分析表，供决策人员使用。

跟我练

查看一月份工资发放条。

(1) 在工资管理子系统在职职工工资类别中，选择"工资"|"统计分析"|"账表"|"工资表"命令，打开"工资表"对话框。

(2) 选择要查看的表为"工资发放条"选项，单击"查看"按钮，打开"工资发放条"对话框。

(3) 选择所有部门，单击"确认"按钮，系统显示工资发放条，如图 6.32 所示。

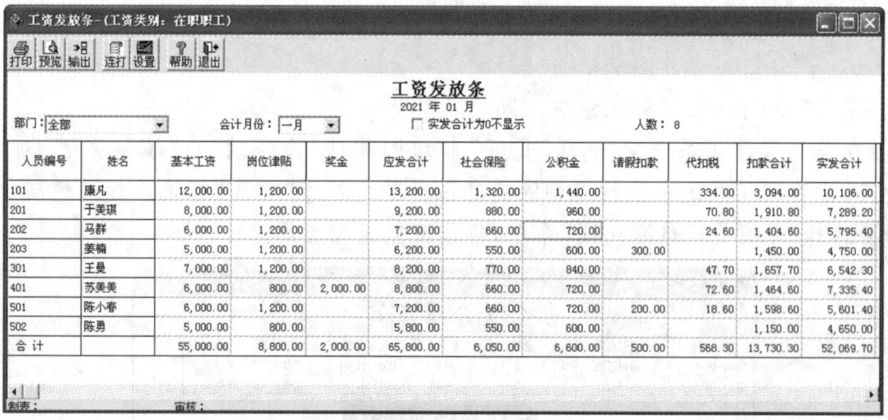

人员编号	姓名	基本工资	岗位津贴	奖金	应发合计	社会保险	公积金	请假扣款	代扣税	扣款合计	实发合计
101	康凡	12,000.00	1,200.00		13,200.00	1,320.00	1,440.00		334.00	3,094.00	10,106.00
201	于美琪	8,000.00	1,200.00		9,200.00	880.00	960.00		70.80	1,910.80	7,289.20
202	马群	6,000.00	1,200.00		7,200.00	660.00	720.00		24.60	1,404.60	5,795.40
203	姜楠	5,000.00	1,200.00		6,200.00	550.00	600.00	300.00		1,450.00	4,750.00
301	王曼	7,000.00	1,200.00		8,200.00	770.00	840.00		47.70	1,657.70	6,542.30
401	苏美美	6,000.00	800.00	2,000.00	8,800.00	660.00	720.00		72.60	1,464.60	7,335.40
501	陈小春	6,000.00	1,200.00		7,200.00	660.00	720.00	200.00	18.60	1,598.60	5,601.40
502	陈勇	5,000.00	800.00		5,800.00	550.00	600.00			1,150.00	4,650.00
合 计		55,000.00	8,800.00	2,000.00	65,800.00	6,050.00	6,600.00	500.00	568.30	13,730.30	52,069.70

图 6.32 工资发放表

随堂测

一、判断题

1. 工资管理子系统仅提供以人民币作为发放工资的唯一货币。 ( )

2. 某单位实行多工资类别核算，工资项目公式设置只能在打开某工资类别的情况下进行增加。 ( )

3. 在工资管理子系统中，定义公式时可不考虑计算的先后顺序，系统可以自动识别。 ( )

4. 个人所得税税率表已经按国家规定预置，不得修改。 ( )

5. 工资业务处理完毕，需要经过记账处理才能生成各种工资报表。 ( )

二、选择题

1. 关于建立工资账套，以下说法不正确的是( )。

A. 可以选择本工资账套处理单个工资类别或处理多个工资类别

B. 可以选择是否代扣个人所得税

C. 可以选择发放工资的货币币种
D. 可以选择是否要对职工进行编码

2. 假设奖金的计算公式为"奖金=iff(人员类别="企业管理人员"and 部门="总经理办公室",800,iff(人员类别="车间管理人员",500,450))",如果某职工属于一般职工,则他的奖金为(　　)元。
A. 800　　　　　　B. 500　　　　　　C. 450　　　　　　D. 0

3. 如果设置某工资项目为数值型,长度为8,小数位为2,则该工资项目中最多可以输入(　　)整数。
A. 5 位　　　　　　B. 6 位　　　　　　C. 7 位　　　　　　D. 任意位

4. 如果只想输入"奖金"和"缺勤天数"两个工资项目的数据,最佳方法是利用系统提供的(　　)功能。
A. 页编辑　　　　　B. 筛选　　　　　　C. 替换　　　　　　D. 过滤器

5. 在工资管理子系统中进行数据替换时,如果未输入替换条件,则系统默认为(　　)。
A. 本工资类别的全部人员
B. 本工资账套的全部人员
C. 不做任何替换
D. 提示输入替换条件

三、思考题

1. 工资管理子系统的主要功能是什么?
2. 在哪些情况下需要设置多个工资类别?
3. 如何进行与工资相关的五险一金的处理?
4. 工资管理子系统生成哪些凭证传递给总账?
5. 如果企业有员工离职需要如何处理?

工作项目 7 固定资产管理

知识目标
- 了解固定资产管理子系统的主要功能。
- 熟悉固定资产管理子系统的操作流程。
- 熟悉固定资产管理子系统初始化的工作内容。
- 掌握利用固定资产管理子系统进行企业固定资产日常管理的方法。

技能目标
- 掌握建立固定资产账套的操作。
- 掌握设置固定资产类别、部门对应折旧科目、增减方式的操作。
- 掌握固定资产卡片输入的基本操作。
- 掌握资产增减、变动处理、折旧计算等基本操作。

7.1 固定资产管理认知

固定资产是企业资产的重要组成部分,固定资产管理是否完善、核算是否正确,不仅关系到企业资产的安全性,也影响到成本费用乃至利润计算的正确性。

7.1.1 固定资产管理子系统的基本功能

固定资产管理子系统的主要任务是完成企业固定资产日常业务的核算和管理,生成固定资产卡片,按月反映固定资产的增减变动、原值变化和其他变化;按月计提折旧,生成折旧分配凭证,协助企业进行成本核算,同时输出一些与设备管理相关的报表和账簿。

固定资产管理子系统的主要功能包括初始化设置和日常业务处理。

1. 初始化设置

在固定资产管理子系统的初始化过程中,需要完成对固定资产日常核算和管理所必需的各种系统参数与基本信息的设置,并输入固定资产管理子系统的原始业务数据。初始设置主要包括核算单位的建立,固定资产卡片项目、卡片样式、折旧方法、使用部门及对应折旧科目、使用状况、增减方式及对应入账科目、资产类别等信息的设置,以及固定资产原始卡片的输入。

2. 日常业务处理

固定资产管理子系统的日常业务处理主要是当固定资产发生资产增加、资产减少、原值变动、使用部门转移等变动情况时,更新固定资产卡片,并根据用户设定的折旧计算方法自动计算折旧,生成折旧清单和折旧分配表。每个会计期末要进行月末结账。

涉及价值变动的业务,如固定资产增减变动、原值变动、计提折旧等可以生成财务核算凭证传递到总账,总账不再进行与固定资产业务相关的业务处理。

固定资产管理子系统提供固定资产卡片、固定资产账簿、固定资产分析表、固定资产统计表、固定资产相关凭证查询。

7.1.2 固定资产管理子系统的业务处理流程

固定资产管理子系统的业务处理流程大致包括初始化和日常业务处理两部分:初始化主要完成系统参数和基础信息的设置;日常业务处理包括固定资产增减变动、计提折旧、凭证处理等工作。相关业务处理完成后输出固定资产账簿和统计分析报表,并进行月末结账。固定资产管理子系统的业务处理流程如图7.1所示。

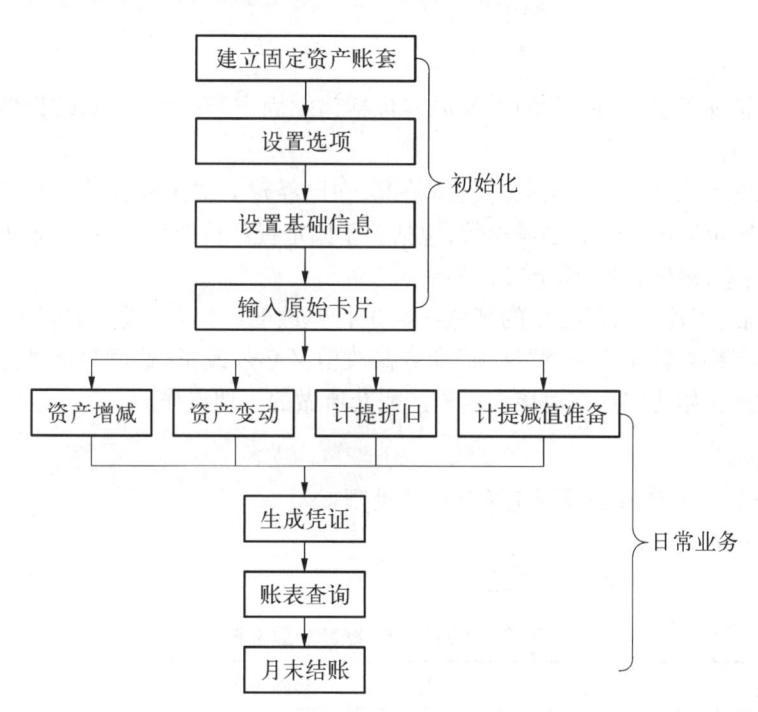

图7.1 固定资产管理子系统的业务处理流程

7.2 实战演练

任务1 启用固定资产管理子系统

知识点

使用固定资产管理子系统的前提是必须启用固定资产管理子系统。在T3中,只有设置了启用的系统才能登录。

工作项目 7 固定资产管理

只能由账套主管在系统管理中进行系统启用。

跟我练

以系统管理员的身份在系统管理中恢复"总账初始化"账套。以账套主管的身份重新登录系统管理,启用固定资产系统,启用日期为2021年1月1日。

(1) 以系统管理员的身份登录系统管理,恢复"总账初始化"账套。

(2) 以账套主管的身份登录系统管理。选择"账套"|"启用"命令,打开"系统启用"对话框。

(3) 单击"FA 固定资产"复选框,选择启用日期为"2021-01-01"。系统弹出"如果……确实要启用当前系统吗?"信息提示框,单击"是"按钮确认。

(4) 单击"确定"按钮,返回系统管理。

任务 2 建立固定资产账套

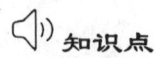

知识点

固定资产管理子系统初始化的主要内容包括建立固定资产账套、基础设置和期初数据(即输入原始卡片)。

建立固定资产账套是根据企业的具体情况,在已经建立的企业会计核算账套的基础上设置企业进行固定资产核算的必需参数,包括关于固定资产折旧计算的一些约定及说明、启用月份、折旧信息、编码方式、账务接口等。

建账完成后,当需要对账套中的某些参数进行修改时,可以通过"设置"中的"选项"命令修改。但也有些参数无法通过"选项"命令修改但又必须改正,这就只能通过重新初始化功能实现。重新初始化将清空对该固定资产账套所做的一切操作。

跟我练

以 702 马群身份进行全部固定资产业务处理。

(1) 固定资产建账。

固定资产账套参数设置如表 7.1 所示。

表 7.1 固定资产账套参数设置

控制参数	参数设置
约定与说明	我同意
启用月份	2021.01
折旧信息	本账套计提折旧 折旧方法:平均年限法(一) 折旧汇总分配周期:1 个月 当月初已计提月份=可使用月份-1 时,将剩余折旧全部提足
编码方式	资产类别编码方式:2112 固定资产编码方式:按"类别编码+部门编码+序号"自动编码;卡片序号长度为 3

续 表

控制参数	参数设置
财务接口	与账务系统进行对账 对账科目如下： ① 固定资产对账科目：1601 固定资产 ② 累计折旧对账科目：1602 累计折旧

（2）补充参数设置。

固定资产补充参数设置，如表7.2所示。

表7.2 补充参数设置

控制参数	参数设置
补充参数	可纳税调整的增加方式：直接购入、投资者投入、接收捐赠和在建工程转入 固定资产缺省入账科目：1601 固定资产 累计折旧缺省入账科目：1602 累计折旧 可抵扣税额入账科目：22210101 进项税额

1. 建立固定资产账套

（1）以702马群身份进入T3，单击"固定资产"，系统弹出"……是否进行初始化？"信息提示框，单击"是"按钮确认，打开固定资产初始化向导。

（2）在"固定资产初始化向导——约定及说明"对话框中，仔细阅读相关条款，选中"我同意"单选按钮。

（3）单击"下一步"按钮，打开"固定资产初始化向导——启用月份"对话框。选择账套启用月份"2021.01"。

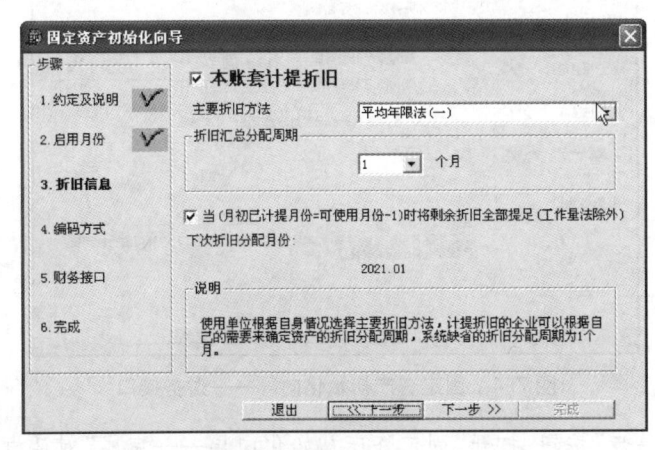

（4）单击"下一步"按钮，打开"固定资产初始化向导——折旧信息"对话框。选中"本账套计提折旧"复选框；选择主要折旧方法为"平均年限法（一）"，折旧汇总分配周期为"1个月"；选中"当（月初已计提月份=可使用月份-1）时将剩余折旧全部提足（工作量法除外）"复选框，如图7.2所示。

图7.2 固定资产初始化向导——折旧信息

工作项目 7 固定资产管理

> **提示**
>
> 如果是行政事业单位,不选中"本账套计提折旧"复选框,则账套内所有与折旧有关的功能被屏蔽。该选项在初始化设置完成后不能修改。
>
> 虽然这里选择了某种折旧方法,但在设置资产类别或定义具体固定资产时可以更改设置。

(5)单击"下一步"按钮,打开"固定资产初始化向导——编码方式"对话框。确定资产类别编码长度为2112;选中"自动编号"单选按钮,选择固定资产编码方式为"类别编号+部门编号+序号",选择序号长度为3,如图7.3所示。

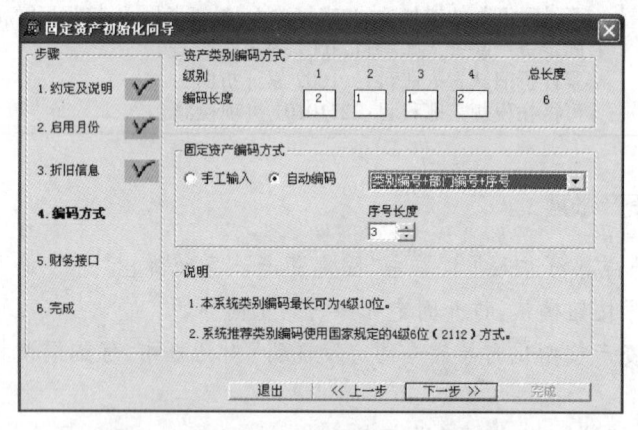

图7.3 固定资产初始化向导——编码方式

(6)单击"下一步"按钮,打开"固定资产初始化向导——财务接口"对话框。选中"与账务系统进行对账"复选框;选择固定资产对账科目为"1601,固定资产"、累计折旧对账科目为"1602,累计折旧",如图7.4所示。

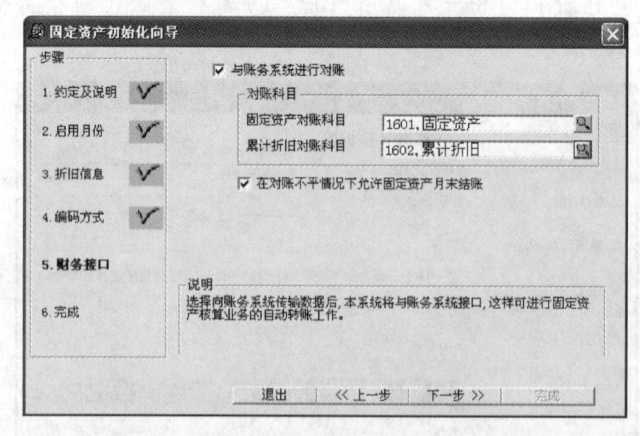

图7.4 固定资产初始化向导——财务接口

(7)单击"下一步"按钮,打开"固定资产初始化向导——完成"对话框。单击"完成"按钮,完成本账套的初始化,系统弹出"已经完成新账套的所有设置工作,是否确定所设置的信息完全正确并保存对新账套的所有设置"信息提示框。

(8) 单击"是"按钮,弹出"已成功初始化本固定资产账套!"提示框。然后单击"确定"按钮返回。

> **提示**
>
> (1) 初始化设置完成后,有些参数不能修改,所以要慎重。
> (2) 如果发现参数有错,必须改正,则只能通过固定资产管理子系统的"维护"|"重新初始化账套"命令实现。该操作将清空对该子账套所做的一切工作。

2. 选项设置

(1) 在固定资产系统中,选择"设置"|"选项"命令,打开"选项"对话框。

(2) 在"与账务系统接口"选项卡,单击"可纳税调整的增加方式"参照按钮,打开"可纳税调整的增加方式"对话框,如图7.5所示,选中"直接购入""投资者投入""捐赠""在建工程转入"几项,单击"确认"按钮返回;选择固定资产缺省入账科目为"1601,固定资产"、累计折旧缺省入账科目为"1602,累计折旧"、可抵扣税额入账科目为"22210101,进项税额"。

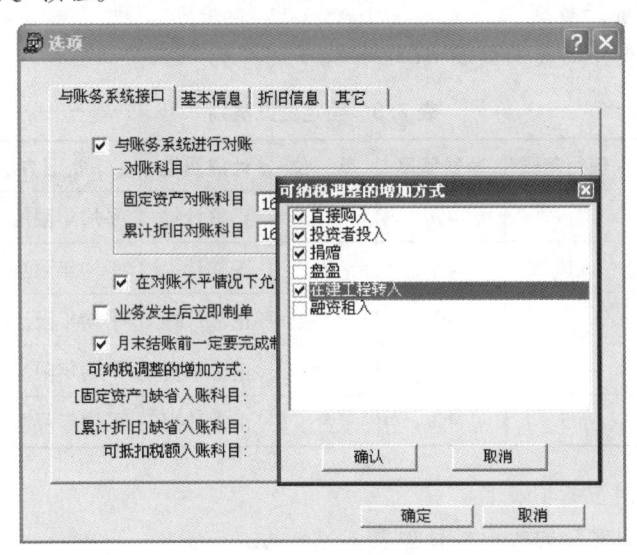

(3) 单击"确定"按钮。

图 7.5 选项设置

任务 3 基础信息设置

知识点

1. 资产类别设置

固定资产种类繁多,规格不一,为强化固定资产管理,及时准确地进行固定资产核算,需要建立科学的资产分类核算体系,为固定资产的核算和管理提供依据。

T3系统中已经预置了小企业固定资产分类,企业可以根据自身的特点和管理需求增设明细类别。

2. 部门对应折旧科目设置

在固定资产计提折旧后,需要将折旧费用分配到相应的成本或费用中去,根据不同企业的情况可以按照部门或类别进行汇总。固定资产折旧费用的分配去向与其所属部门密切相关,如果给每个部门设定对应的折旧科目,则属于该部门的固定资产在计提折旧时,折旧费用将对应分配到其所属的部门。

3. 增减方式设置

固定资产增减方式设置就是资产增加的来源和减少的去向。增减方式包括增加方式和减少方式两大类:增加方式主要包括直接购买、投资者投入、捐赠、盘盈、在建工程转入、融资租入;减少方式主要包括出售、盘亏、投资转出、捐赠转出、报废、毁损、融资租出。增减方式可根据用户的需要自行增加。

在增减方式的设置中还可以定义不同增减方式的对应入账科目,当固定资产发生增减变动时,系统在生成凭证时会默认采用这些科目。

跟我练

(1) 设置固定资产类别。

菲尼电器固定资产的类别如表7.3所示。

表7.3 固定资产类别

编码	类别名称	使用年限	净残值率	单位	计提属性	折旧方法	卡片样式
05	运输工具		4%		正常计提	平均年限法(一)	通用样式
051	车辆	10	4%	辆	正常计提	平均年限法(一)	通用样式
06	设备		4%		正常计提	平均年限法(一)	通用样式
061	计算机设备	5	4%	台	正常计提	平均年限法(一)	通用样式
062	办公设备	5	4%	台	正常计提	平均年限法(一)	通用样式

(2) 设置部门对应折旧科目。

菲尼电器各部门对应的折旧科目如表7.4所示。

表7.4 部门对应折旧科目

部门	对应折旧科目	对应科目编码
企管部、财务部、采购部	管理费用——折旧费	560210
销售部	销售费用——折旧费	560108
生产部	制造费用——折旧费	410102

（3）设置固定资产增减方式和对应入账科目。

菲尼电器常用固定资产增减方式和对应的入账科目如表7.5所示。

表7.5 常用固定资产增减方式和对应入账科目

增减方式目录	对应入账科目
增加方式	
直接购入	10020101,工行存款——人民币户
减少方式	
毁损	1606,固定资产清理

1. 设置固定资产类别

（1）在固定资产系统中,选择"设置"|"资产类别"命令,打开"类别编码表"对话框。

（2）在左侧列表框中选中"05 运输工具",单击"增加"按钮。输入类别名称为"车辆"、使用年限为10年,净残值率为4%,选择计提属性为"正常计提"、卡片样式为"通用样式",如图7.6所示。

（3）单击"保存"按钮。同理,完成其他资产类别的设置。

图7.6 设置资产类别

提示

（1）资产类别编码不能重复,同一级的类别名称不能相同。
（2）类别编码、名称、计提属性、卡片样式不能为空。
（3）已使用过的类别不能设置新下级。

2. 设置部门对应折旧科目

(1) 在固定资产系统中,选择"设置"|"部门对应折旧科目"命令,打开"部门编码表"对话框。

(2) 选择部门"企管部",单击"操作"按钮。

(3) 选择折旧科目为"560210(折旧)",如图7.7所示。

(4) 单击"保存"按钮。同理,完成其他部门折旧科目的设置。

图7.7 设置部门对应折旧科目

提示

如果有二级部门且二级部门折旧科目与上级部门相同,则可以将折旧科目设置在上级部门,保存后单击"刷新"按钮,其下属部门自动继承。

3. 设置企业固定资产增减方式和对应入账科目

(1) 在固定资产系统中,选择"设置"|"增减方式"命令,进入"增减方式"窗口。

(2) 在左侧增减方式目录表中,选择增加方式为"直接购入",单击"操作"按钮,打开"单张视图"对话框。

(3) 选择对应入账科目为"10020101,人民币户",如图7.8所示。单击"保存"按钮。

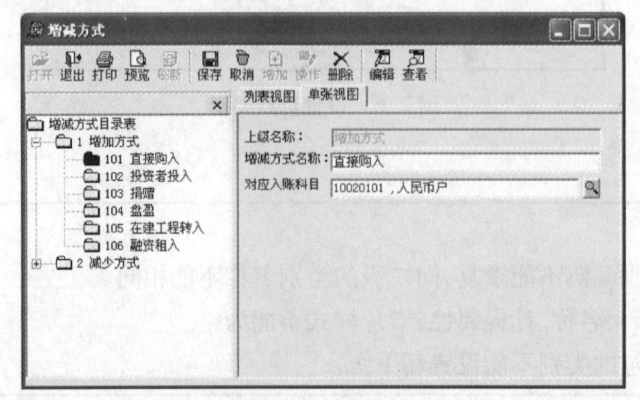

图7.8 设置增减方式对应入账科目

(4) 同理,选择减少方式为"损毁"的对应入账科目为"1606,固定资产清理"。

任务4 输入固定资产原始卡片

🔊 **知识点**

固定资产管理子系统的期初数据是指系统投入使用前企业现存固定资产的全部有关数据,通过固定资产原始卡片输入。固定资产原始卡片是固定资产管理子系统处理的起点,因此准确输入原始卡片内容是保证历史资料的连续性,正确进行固定资产核算的基本要求。为了保证所输入原始卡片数据的准确无误,应该在开始输入前对固定资产进行全面的清查盘点,做到账实相符。

跟我练

菲尼电器固定资产原始卡片的信息,如表7.6所示。

表7.6 固定资产原始卡片信息

固定资产名称	类别编号	所在部门	增加方式	使用年限(年)	开始使用日期	原值(元)	累计折旧(元)	净残值率	对应折旧科目名称
丰田轿车	051	企管部	直接购入	10	2018-4-1	200 000	51 200	4%	管理费用/折旧
威驰货车	051	销售部	直接购入	10	2018-4-1	60 000	15 360	4%	销售费用/折旧
生产车间	02	生产部	直接购入	30	2018-4-1	2 400 000	204 800	4%	制造费用/折旧
切割机	03	生产部	直接购入	10	2018-4-1	100 000	25 600	4%	制造费用/折旧
DELL服务器	061	财务部	直接购入	5	2018-4-1	15 000	7 680	4%	管理费用/折旧
台式电脑	061	财务部	直接购入	5	2018-4-1	6 000	3 072	4%	管理费用/折旧
HP打印机	061	财务部	直接购入	5	2018-4-1	4 000	2 048	4%	管理费用/折旧
合计						2 785 000	309 760		

说明:净残值率均为4%,使用状况均为"在用",折旧方法均采用平均年限法(一)。

(1) 在固定资产系统中,选择"卡片"|"录入原始卡片"命令,打开"资产类别参照"对话框。

(2) 选择固定资产类别为"051车辆",如图7.9所示。单击"确认"按钮,进入"固定资产卡片"窗口。

(3) 输入固定资产名称为"丰田轿车";双击"部门名称",选择"企管部";双击"增加方式",选择"直接购入";双击"使用状况",选择"在用";输入使用年限为"10年"、开始使用日期为"2018-04-01"、原值为200 000、累计折旧为51 200;其他信息自动算出。输入完成后如图7.10所示。

(4) 单击"保存"按钮,系统弹出"数据成功保存!"信息提示框。单击"确定"按钮。

(5) 同理,完成其他固定资产卡片的输入。

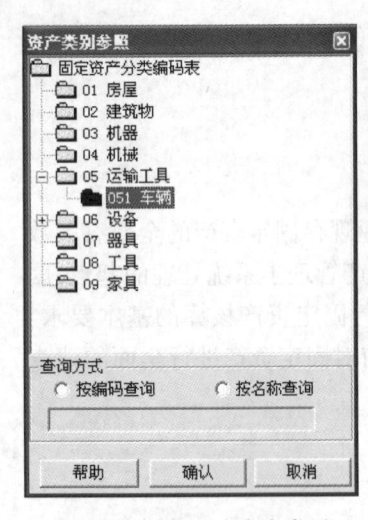

工作项目 7　固定资产管理

图 7.9　选择固定资产类别

图 7.10　原始卡片输入

> **提示**
>
> （1）卡片编号。卡片编号由系统根据初始化时定义的编码方案自动设定，不能修改。如果删除了一张卡片，又不是最后一张，那么系统将保留空号。
>
> （2）已计提月份。对于已计提月份，系统将根据开始使用日期自动算出，但可以修改。应将使用期间停用等不计提折旧的月份扣除。
>
> （3）月折旧率、月折旧额。与计算折旧有关的项目输入后，系统会按照输入的内容自动算出月折旧率和月折旧额并显示在相应项目内。可与手工计算的值比较，核对是否有错误。
>
> （4）固定资产卡片中的原值变动、大修理记录等信息无须填写，日后该固定资产相关变动情况用变动单记录后自动回写入固定资产卡片。
>
> （5）全部原始卡片输入完成后退出。选择"处理"|"对账"命令，将目前固定资产管理子系统明细与总账管理子系统进行对账，以确保固定资产明细账与总账相符。
>
> 以上全部完成后，将账套备份至"固定资产初始化"文件夹中。

任务 5　日常业务处理（一）

知识点

固定资产管理子系统的日常业务处理主要完成固定资产的核算和管理工作，包括固定资产卡片管理、固定资产增减变动处理、变动单处理、折旧处理、凭证处理、账簿查询和月末处理等内容。本任务先介绍固定资产增减、计提折旧、制单处理、对账和月末结账。

1. 固定资产增加

企业通过购买或其他方式取得固定资产时要进行固定资产增加的处理，填制新的固定资产卡片。一方面,要求对新增固定资产按经济用途或其他标准分类,并确定其原始价值;另一方面,要求办理交接手续,填制和审核有关凭证,作为固定资产核算的依据。

2. 固定资产减少

固定资产的减少是指资产在使用过程中,由于毁损、出售、盘亏等各种原因而被淘汰。此时,需要进行固定资产减少的处理,输入固定资产减少记录,说明减少的固定资产、减少方式、减少原因等。资产减少信息经过确认后,系统搜索出相应的固定资产卡片,更新卡片文件数据,以反映固定资产减少的相关情况。

只有当账套开始计提折旧后,才可以使用资产减少功能,否则资产减少只能通过删除卡片来完成。

3. 计提折旧

折旧处理是固定资产管理子系统的基本处理功能之一,主要包括折旧的计提和分配。

1) 折旧计提

根据固定资产卡片中的基本资料,系统自动计算折旧,自动生成折旧分配表。然后根据折旧分配表编制转账凭证,将本期折旧费用登记入账。

2) 折旧分配

计提折旧工作完成后进行折旧分配,形成折旧费用,生成折旧清单。固定资产的使用部门不同,其折旧费用分配的去向也不同。折旧费用与资产使用部门间的对应关系主要是通过部门对应折旧科目来实现的。系统根据折旧清单和部门对应折旧科目生成折旧分配表,而折旧分配表是将累计折旧分配到成本和费用中,以及编制转账凭证将折旧数据传递到总账管理子系统的重要依据。

3) 进行折旧处理需要注意的问题

在固定资产管理子系统中进行折旧处理时一般应注意以下几点:

(1) 如果在一个期间内多次计提折旧,则每次计提折旧后,只是将计提的折旧累加到月初的累计折旧上,不会重复累计;在计提折旧后又对账套进行了影响折旧计算或分配的操作时,必须重新计提折旧,以保证折旧计算的正确性。

(2) 如果上一次计提的折旧已经制单但尚未记账,必须删除该凭证;如果已经记账,必须冲销该凭证,重新计提折旧;如果自定义的折旧方法月折旧率或月折旧额出现负数,则系统会自动中止计提。

(3) 折旧分配表包括部门折旧分配表和类别折旧分配表两种类型:部门折旧分配表中的部门可以不等同于使用部门,使用部门必须是明细部门;部门折旧分配表中的部门是指汇总时使用的部门,因此要在计提折旧后分配折旧费用时做出选择。

(4) 当企业中有固定资产按工作量法计提折旧时,在计提折旧之前必须输入该固定资产当期的工作量,为系统提供计算累计折旧所需要的信息。

4. 制单处理

固定资产管理子系统的制单处理功能主要是根据固定资产各项业务数据自动生成转账

凭证,传递到总账管理子系统进行后续处理。一般来说,当固定资产发生资产增加、资产减少、原值变动、累计折旧调整、资产评估(涉及原值和累计折旧时)、计提折旧等涉及价值变动的业务时,就要编制记账凭证。

编制凭证可以采用立即制单和批量制单两种方法。如果选中了"业务发生后立即制单"复选框,则业务发生时系统就会根据固定资产和累计折旧入账科目设置、增减方式设置、部门对应折旧科目设置和业务数据来自动生成记账凭证;如果没有选中该复选框,则采用批量制单方式集中处理,凭证中不完整的部分可由用户进行补充。

5. 对账

对账是将固定资产管理子系统中记录的固定资产和累计折旧数额与总账管理子系统中的固定资产和累计折旧科目的数值核对,验证是否一致,寻找可能产生差异的原因。对账在任何时候都可以进行,而系统在执行月末结账时会自动进行对账,自动给出对账结果,并可根据初始化中的"在对账不平情况下允许固定资产月末结账"复选框设置判断是否允许结账。

需要注意的是,在对账之前,需要在总账管理子系统中对固定资产管理子系统生成的凭证进行审核、记账。

6. 月末结账

固定资产管理子系统完成当月全部业务后,便可以进行月末结账,以便将当月数据结转至下月。月末结账后,当月数据不允许再进行改动。月末结账后如果发现有本月未处理的业务需要修改时,可以通过系统提供的可以恢复月末结账功能进行反结账。

跟我练

(1) 固定资产增加。

1月12日,生产车间购买格力空调一台,取得增值税专用发票。无税金额为6 000元,税率为13%,净残值率为4%,预计使用年限5年。工行电汇支付。

(2) 计提折旧。

1月31日,计提本月折旧。

(3) 固定资产减少。

1月31日,财务部的HP打印机损毁。

(4) 制单处理。

对以上固定资产增减业务进行批量制单。

(5) 对账。

(6) 1月份月末结账。

1. 固定资产增加

(1) 在固定资产子系统中,选择"卡片"|"资产增加"命令,打开"资产类别参照"对话框。

(2) 选择资产类别为"062 办公设备",然后单击"确认"按钮,进入"固定资产卡片"窗口。

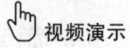

视频演示

（3）输入固定资产名称为"格力空调"；双击"部门名称"，选择"生产部"；双击"增加方式"，选择"直接购入"；双击"使用状况"，选择"在用"；输入开始使用日期为"2021-01-12"、使用年限为"5年"、原值为6 000、可抵扣税额为780。完成后如图7.11所示。

（4）单击"保存"按钮，系统弹出提示"数据成功保存！"。单击"确定"按钮返回。

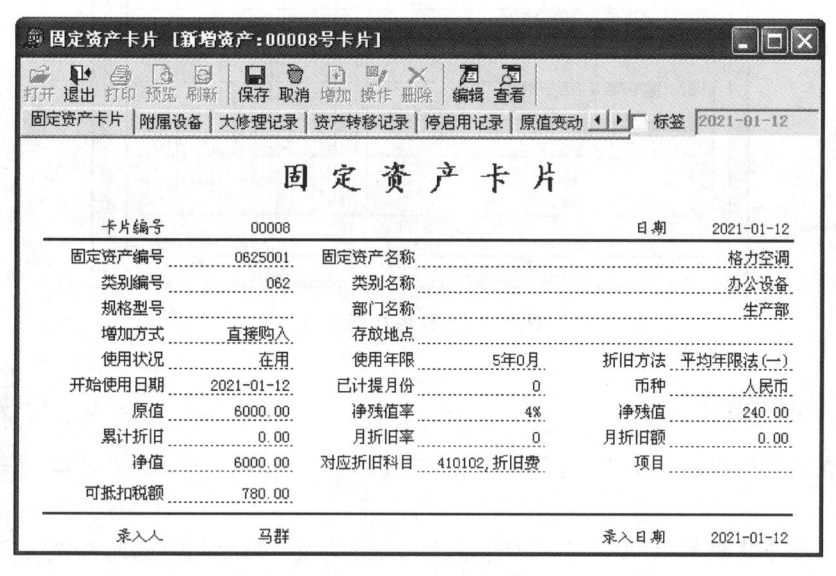

图7.11 新增资产

提示

（1）固定资产原值一定要输入，否则会出现计算错误。

（2）新卡片第1个月不提折旧，累计折旧为空或0。

（3）如果在"选项"对话框中选中了"业务发生后立即制单"复选框，则卡片输入完后系统会自动生成业务凭证。

2. 计提折旧

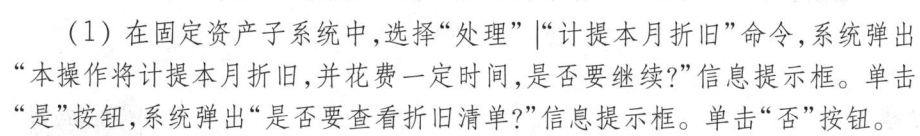

（1）在固定资产子系统中，选择"处理"|"计提本月折旧"命令，系统弹出"本操作将计提本月折旧，并花费一定时间，是否要继续？"信息提示框。单击"是"按钮，系统弹出"是否要查看折旧清单？"信息提示框。单击"否"按钮。

（2）系统计提折旧完成后打开"折旧分配表"对话框。单击"凭证"按钮，进入"填制凭证"窗口，单击"保存"按钮，如图7.12所示。单击"退出"按钮。

（3）单击"退出"按钮，返回"折旧分配表"对话框。

（4）单击"退出"按钮，系统弹出"计提折旧完成"信息提示框。单击"确定"按钮返回。

工作项目 7　固定资产管理

图 7.12　计提折旧凭证

3. 固定资产减少

（1）在固定资产子系统中，选择"卡片"|"资产减少"命令，进入"资产减少"窗口。

（2）选择卡片编号为 00007(HP 打印机)，然后单击"增加"按钮，选择减少方式为"毁损"，如图 7.13 所示。

（3）单击"确定"按钮，系统弹出"所选卡片已经减少成功！"信息提示框。单击"确定"按钮返回。

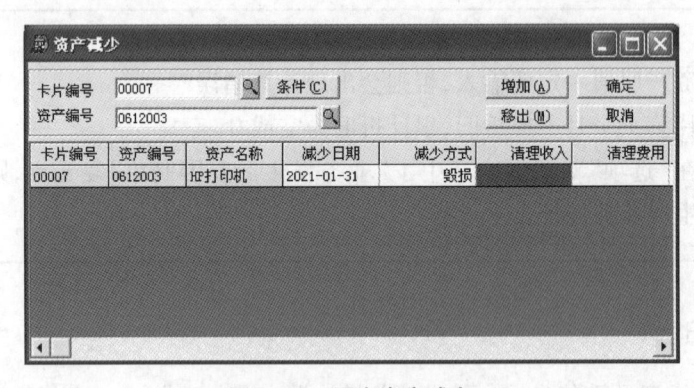

图 7.13　固定资产减少

4. 制单处理

（1）在固定资产子系统中，选择"处理"|"批量制单"命令，打开"批量制单"对话框。

（2）在"制单选择"选项卡中，选中需要制单的业务，"制单"栏出现选中标记 Y，如图 7.14 所示。

(3) 单击"制单设置"选项卡，单击"制单"按钮，进入"填制凭证"窗口。

(4) 在第1行补充输入摘要"资产增加"，并将该摘要复制到第2行和第3行，单击"保存"按钮，生成凭证如图7.15所示。

(5) 单击"下张"按钮，补充输入摘要"资产减少"。单击"保存"按钮，生成凭证如图7.16所示。

(6) 单击"退出"按钮。

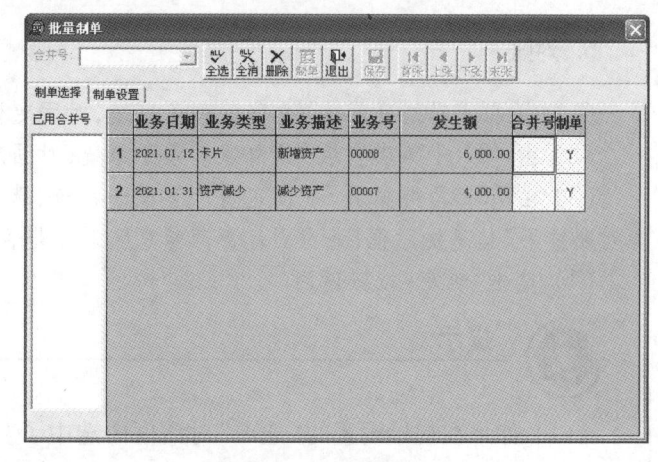

图 7.14 批量制单

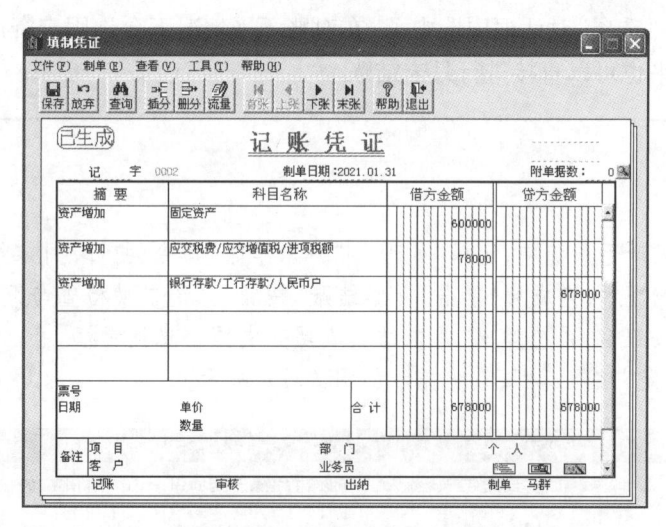

图 7.15 新增资产生成凭证

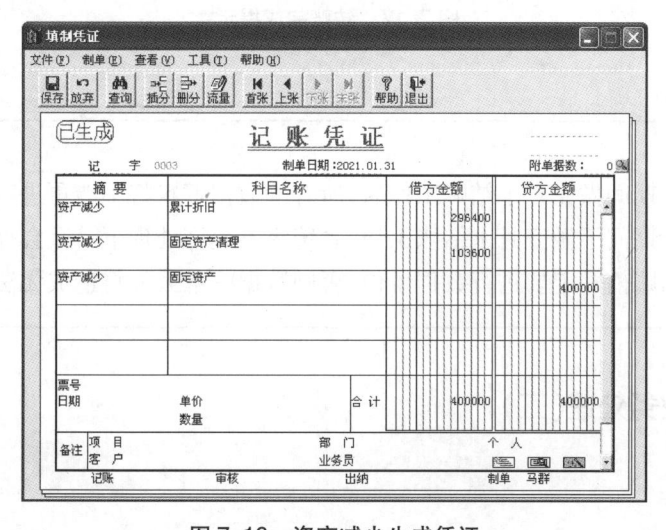

图 7.16 资产减少生成凭证

5. 对账

（1）由703冯洁登录T3总账管理子系统，对固定资产生成的凭证进行出纳签字。

（2）由701于美琪登录T3总账管理子系统，对固定资产生成的凭证进行审核、记账。

（3）由702马群登录T3固定资产管理子系统，选择"处理"|"对账"命令，弹出"与账务对账结果"信息提示框，查看固定资产与总账对账是否平衡。

（4）单击"确定"按钮返回。

> **提示**
>
> （1）如果在初始设置的"选项"对话框中选中了"与账务系统进行对账"复选框，则对账的操作不限制执行时间，任何时候都可以进行对账。
>
> （2）如果在"选项"对话框中选中了"在对账不平情况下允许固定资产月末结账"复选框，则对账不平也可以直接进行月末结账。

6. 月末结账

（1）在固定资产子系统中，选择"处理"|"月末结账"命令，打开"月末结账"对话框。

（2）查看系统提示，完成后，单击"开始结账"按钮，系统自动检查与账务系统的对账结果。单击"确定"按钮后，系统弹出"月末结账成功完成！"信息提示框。

（3）单击"确定"按钮返回，系统提示如图7.17所示。

图7.17 结账完成提示

> **提示**
>
> （1）本会计期间做完月末结账工作后，所有的数据资料将不能再进行修改。
>
> （2）本会计期间不做完月末结账工作，系统将不允许处理下一个会计期间的数据。
>
> （3）月末结账前一定要进行数据备份，否则数据一旦丢失将造成无法挽回的后果。

任务6 日常业务处理（二）

知识点

固定资产日常使用中出现原值变动、部门转移、使用状况变动、使用年限调整、折旧方法调整、净残值(率)调整、工作总量调整、累计折旧调整、资产类别调整等情况时,需要通过变动单进行处理。变动单是指资产在使用过程中由于固定资产卡片上某些项目调整而编制的原始凭证。

1. 原值变动

资产在使用过程中,其原值增减有 5 种情况:根据国家规定对固定资产重新估价;增加、补充设备或改良设备;将固定资产的一部分拆除;根据实际价值调整原来的暂估价值;发现原记录固定资产价值有误的。原值变动包括原值增加和原值减少两部分。

2. 部门转移

资产在使用过程中,因内部调配而发生的部门变动应及时处理,否则将影响部门的折旧计算。

3. 使用状况调整

资产使用状况分为在用、未使用、不需用等。资产在使用过程中,可能会因为某种原因使得资产的使用状况发生变化,这种变化会影响到设备折旧的计算,因此应及时调整。

4. 使用年限调整

资产在使用过程中,资产的使用年限可能会由于资产的重估、大修等原因而调整。进行使用年限调整的资产在调整的当月就按调整后的使用年限计提折旧。

5. 折旧方法调整

一般来说,资产折旧方法在一年之内很少改变,有特殊情况确实需要调整改变的也必须遵循一定的原则。例如,所属类别是"总提折旧"的资产调整后的折旧方法不能是"不提折旧";相应地,所属类别是"不提折旧"的资产折旧方法也不能调整。一般来说,进行折旧方法调整的资产调整的当月就按调整后的折旧方法计提折旧。

跟我练

(1) 固定资产原值增加。

2 月 20 日,企管部为丰田轿车添加配件花费 2 000 元。用工行转账支票支付,票号为 TJ0120。

(2) 固定资产部门转移。

2 月 20 日,因工作需要,将财务部的台式机转移到企管部。

1. 固定资产原值变动

(1) 在固定资产子系统中,选择"卡片"|"变动单"|"原值增加"命令,进入"固定资产变动单"窗口。

(2) 选择卡片编号为 00001、增加金额为 2 000、变动原因为"增加配件",如图 7.18 所示。

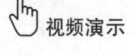

工作项目 7　固定资产管理

图 7.18　原值增加

(3) 单击"保存"按钮，系统弹出"数据保存成功！"信息提示框。单击"确定"按钮返回。
(4) 单击"退出"按钮。

> **提示**
>
> (1) 变动单不能修改，只有当月可删除重做，所以务必仔细检查后再保存。
> (2) 必须保证变动后的净值大于变动后的净残值。
> (3) 固定资产变动单保存后变动内容会回写到固定资产卡片。

2. 固定资产部门转移

(1) 在固定资产子系统中，选择"卡片"|"变动单"|"部门转移"命令，进入"固定资产变动单"窗口。

(2) 选择卡片编号为00006；双击"变动后部门"，选择"企管部"；输入变动原因为"工作需要"。完成后如图7.19所示。

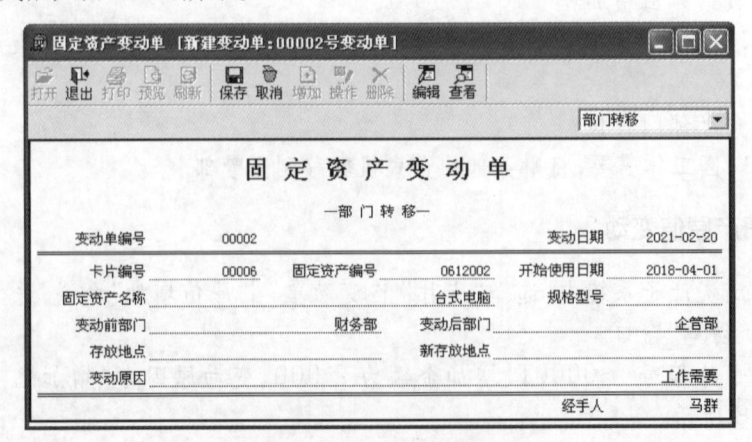

图 7.19　固定资产部门转移

(3) 单击"保存"按钮，系统弹出"数据成功保存！"信息提示框。单击"确定"按钮返回。全部完成后，将账套备份至"固定资产日常业务"文件夹中。

7.3 拓展应用

任务1 固定资产卡片管理

🔊 **知识点**

卡片是记录固定资产相关资料的载体。无论固定资产增加、减少，还是固定资产变动，都要通过固定资产卡片进行管理。卡片管理包括卡片修改、卡片删除、卡片查询和打印等。

✏️ **跟我练**

查看2月份在役资产与已减少资产。

(1) 在固定资产子系统中，选择"卡片"|"卡片管理"命令，打开"卡片管理"对话框。其中显示了目前全部在役资产。

(2) 单击"在役资产"下拉列表框，选择"已减少资产"，显示已减少资产列表，如图7.20所示。

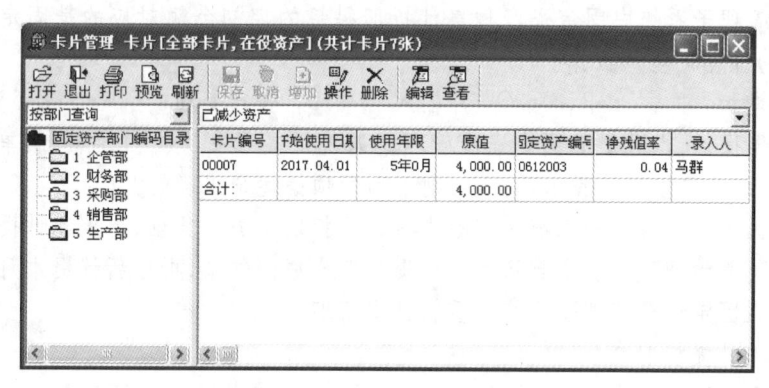

图7.20 查看已减少资产

任务2 固定资产反结账

🔊 **知识点**

结账完成后不允许再处理本月业务，因此如果结账后发现业务处理有误或尚有未处理的业务，就需要进行反结账处理。

✏️ **跟我练**

进行1月份固定资产反结账。

(1) 以2021-01-31登录T3，选择"固定资产"|"处理"|"恢复月末结账前状态"命令，系统弹出反结账提示信息框。

(2) 单击"是"按钮，系统弹出"成功恢复月末结账前状态！"信息提示框。

(3) 单击"确定"按钮。

工作项目 7 固定资产管理

> **提示**
> 在总账管理子系统未进行月末结账前提下才可以使用固定资产系统恢复结账前状态功能。

随堂测

一、判断题
1. 固定资产系统提供整个账套不提折旧的功能。   （   ）
2. 计提折旧每月只能执行一次，否则会重复计提。   （   ）
3. 固定资产月末与总账对账不平不能结账。   （   ）
4. 企业将一项资产由"在用"转为"不需用"时，应修改相应的固定资产卡片。（   ）
5. 本月新增资产不能进行变动处理。   （   ）

二、选择题
1. 固定资产管理子系统对固定资产管理采用严格的序时管理，序时到（   ）。
   A. 日   B. 月   C. 季   D. 年
2. 总账管理子系统中固定资产和累计折旧科目的期初余额对应的是固定资产管理子系统中（   ）操作产生的数据。
   A. 资产增加   B. 原始卡片输入   C. 资产变动   D. 资产评估
3. 由于误操作，本月1日固定资产管理子系统计提了一次折旧，并已制单且传递到了总账管理子系统。要重新计提本月折旧，则下列哪项描述是正确的？（   ）。
   A. 先在固定资产管理子系统中删除本月计提折旧生成的凭证，再重新计提本月折旧
   B. 先在总账管理子系统中删除本月计提折旧生成的凭证，再重新计提本月折旧
   C. 直接在固定资产管理子系统中重新计提折旧
   D. 下月再补提折旧
4. 某项固定资产在使用中，下列项目发生了变动，其中（   ）不需要通过变动单就可以修改。
   A. 原值调整   B. 累计折旧调整
   C. 部门转移   D. 固定资产名称变动
5. 在固定资产卡片输入中，（   ）是自动给出的，不能更改。
   A. 输入人   B. 固定资产名称   C. 存放地点   D. 对应折旧

三、思考题
1. 固定资产子系统的主要功能包括哪些？
2. 固定资产子系统增减业务生成凭证所使用的科目是在何处设置进去的？
3. 固定资产日常业务处理主要包括哪些内容？
4. 资产变动有哪些情况？
5. 计提折旧的基本原则是什么？

工作项目 8 购销存初始化

知识目标
- 了解购销存管理的构成及各子系统的基本功能。
- 了解购销存管理子系统的数据关联。
- 理解企业购销存期初数据与财务期初数据的关联关系。
- 理解存货属性的基本含义。
- 理解设置购销存管理凭证科目的意义。

技能目标
- 学会设置购销存管理子系统的基本科目。
- 掌握输入购销存管理子系统期初数据的方法。

思政育人

像周总理那样
注重细节

8.1 购销存管理认知

8.1.1 购销存管理的构成

T3中的购销存管理以企业购销存业务环节中的各项活动为对象,记录各项业务的发生,有效跟踪其发展过程,为财务核算、业务分析、管理决策提供依据。

T3购销存管理子系统主要包括采购管理、销售管理和库存管理。因为购销存业务处理最终生成财务核算结果,而财务核算功能需要在核算管理子系统中执行,所以我们把核算管理也归并到购销存业务管理中。各模块的主要功能简述如下。

1. 采购管理

采购是企业物资供应部门按已确定的物资供应计划,通过市场采购、加工定制等各种渠道,取得企业生产经营活动所需要的各种物资的经济活动。采购管理追求的目标是:保持与供应商关系,保障供给,降低采购成本。

采购管理子系统管理采购订单、采购入库单、采购发票、采购结算和向供应商付款。与库存管理子系统联合使用可以追踪存货的出库信息,掌握存货的畅滞情况,从而减少盲目采购,避免库存积压;通过采购结算核算入库成本,便于财务部门及时掌握存货成本变动情况。

2. 销售管理

销售是企业生产经营成果的实现过程,是企业经营活动的中心。通过各种营销方式实现销售,使生产经营中的耗费及时得到补偿,企业才能实现良性运转。

销售管理子系统帮助企业对销售业务的全部流程进行管理,通过销售订货、发货、开票、处理销售发货和销售退货业务,在发货处理时可对销售价格、信用、库存现存量、最低售价等进行实时监控。

3. 库存管理

库存是指企业在生产经营过程中为销售或耗用而储备的各种资产,包括商品、产成品、半成品、在产品及各种材料、燃料、包装物、低值易耗品等。

库存管理子系统主要是从数量的角度管理出入库业务,以满足采购入库、销售出库、产成品入库、材料出库、其他出入库、盘点管理等业务的需要。它提供多计量单位使用、批次管理、保质期管理、可用量管理等全面的业务应用。通过对库存的收、发、存业务处理,可以及时动态地掌握各种库存存货信息,对库存安全性进行控制,提供各种储备分析,避免库存积压占用资金,或者材料短缺影响生产。

4. 核算管理

核算管理是从资金的角度管理出入库业务,掌握存货耗用情况,及时准确地把各类存货成本归集到各成本项目和成本对象上。核算管理子系统主要用于核算企业的入库成本、出库成本、结余成本,反映和监督存货的收发、领退和保管情况,反映和监督存货资金的占用情况,动态反映存货资金的增减变动。

8.1.2 购销存管理子系统间的数据关联

在企业的日常工作中,采购供应部门、仓库、销售部门、财务部门等都涉及购销存业务及其核算的处理。各个部门的管理内容是不同的,计算机环境下的业务处理流程与手工环境下的业务处理流程肯定存在差异,如果缺乏对购销存管理子系统业务流程的了解,就无法实现部门间的协调配合,就会影响系统的效率。

购销存管理子系统模块间的数据关系如图 8.1 所示。

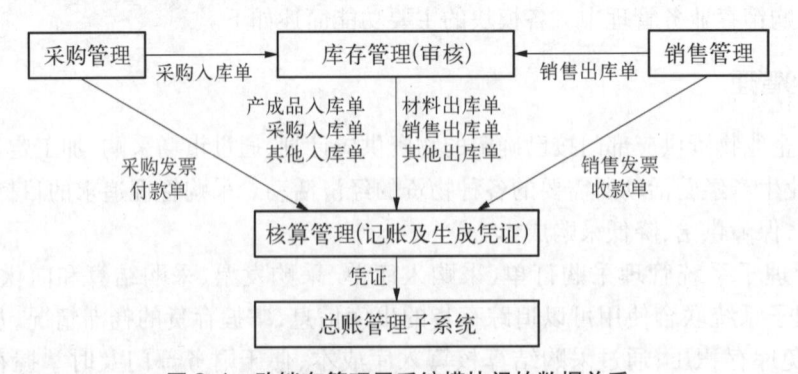

图 8.1 购销存管理子系统模块间的数据关系

8.1.3 购销存初始化的工作内容

购销存管理初始化的工作内容主要包括以下四项。

1. 系统选项设置

一般来说,为了满足不同行业企业的应用,通用软件中会预置大量选项供企业选择,企业应该经过充分的调研,对本行业本企业的生产经营特点进行具体深入的分析,然后在 T3 系统中正确设定系统选项,从而确定企业个性化应用方案。

2. 业务相关基础档案设置

项目 3 中已经介绍了与财务核算相关的基础档案。除此以外,进行购销存管理还需要增设企业购销存业务处理需要使用的基础档案,如存货、仓库、收发类别等。

3. 自动科目设置

企业购销存业务涉及价值变动的业务最终会在存货核算系统中生成财务核算凭证传递到总账管理子系统。T3 系统能自动生成上述凭证的前提条件是事先按照业务类型在核算系统中设置好对应的财务入账科目。

4. 业务期初数据录入

目前企业各业务部门都存在手工已经办理完成的业务,还有一些正在办理过程中的业务,T3 需要哪些数据作为系统初始数据呢?为了保持业务的连续性和完整性,以启用日期 2021-01-01 为界,截止到该日期已经全部办理完成的业务无须再录入 T3 系统,正在办理过程中未完成的业务如已经给客户发货但未收款的业务、已经办理采购入库但未收到发票因而未付款的业务等需要按照业务单据逐笔录入到 T3 系统以便后续处理。该日期之后发生的新业务全部在 T3 中处理。

8.2 实战演练

任务1 启用购销存管理相关系统

知识点

购销存管理在 T3 中体现为两个部分:核算子系统和购销存管理子系统。购销存管理子系统中包含了采购、销售和库存。

跟我练

以系统管理员的身份进入系统管理,恢复"总账初始化"账套,再以账套主管的身份进入系统管理,启用购销存管理子系统和核算子系统。

(1) 以系统管理员的身份进入系统管理,恢复"总账初始化"账套。

(2) 以账套主管的身份进入系统管理,选择"账套"|"启用"命令,打开"系统启用"对话框。

(3) 单击"IA 核算"复选框,选择启用日期为"2021-01-01"。然后单击"确定"按钮,默认系统提示。再单击"GX 购销存管理"复选框,选择启用日期为"2021-01-01"。

(4) 单击"确定"按钮,返回系统管理。

任务 2 设置购销存相关基础档案

知识点

使用购销存管理子系统处理业务之前,应做好手工基础数据的准备工作,如对库存合理分类、准备存货的详细档案、进行库存数据的整理和与账面数据的核对等。购销存管理子系统需要增设的基础档案信息包括存货分类和存货档案等。

1. 存货分类

如果企业存货较多,就需要按照一定的方式进行分类管理。存货分类是指按照存货固有的特征或属性将存货划分为不同的类别,以便分类核算和统计。例如,工业企业可以将存货划分为原材料、产成品、应税劳务,商业企业可以将存货分为商品、应税劳务等。

在企业日常购销业务中,经常会发生一些劳务费用,如运输费、装卸费等。这些费用也是构成企业存货成本的一个组成部分,并且它们可以拥有不同于一般存货的税率。为了能够正确反映和核算这些劳务费用,一般在存货分类中单独设置一类,如"应税劳务"或"劳务费用"。

2. 存货档案

在"存货档案卡片"对话框中包括 4 个选项卡:基本、成本、控制和其他。

在"基本"选项卡中,有 6 个复选框,用于设置存货属性。设置存货属性的目的是在填制单据参照存货时缩小参照范围。

(1) 销售。"销售"复选框用于发货单、销售发票、销售出库单等与销售有关的单据参照使用,表示该存货可用于销售。

(2) 外购。"外购"复选框用于购货时所填制的采购入库单、采购发票等与采购有关的单据可以参照。在采购发票、运费发票上一起开具的采购费用,也应设置为外购属性。

(3) 生产耗用。"生产耗用"复选框使存货可在生产过程被领用、消耗。生产产品耗用的原材料、辅助材料等在开具材料领料单时参照。

(4) 自制。"自制"复选框用于由企业生产自制的存货,如产成品、半成品等,在开具产成品入库单时参照。

(5) 在制。"在制"复选框用于尚在制造加工中的存货。

(6) 劳务费用。"劳务费用"复选框用于在采购发票上开具的运输费、包装费等采购费用及开具在销售发票或发货单上的应税劳务、非应税劳务等。

在"成本"选项卡中,可以设置计划价/售价、参考成本、参考售价、最新成本、最低售价、最低批发价、最高进价、主要供货单位等参数。

在"控制"选项卡中,有两个复选框:

(1) 是否批次管理。"是否批次管理"复选框用于对存货是否按批次进行出入库管理。该复选框必须在库存管理子系统账套参数设置中选中"有批次管理"复选框后方可操作。

(2) 是否保质期管理。有保质期管理的存货必须选中此复选框。该复选框也必须在库存管理子系统账套参数设置中选中"有批次管理"复选框后方可操作。

在"其他"选项卡中,可以设定单位、重量、体积、启用日期、停用日期和质量要求。

3. 仓库档案

存货一般是存放在仓库保管的。对存货进行核算管理,就必须建立仓库档案。

4. 收发类别

收发类别用来表示存货的出入库类型,以便于对存货的出入库情况进行分类汇总统计。

5. 采购类型、销售类型

定义采购类型和销售类型,以便能够按采购、销售类型对采购、销售业务数据进行统计和分析。采购类型和销售类型均不分级次,根据实际需要设立。

跟我练

以账套主管701于美琪身份完成购销存初始化设置。

(1) 设置存货分类。

菲尼电器存货分类如表8.1所示。

表8.1 存货类别

存货类别编码	存货类别名称
1	原材料
101	不锈钢板材
102	温控器
103	底座
104	壶体
2	产成品
3	应税劳务

(2) 设置存货档案。

菲尼电器存货档案如表8.2所示。

表8.2 存货档案

存货编码	存货名称	计量单位	所属分类	税率	存货属性	参考成本	参考售价
1001	304不锈钢板材	张	101	13	外购、生产耗用	180.00	
1002	进口温控器	个	102	13	外购、生产耗用	15.00	
1003	电水壶底座	个	103	13	外购、生产耗用	25.00	
1004	不锈钢壶体	个	104	13	自制、生产耗用	40.00	
2001	全钢热水壶	把	2	13	销售、自制	90.00	120.00
2002	养生煮茶壶	把	2	13	销售、自制	150.00	200.00
3001	运输费	千米	3	9	销售、外购、应税劳务		

工作项目 8 购销存初始化

(3) 设置仓库档案。

菲尼电器仓库档案如表 8.3 所示。

表 8.3 仓库档案

仓库编码	仓库名称	所属部门	负责人	计价方式
1	原料库	采购部	王曼	先进先出法
2	成品库	生产部	陈小春	先进先出法

(4) 设置收发类别。

菲尼电器收发类别采用 T3 系统默认。

1. 设置存货分类

(1) 在 T3 系统基础设置中,选择"存货"|"存货分类"命令,打开"存货分类"对话框。

(2) 按表 8.1 所示输入存货分类信息,然后单击"保存"按钮。完成后如图 8.2 所示。

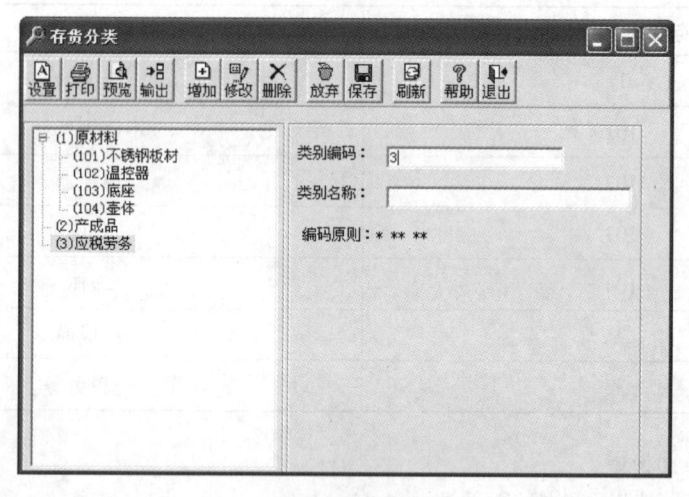

图 8.2 设置存货分类

2. 设置存货档案

(1) 在 T3 系统基础设置中,选择"存货"|"存货档案"命令,打开"存货档案"对话框。

(2) 选择存货分类为"不锈钢板材",单击"增加"按钮,打开"存货档案卡片"对话框。在"基本"选项卡中输入存货编码、存货名称、计量单位、所属分类码、税率等信息,并选中"外购"和"生产耗用"复选框,如图 8.3 所示。

(3) 打开"成本"选项卡,输入参考成本为 180。单击"保存"按钮,继续输入其他档案。全部输入完成后如图 8.4 所示。然后单击"退出"按钮。

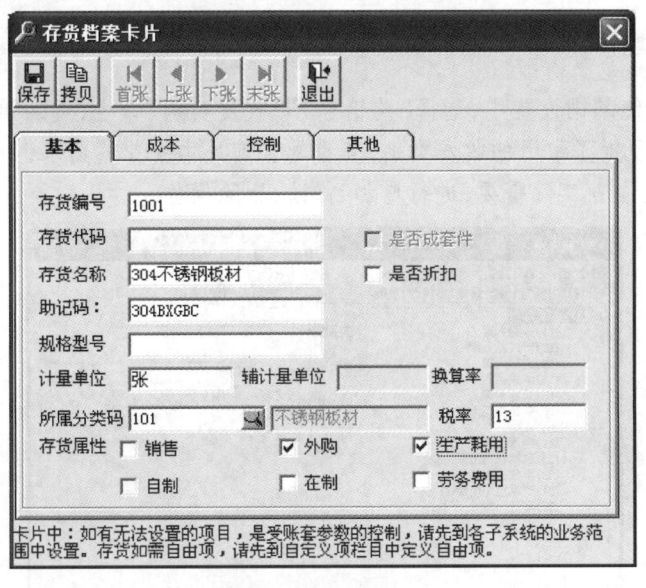

图 8.3　存货档案卡片

图 8.4　存货档案列表

3. 设置仓库档案

（1）在 T3 系统基础设置中，选择"购销存"|"仓库档案"命令，打开"仓库档案"对话框。

（2）单击"增加"按钮，打开"仓库档案卡片"对话框。输入仓库编码、仓库名称、所属部门、负责人等信息，并选择计价方式，如图 8.5 所示。然后单击"保存"按钮。

（3）按表 8.3 所示输入其他仓库信息，保存，退出。

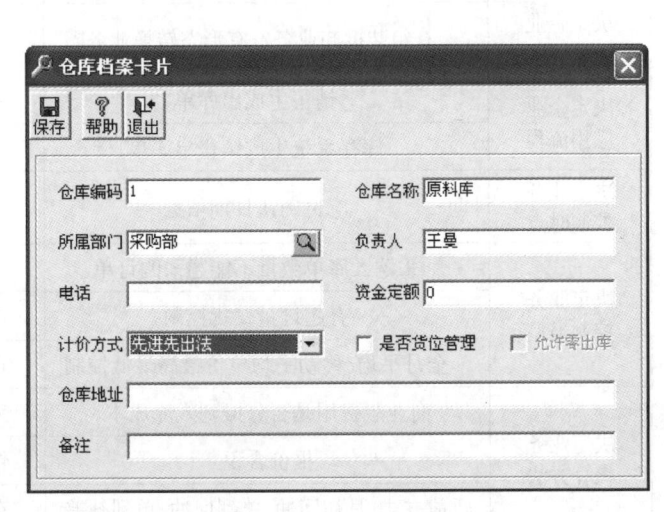

图 8.5　仓库档案卡片

4. 设置收发类别

（1）在 T3 系统基础设置中，选择"购销存"|"收发类别"命令，进入"收发类别"窗口。

（2）T3 中已预置了常用的收发类别，查看是否满足本企业的需求，如图 8.6 所示。

（3）可以根据企业实际需要，进行增加、修改、删除操作。

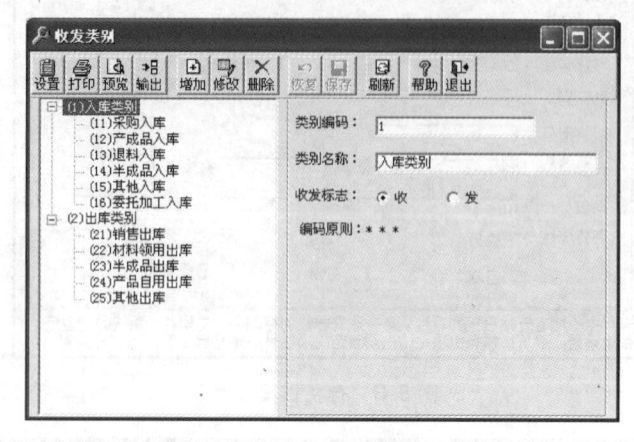

图 8.6　收发类别

任务 3　设置购销存业务范围

知识点

购销存业务范围设置主要是对企业购销存业务范围、核算方法、应用流程及控制力度进行设置。

为了帮助大家理解系统选项的重要性，在表 8.4 中对选项分类举例说明。

表 8.4　业务范围设置的类型及作用举例

选项类型	选项举例	所属子系统	说　明
决定企业业务范围	有组装拆卸业务？有形态转换业务？	库存管理	企业有相应业务则选中选项，没有则不选
决定企业应用流程	销售生成出库单	销售管理	销售出库单在销售系统生成还是在库存系统生成
	库存系统生成销售出库单	库存管理	
决定业务控制时点	应付确认日期依据	采购管理	
决定业务控制类型	采购入库单数量不能超采购订单	采购管理	是否允许超订单入库
	有超订量发货控制	销售管理	是否允许超订量发货
	全月平均/移动平均单价最高最低控制	存货核算	
决定业务核算方法	商业版费用是否分摊到入库成本	采购管理	入库成本核算
	报价含税	销售管理	报价是无税价还是含税价
	暂估方式：月初回冲、单到回冲、单到补差	存货核算	暂估入库处理方法选择

跟我练

（1）采购业务范围设置。

业务控制：专用发票默认税率：13%；选中"采购订单、采购入库单默认税率"。

应付参数：显示现金折扣。

其他采取系统默认。

（2）销售业务范围设置。

业务范围：选中"销售生成出库单"。

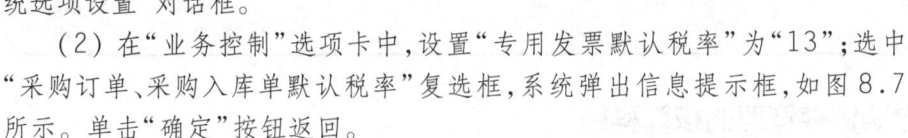

1. 采购业务范围设置

（1）在采购管理子系统中，选择"采购业务范围设置"命令，打开"采购系统选项设置"对话框。

（2）在"业务控制"选项卡中，设置"专用发票默认税率"为"13"；选中"采购订单、采购入库单默认税率"复选框，系统弹出信息提示框，如图8.7所示。单击"确定"按钮返回。

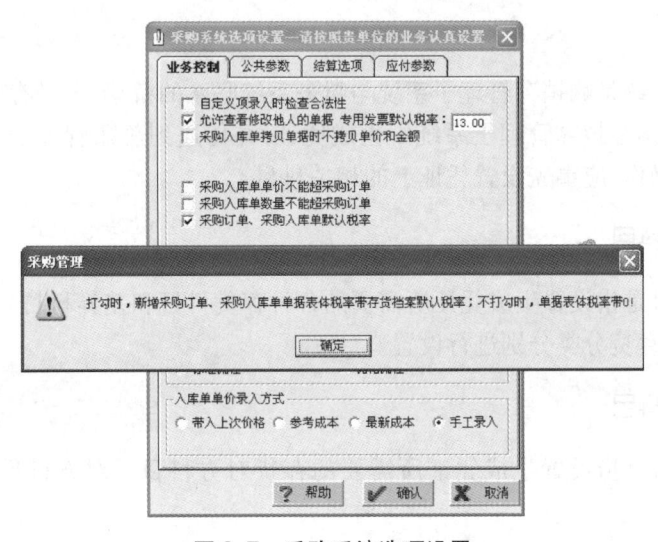

图 8.7 采购系统选项设置

（3）在"应付参数"选项卡中，选中"显示现金折扣"复选框，系统弹出信息提示如图8.8所示。单击"确定"按钮返回。

（4）单击"确认"按钮完成采购选项设置。

图 8.8 显示现金折扣

2. 销售业务范围设置

（1）在销售管理子系统中，选择"销售业务范围设置"命令，打开"选项"对话框。

（2）在"业务范围"选项卡中，选中"销售生成出库单"复选框，单击"确认"按钮返回。

> **提示**
>
> （1）设置业务范围属于独占型任务，必须在退出其他系统后才能执行。例如，采购业务范围设置完成后，需要在"采购"菜单处单击右键，选择"注销"，退出采购系统登录，才能进行销售业务范围设置。否则，选择"销售业务范围设置"时，系统会提示"互斥站点的[采购管理]系统正在执行[系统注册]操作，请稍候再试。"
>
> （2）如果选中了"销售生成出库单"选项，那么销售发货单审核后销售出库单自动生成，只需审核即可。设置了"销售生成出库单"，在库存管理子系统中不能修改销售出库单的数量，因此只能一次发货全部出库。如果企业有一次发货分批出库的业务，不要选择该选项。

任务4 设置购销存管理的核算科目

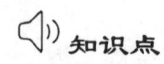

知识点

核算管理子系统是购销存管理子系统与财务系统联系的桥梁，各种存货的购进、销售及其他出入库业务，均在核算管理子系统中生成凭证，并传递到总账管理子系统。为了快速、准确地完成制单操作，应事先设置凭证上的相关科目。

1. 设置存货科目

设置存货科目是指设置生成凭证所需要的各种存货科目和差异科目。存货科目既可以按仓库，也可以按存货分类分别进行设置。

2. 设置对方科目

设置对方科目是指设置生成凭证所需要的存货对方科目。对方科目可以按收发类别设置。

3. 设置客户往来科目

设置客户往来科目是指设置与客户往来相关的应收及收款相关科目。

4. 设置供应商往来科目

设置供应商往来科目是指设置与供应商往来相关的应付及付款相关科目。

跟我练

（1）设置存货科目。

菲尼电器的存货科目如表8.5所示。

表 8.5　存货科目

仓库编码	仓库名称	存货分类编码及名称	存货科目编码及名称
1	原料库	101 不锈钢板材	140301 不锈钢板材
1	原料库	102 温控器	140302 温控器
1	原料库	103 底座	140303 底座
1	原料库	104 壶体	140304 壶体
2	成品库		1405 库存商品

（2）设置存货对方科目。

菲尼电器的存货对方科目如表 8.6 所示。

表 8.6　存货对方科目

收发类别编码及名称	对方科目编码及名称	暂估科目编码及名称
11 采购入库	1402 在途物资	220202 暂估应付款
12 产成品入库	400101 生产成本——直接材料	
21 销售出库	5401 主营业务成本	
22 材料领用出库	400101 生产成本——直接材料	

（3）设置客户往来科目。

① 基本科目设置。设置应收科目为 1122、预收科目为 2203、销售收入和销售退回科目为 5001、应交增值税科目为 22210106、现金折扣科目为 560303。

② 结算方式科目设置。设置现金结算对应科目为 1001、转账支票对应科目为 10020101、现金支票对应科目为 10020101。

（4）设置供应商往来科目。

① 基本科目设置。设置应付科目为 220201、预付科目为 1123、采购科目为 1402、采购税金科目为 22210101。

② 结算方式科目设置。设置现金结算对应科目为 1001、转账支票对应科目为 10020101、现金支票对应科目为 10020101。

1. 设置存货科目

（1）在核算管理子系统中，选择"科目设置"|"存货科目"命令，打开"存货科目"对话框。

（2）按表 8.5 所示输入存货科目，如图 8.9 所示。然后单击"保存"按钮。

图 8.9 设置存货科目

2. 设置存货对方科目

（1）在核算管理子系统中，选择"科目设置"|"存货对方科目"命令，打开"对方科目设置"对话框。

（2）单击"增加"按钮，按表 8.10 所示输入存货对方科目，如图 8.10 所示。然后按回车键保存。

图 8.10 设置存货对方科目

3. 设置客户往来科目

（1）在核算管理子系统中，选择"科目设置"|"客户往来科目"命令，打开"客户往来科目设置"对话框。

（2）单击"基本科目设置"输入对应科目：应收科目本币为 1122、预收科目本币为 2203、销售收入科目为 5001、应交增值税科目为 22210106、销售退回科目为 5001、现金折扣科目为 560303，如图 8.11 所示。

（3）单击"结算方式科目设置"，输入对应科目：现金结算对应科目为 1001、现金支票、转账支票、电汇结算对应科目均为 10020101，如图 8.12 所示。

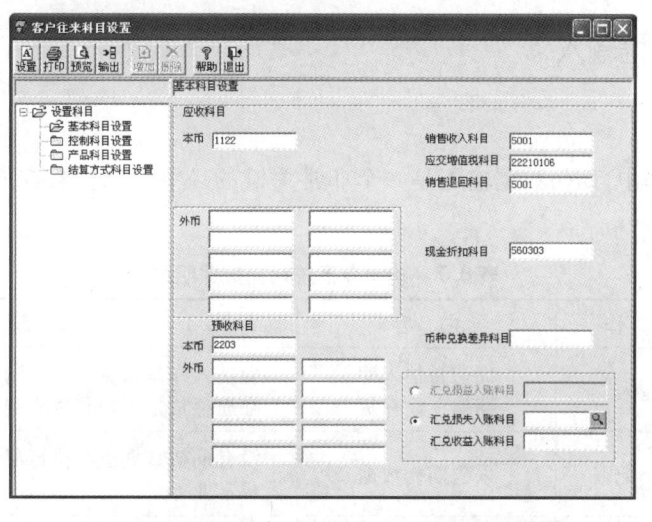

图 8.11 设置客户往来科目——基本科目设置

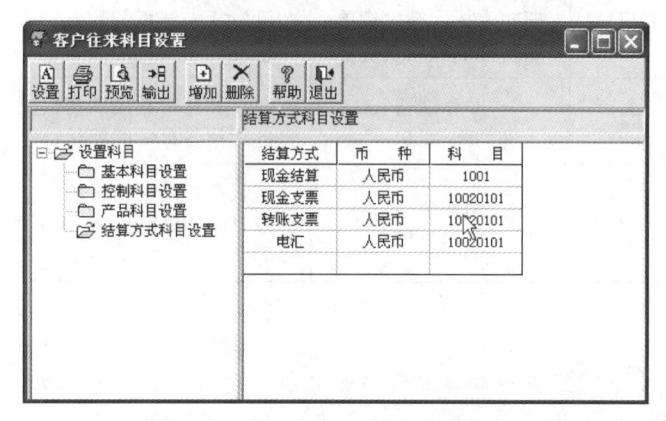

图 8.12 设置客户往来科目——结算方式科目设置

4. 设置供应商往来科目

（1）在核算管理子系统中，选择"科目设置"|"供应商往来科目"命令，打开"供应商往来科目设置"对话框。

（2）单击"基本科目设置"，输入对应科目：应付科目本币为220201、采购科目为1402、采购税金科目为22210101、预付科目本币为1123、现金折扣科目560303，如图 8.13 所示。

（3）单击"结算方式科目设置"，按所给资料输入对应科目。

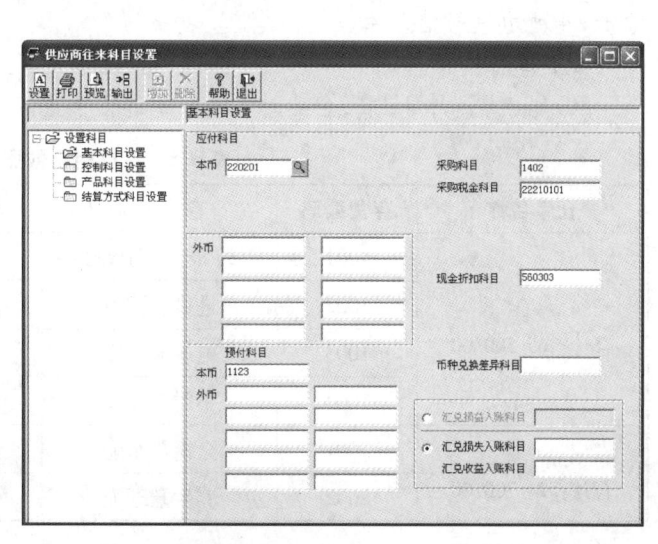

图 8.13 设置供应商往来科目——基本科目设置

任务5 期初数据输入

🔊 **知识点**

在购销存管理中,期初数据输入是一个非常关键的环节。期初数据的输入内容和顺序如表8.7所示。

表8.7 购销存系统期初数据明细

系统名称	操作	内容	说明
采购管理	输入	期初暂估入库 期初在途存货	暂估入库是指货到票未到 在途存货是指票到货未到
	期初记账	采购期初数据	没有期初数据也要执行期初记账,否则不能开始日常业务
销售管理	输入并审核	期初发货单 期初委托代销发货单 期初分期收款发货单	已发货、出库,但未开票 已发货未结算的数量 已发货未结算的数量
库存	输入审核	库存期初 货位期初	库存和存货共用期初数据 各货位各存货的期初结存
存货	输入记账	期初余额 期初差异	末级存货的期初余额 按计划价/售价核算出库成本的存货期初差异

✏️ **跟我练**

菲尼电器购销存管理子系统和核算管理子系统相关期初数据整理如下。

(1) 采购期初。

2020年12月25日,向供应商鸿飞采购的1 500个电水壶底座到货,未收到发票,以单价24元办理暂估入库。

(2) 库存期初。

2020年12月31日,企业对各个仓库进行了盘点,结果如表8.8所示。

表8.8 库存期初数据

仓库名称	存货编码	存货名称	数量	单价	金额
原料库 合计:269 500.00	1001	304不锈钢板材	300	180.00	54 000.00
	1002	进口温控器	2 000	15.00	30 000.00
	1003	电水壶底座	3 500	25.00	87 500.00
	1004	不锈钢壶体	2 450	40.00	98 000.00
成品库 合计:524 700.00	2001	全钢热水壶	4 650	90.00	418 500.00
	2002	养生煮茶壶	708	150.00	106 200.00

(3) 供应商往来期初。

2020年10月25日,收到向天翼购买的304不锈钢板材200张。无税单价为180元,税率为13%。收到专用发票一张,发票号为1225。货款未付。

(4) 客户往来期初。

2020年10月20日,向客户唯品开具销售专用发票一张,票号2021,载明养生煮茶壶1 000把,无税单价200元,适用税率13%,货款未收。

2020年11月28日,向客户鲁阳开具销售专用发票一张,票号2128,载明全钢热水壶800把,无税单价120元,适用税率13%,货款未收。

1. 录入采购期初

(1) 在采购管理系统中,选择"采购入库单"命令,进入"采购入库单"窗口。

(2) 单击"增加"按钮,输入入库日期为"2020-12-25",选择仓库为"原料库"、供货单位为"鸿飞"、部门为"采购部"、入库类别为"采购入库"、采购类型为"普通采购"。

(3) 选择存货编码为1003,输入数量为1500、单价为24,单击"保存"按钮,如图8.14所示。然后单击"退出"按钮。

图8.14 输入期初采购入库单

(4) 选择"期初记账"命令,打开"期初记账"信息提示框,单击"记账"按钮,系统提示"期初记账完毕"。

(5) 单击"确定"按钮返回。

> **提示**
>
> （1）采购管理子系统如果不执行期初记账,就无法开始日常业务处理,因此即使没有期初数据,也要执行期初记账。
>
> （2）采购管理子系统如果不执行期初记账,库存管理子系统和核算管理子系统就不能记账。
>
> （3）采购管理子系统如果要取消期初记账,应选择"采购"|"期初记账"命令,在打开的"期初记账"对话框中单击其中的"取消记账"按钮。

2. 输入库存期初数据

（1）在核算管理子系统中,选择"期初数据"|"期初余额"命令,进入"期初余额"窗口。

（2）选择仓库"原料库",单击"增加"按钮,输入存货编码为1001,并按表8.8所示输入各项期初数据,如图8.15所示。

（3）单击"保存"按钮,系统弹出"保存成功!"信息提示框,单击"确定"按钮返回。

（4）输入所有仓库存货后,单击"记账"按钮,系统对所有仓库进行记账,完成后提示"期初记账成功!"信息提示框,单击"确定"按钮返回。

（5）在库存管理子系统中,选择"期初数据"|"库存期初"命令,打开"期初余额"窗口,查看已自动获得的期初数据,如图8.16所示。

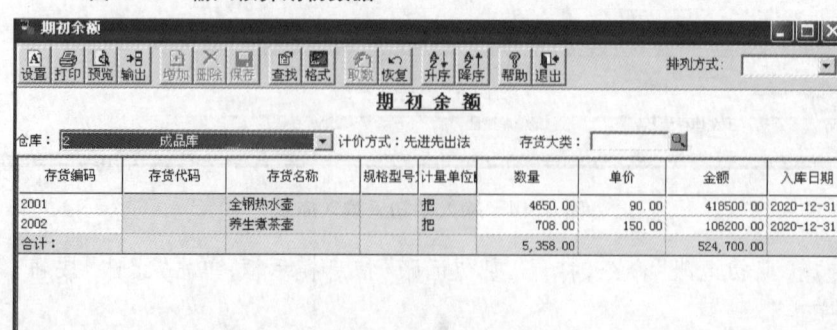

图8.15 输入核算期初数据

图8.16 查看库存期初数据

> **提示**
>
> 各个仓库存货的期初余额既可以在库存管理子系统中输入,也可以在核算管理子系统中输入。只要在其中一个子系统输入,另一子系统中就可自动获得期初库存数据。本例选择在核算管理子系统中输入。

3. 输入供应商往来期初数据

(1) 在采购管理子系统中,选择"供应商往来"|"供应商往来期初"命令,打开"期初余额——查询"对话框。单击"确认"按钮,进入"期初余额明细表"窗口。

(2) 单击"增加"按钮,打开"单据类别"对话框。选择单据类型为"专用发票",单击"确认"按钮,进入"采购专用发票"窗口。

(3) 输入开票日期为"2020-10-25"、发票号为1225,选择客户名称为"天翼"、部门名称为"采购部"、科目编号为220201,输入存货编码"1001"、数量200,单价系统自动给出,可以修改。单击"保存"按钮,如图8.17所示。

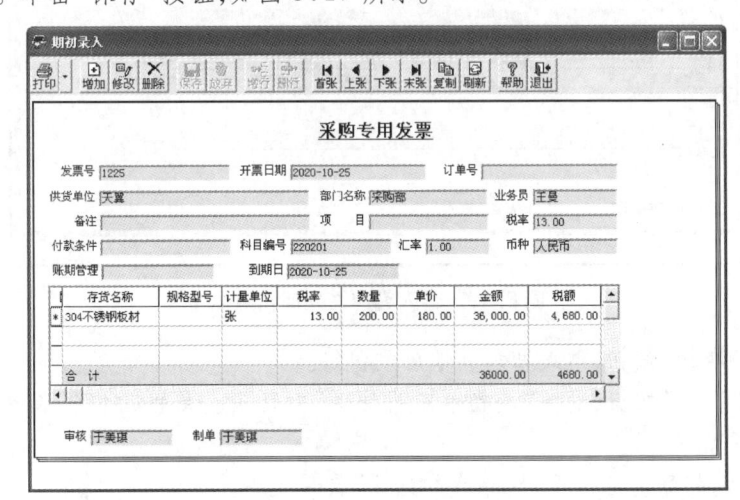

图8.17 采购专用发票

(4) 单击"退出"按钮,返回"期初余额明细表"窗口。

(5) 单击"对账"按钮,与总账管理子系统对账,如图8.18所示。

图8.18 应付与总账管理子系统期初对账

4. 输入客户往来期初数据

(1) 在销售管理子系统中,选择"客户往来"|"客户往来期初"命令,打开"期初余额——查询"对话框。单击"确定"按钮,进入"期初余额明细表"窗口。

(2) 单击"增加"按钮,打开"单据类别"对话框。选择单据类型为"专用发票",单击"确认"按钮,进入"销售专用发票"窗口。

(3) 输入开票日期为"2020-12-20"、发票号为2021,选择客户名称为"唯品"、科目编号为1122,输入货物名称"2002养生煮茶壶"、数量为1000、单价为200。单击"保存"按钮,如图8.19所示。

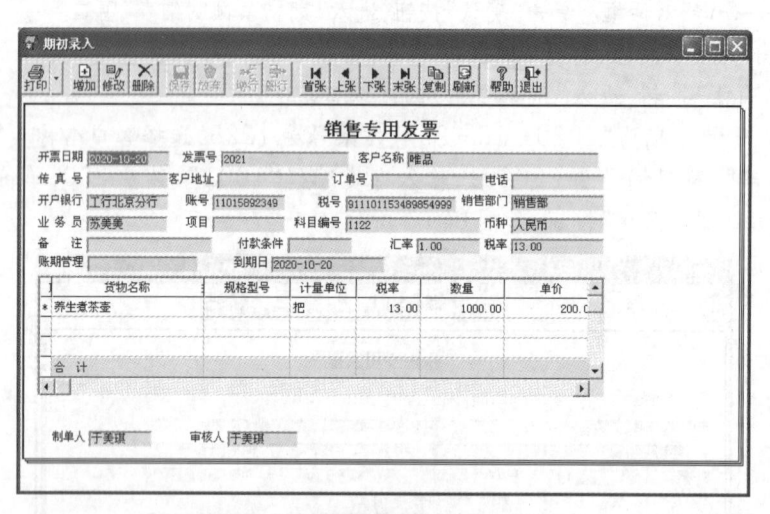

图8.19 输入客户往来期初数据

(4) 单击"增加"按钮,继续增加其他应收明细。

(5) 单击"退出"按钮,返回"期初余额明细表"对话框。单击"对账"按钮,与总账管理子系统进行对账。

全部完成后,将账套备份至"购销存初始化"文件夹中。

8.3 拓展应用

任务1 单据编码设置

知识点

购销存管理子系统涉及大量的原始单据,如证明采购订货业务的采购订单、证明入库业务发生的采购入库单、给客户开具的销售发票等。这些单据上都有唯一的单据编码,有的可以采用顺序编码,如采购入库单;有的则需要根据实际单据编码进行标注,如发票。T3中提供了"完全手工编号""手工改动,重号时自动重取"和"按收发标志流水"供选择,以满足不同企业的业务需要。

跟我练

查看系统关于销售专用发票单据编码的默认设置。

(1) 在T3主界面中,选择"基础设置"|"单据编码设置"命令,打开"单据编号设置"对话框。

(2) 进入"编号设置"选项卡,选择"销售"|"销售专用发票",可以看到系统默认的编号方式是"手工改动,重号时自动重取",如图8.20所示。

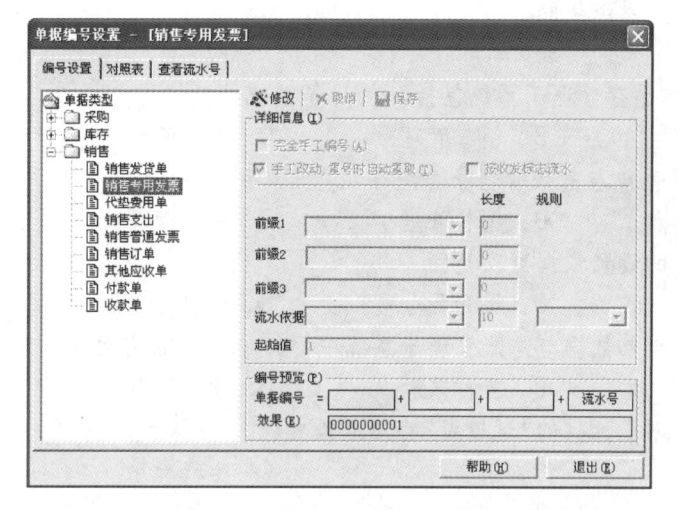

图8.20 查看销售专用发票单据系统默认的编号方式

(3) 如果需要选择其他方式,可以单击"修改"按钮进行更改。

任务2 非合理损耗类型设置

知识点

在企业的采购业务中,由于运输、装卸等原因,采购的货物会发生短缺毁损,这时应根据不同情况,做出相应的账务处理。属于定额内合理损耗的,应视同提高入库货物的单位成本,不另做账处理;运输部门或供货单位造成的短缺毁损,属于定额外非合理损耗的,应根据不同情况分别进行账务处理。因此,企业应在此事先设置好本企业可能发生的非合理损耗类型及对应的入账科目,以便采购结算时根据具体的业务选择相应的非合理损耗类型,并由核算管理子系统根据结算时记录的非合理损耗类型自动生成凭证。

跟我练

设置非合理损耗类型"01 运输部门责任"为默认值。

(1) 在T3主界面中,选择"基础设置"|"购销存"|"非合理损耗类型"命令,打开"非合理损耗"对话框。

(2) 单击"增加"按钮,增加非合理损耗类型。

随堂测

一、判断题

1. 购销存管理和核算管理子系统必须同时启用。   (   )

工作项目 8 购销存初始化

2．客户往来科目中设置的应收科目、预收科目必须是应收系统的受控科目。（   ）

3．如果企业存在采购期初暂估入库，只需要在库存管理子系统中记录暂估入库数量。
（   ）

4．没有采购期初数据也必须执行采购期初记账，否则无法开始日常业务处理。（   ）

5．核算管理子系统和库存管理子系统的期初数据是一致的，可以从两者中任何一个输入，再从另外一个子系统获取。（   ）

二、选择题

1．T3 中的购销存管理子系统包括(   )子系统。
   A．采购管理   B．销售管理   C．库存管理   D．核算管理

2．(   )子系统与总账管理子系统存在凭证传递关系。
   A．采购管理   B．销售管理   C．库存管理   D．核算管理

3．存货科目的设置依据可以是(   )。
   A．按仓库   B．按存货分类   C．按收发类别   D．按部门

4．客户往来期初数据与总账管理子系统中的(   )科目有对应关系。
   A．应收账款   B．应付账款   C．预收账款   D．预付账款

5．在采购发票上开具的"运输费"存货应设置(   )属性。
   A．外购   B．销售   C．生产耗用   D．劳务费用

三、思考题

1．企业购销存管理包括哪些子系统，各自的主要功能是什么？

2．购销存初始化主要包括哪几项工作？

3．购销存管理期初数据包括哪些？

4．分析哪些地方是我们为业务系统自动生成凭证埋下了伏笔？

5．业务数据期初与财务数据期初有怎样的对应关系？

工作项目 9　采购管理

知识目标
- 了解采购管理子系统的主要功能。
- 熟悉普通采购业务的三种类型。
- 理解采购结算的含义。
- 掌握供应商往来业务包括的主要内容。

技能目标
- 掌握普通采购业务全流程处理。
- 掌握采购运费处理。
- 掌握采购溢余短缺处理。
- 掌握暂估入库报销处理。
- 掌握预付业务处理。
- 掌握转账业务处理。

思政育人

进博会彰显中国开放，体现大国责任担当

9.1　采购管理认知

企业是以营利为目的的经济组织。企业的利润是由业务活动创造的，购销存是企业的基本业务活动，而采购业务是企业价值创造的起点，采购管理的水平会影响到企业的整体运营状况。采购管理追求的目标是密切供应商关系，保障供给，降低采购成本。

9.1.1　采购管理子系统的基本功能

在 T3 中，采购管理是对采购业务全流程的管理。它具体包括采购订货处理，可以动态掌握订单执行情况；处理采购入库单、采购发票，通过采购结算确认采购入库成本；根据采购发票确认应付；对供应商进行付款结算；采购相关单据查询和账表统计。

9.1.2　采购管理子系统与 T3 其他子系统的数据关联

采购管理子系统与 T3 其他子系统的数据关联如图 9.1 所示。

采购管理子系统中填制的采购入库单在库存管理子系统中审核确认，在核算管理子系统中记账并生成入库凭证；采购管理子系统中没有结算的入库单，在核算管理子系统可做暂估入库记账处理生成暂估入库凭证；采购管理子系统中填制的采购发票，在核算管理子系统中进行发票制单确认应付；采购管理子系统的付款结算单据，在核算管理子系统中进行核销制单确认付款。

工作项目 9　采购管理

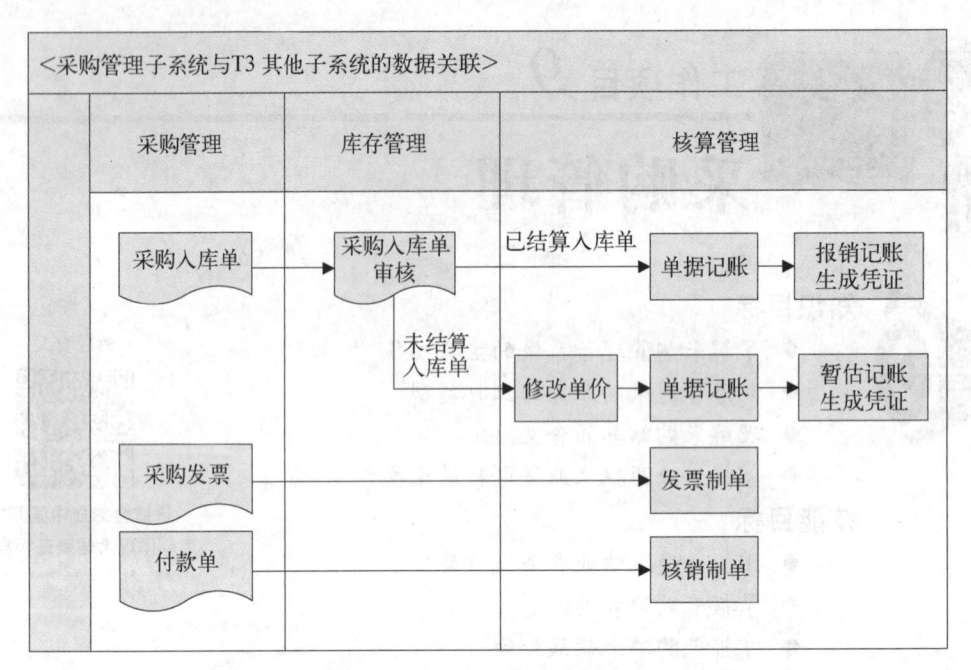

图 9.1　采购管理子系统与 T3 其他子系统的数据关联

9.2　实战演练

以系统管理员的身份在系统管理中恢复"购销存初始化"账套；以账套主管的身份完成采购业务处理。

任务 1　普通采购业务处理

知识点

按照货物和发票到达的先后顺序，可以将采购入库业务划分为单货同行的普通采购业务、货到票未到的暂估业务和票到货未到的在途业务 3 类。本任务先学习单货同行的普通采购业务。普通采购业务的处理流程如图 9.2 所示。

1. 采购订货

采购订货是指企业根据采购计划与供应商签订采购意向协议，确认要货需求。在 T3 中，订货确认后需要在系统中输入采购订单。采购订单上记录了采购哪些货物、采购多少、价格、到货时间、由谁供货、付款方式等关键信息。供应商依据采购订单组织供货，仓管人员根据采购订单进行货物的验收。

采购订单经过审核才能在采购入库、采购发票环节被参照。T3 系统中，审核订单可以有三种含义，用户可以根据企业需要选择其中一种。第一，采购订单输入计算机后，交由供货单位确认后即审核；第二，如果采购订单是由专职录入员输入的，那么业务员进行数据检查即审核；第三，经过采购主管批准即审核。

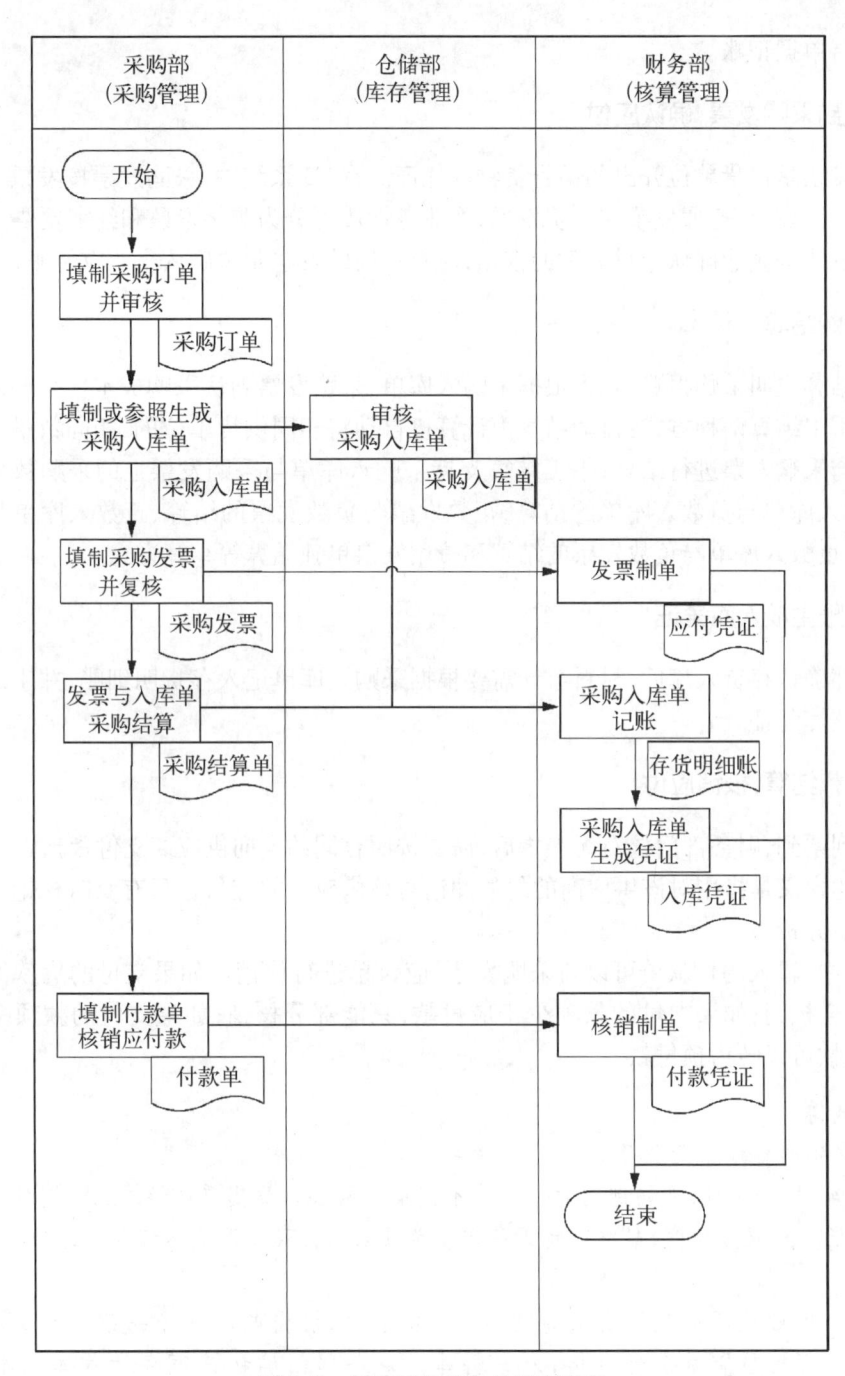

采购部 (采购管理)	仓储部 (库存管理)	财务部 (核算管理)
开始 ↓ 填制采购订单并审核 → 采购订单 ↓ 填制或参照生成采购入库单 → 采购入库单 ↓ 填制采购发票并复核 → 采购发票 ↓ 发票与入库单采购结算 → 采购结算单 ↓ 填制付款单核销应付款 → 付款单	审核采购入库单 ← 采购入库单	发票制单 → 应付凭证 ↓ 采购入库单记账 → 存货明细账 ↓ 采购入库单生成凭证 → 入库凭证 ↓ 核销制单 → 付款凭证 ↓ 结束

图 9.2 普通采购业务的处理流程

2. 采购入库

采购入库单是根据采购到货签收的实收数量填制的单据，是仓库确认存货入库的依据。采购入库单既可以直接输入，也可以参照采购订单或采购发票生成。

如果因种种原因发生采购退货，就需要在此办理退货，即填制红字入库单。

采购入库单的审核表示确认存货已入库。只有审核后的采购入库单才能在核算管理子系统中进行单据记账。

3. 收到采购发票,确认应付

采购发票是供货单位开出的销售货物的凭证。在 T3 系统中,采购发票按发票类型可分为增值税专用发票、普通发票和运费发票;按业务性质可分为蓝字发票和红字发票。

采购发票是企业确认应付账款的依据,对复核后的发票制单确认企业应付账款。

4. 采购结算

采购结算也叫采购报账,是指根据采购入库单、采购发票确认采购成本。采购结算有自动结算和手工结算两种方式:自动结算由计算机自动将相同供货单位的、相同数量存货的采购入库单与采购发票进行结算;手工结算支持采购入库单与采购发票上的采购数量不同的结算、正数入库单与负数入库单的结算、正数发票与负数发票的结算、正数入库单与正数发票的结算、负数入库单与负数发票的结算和费用发票单独结算等结算方式。

5. 记账生成入库凭证

仓储部确认存货入库后,材料会计需要根据采购入库单记入存货明细账,并生成采购入库的财务核算凭证。

6. 付款结算,核销应付

在货到票到,财务部门核对无误之后,需要按照合同约定向供应商支付货款。

核销的含义是指用对该供应商的付款冲销对该供应商的应付。只有及时核销才能进行精确的账龄分析。

在 T3 中,输入的付款单可以与采购发票、应付单进行核销。如果支付的货款等于应付款,可以完全核销;如果支付的款项少于应付款,只能部分核销;如果支付的款项多于应付款,那么余款可以转为预付款。

跟我练

货到票到的普通采购业务。

2021 年 1 月 3 日,采购部向北京天翼不锈钢有限公司提出采购请求,采购 304 不锈钢板材 100 张。经双方协商,最终确定无税单价为 180 元,双方正式签订合同,要求本月 6 日到货。

1 月 6 日,收到天翼公司发来的货和专用发票,发票载明 304 不锈钢板材 100 张,每张 180 元。经检验质量全部合格,入原料库。财务部门确认该笔存货入库成本和应付款项。

1 月 8 日,向天翼公司电汇全部货款。

1. 填制并审核采购订单

(1) 1 月 3 日,在采购管理子系统中,选择"采购"|"采购订单"命令,进入"采购订单"窗口。

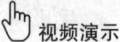

视频演示

（2）单击"增加"按钮，输入日期、供货单位、存货、数量、原币单价和计划到货日期，单击"保存"按钮。

（3）单击"审核"按钮，审核采购订单。如图9.3所示。

图9.3 采购订单

> **提示**
>
> （1）购销存业务中，单据审核后才能被后续环节参照。
> （2）在"流转"下拉列表中选择相应选项，可以根据当前采购订单生成采购入库单、采购发票等单据。
> （3）单击"联查"中的项目，可以联查与该订单相关联的采购入库单、采购发票和采购订金。
> （4）当与该订单相关的入库、发票、结算、付款全部完成后，就可以"关闭"该订单。

2. 生成采购入库单并审核

（1）1月6日，在采购管理子系统中，选择"采购"|"采购入库单"命令，进入"采购入库单"窗口。

（2）单击"增加"按钮，选择仓库为"原料库"、供货单位为"天翼"、入库类别为"采购入库"；单击"选单"下拉按钮，选择"采购订单"选项，打开"单据拷贝"对话框。

（3）单击"过滤"按钮，下方窗格中显示可参照的订单，如图9.4所示。

（4）选择要参照的采购订单，单击"确认"按钮，将采购订单的相关信息带入采购入库单，单击"保存"按钮，如图9.5所示。单击"退出"按钮。

（5）在库存管理子系统中，选择"采购入库单审核"命令，再选择相应的采购入库单，然后单击"审核"按钮，对采购入库单进行审核。

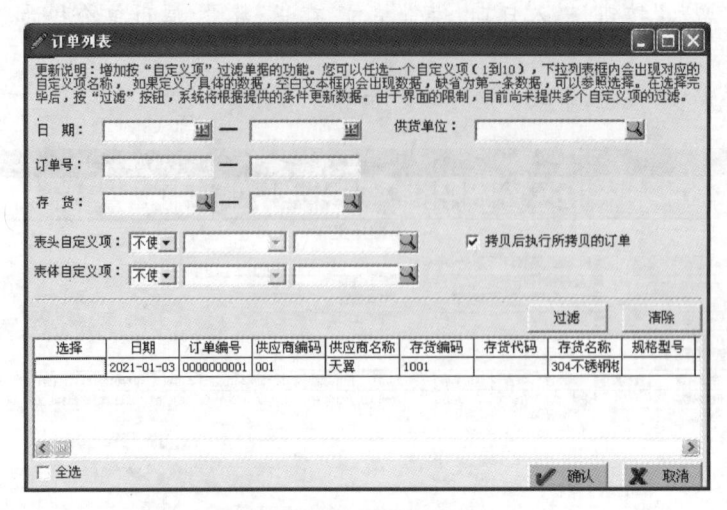

图 9.4　显示可参照的订单

图 9.5　采购入库单

3. 生成采购发票，复核并结算

（1）在采购管理子系统中，选择"采购"|"采购发票"命令，进入"采购发票——采购普通发票"窗口。

（2）单击"增加"下拉按钮，选择"专用发票"，进入"采购发票——采购专用发票"窗口。单击"选单"下拉按钮，选择"采购订单"，打开"单据拷贝"对话框。单击"过滤"按钮，显示可参照的订单列表。选中要参照的订单，单击"确认"按钮，将采购订单信息带入采购专用发票。输入发票号 2901，单击"保存"按钮，如图 9.6 所示。

（3）单击"复核"按钮，系统弹出"复核将发票登记应付账款，请在往来账中查询该数据，是否只处理当前账？"信息提示框。单击"是"按钮，发票左上角显示"已审核"字样。

(4)单击"结算"按钮,打开"自动结算"对话框,如图9.7所示。单击"确认"按钮,系统弹出"全部成功,共处理了[1]张单据"信息提示框。单击"确定"按钮返回,发票左上角显示"已结算"字样。然后单击"退出"按钮。

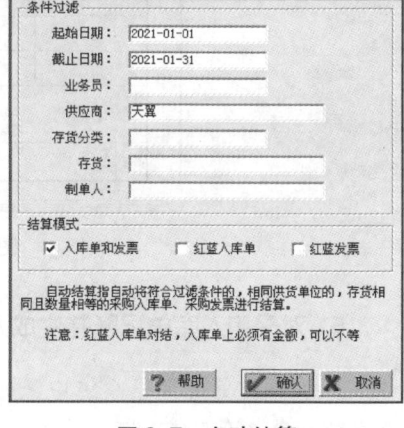

图9.6 采购专用发票

图9.7 自动结算

4. 供应商往来制单,确认应付账款

(1)在核算管理子系统中,选择"凭证"|"供应商往来制单"命令,打开"供应商制单查询"对话框。

(2)选择"发票制单",单击"确认"按钮,进入"供应商往来制单"窗口。选择要制单的单据,如图9.8所示。

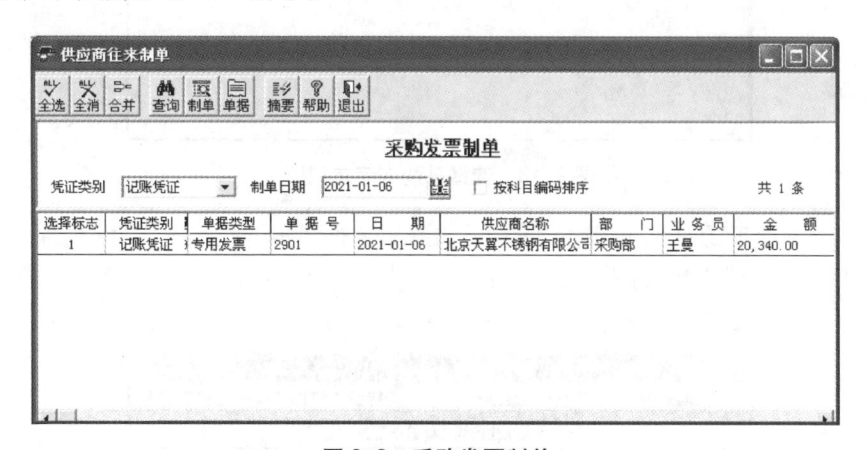

图9.8 采购发票制单

(3)单击"制单"按钮,打开"填制凭证"窗口。单击"保存"按钮,凭证左上角显示"已生成"字样,表示凭证已传递到总账管理子系统,如图9.9所示。单击"退出"按钮。

工作项目 9　采购管理

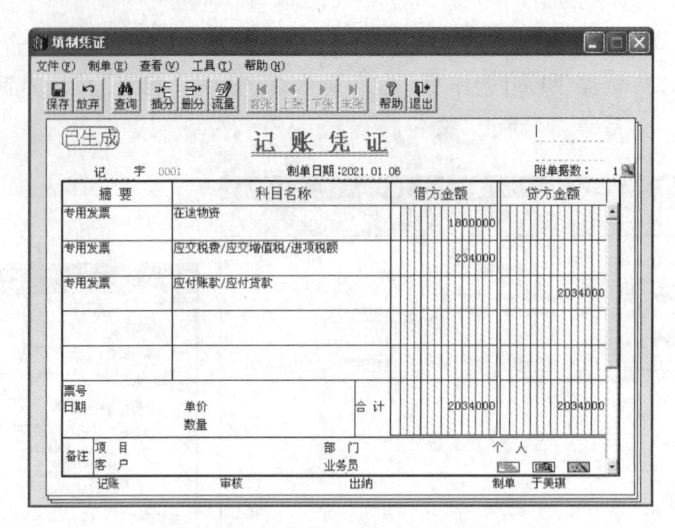

图 9.9　发票制单生成的凭证

5. 对采购入库单记账并生成入库凭证

（1）在核算管理子系统中，选择"核算"|"正常单据记账"命令，打开"正常单据记账条件"对话框。单击"确定"按钮，进入"正常单据记账"窗口。

（2）选择需要记账的单据，如图 9.10 所示。单击"记账"按钮。记账完成后单据不再显示。

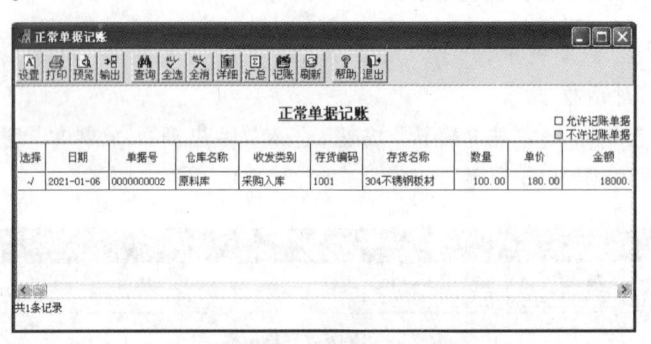

图 9.10　选择采购入库单记账

（3）在核算管理子系统中，选择"凭证"|"购销单据制单"命令，进入"生成凭证"窗口。

（4）单击"选择"按钮，打开"查询条件"对话框。选择"采购入库单（报销记账）"选项，单击"确定"按钮，进入"选择单据"窗口，如图 9.11 所示。

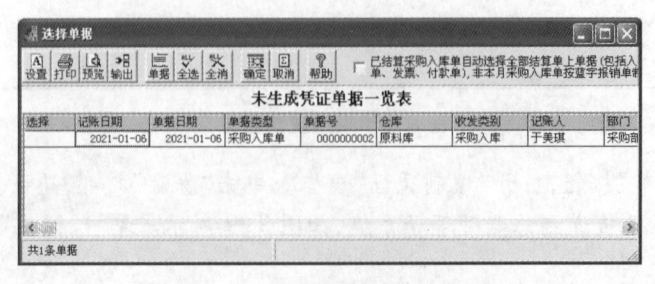

图 9.11　未生成凭证单据一览表

(5) 选中要制单的单据行,单击"确定"按钮,进入"生成凭证"窗口,如图9.12所示。

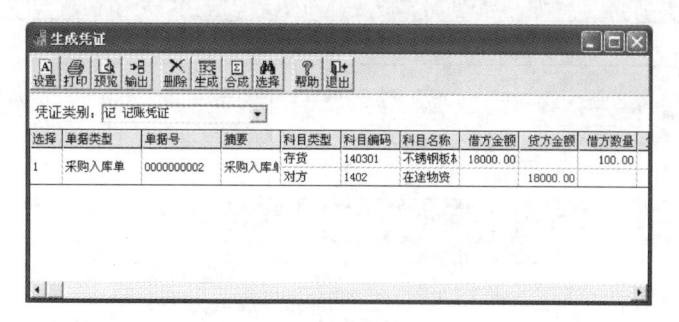

图9.12 生成凭证

(6) 单击"生成"按钮,进入"填制凭证"窗口。单击"保存"按钮,生成入库凭证,如图9.13所示。

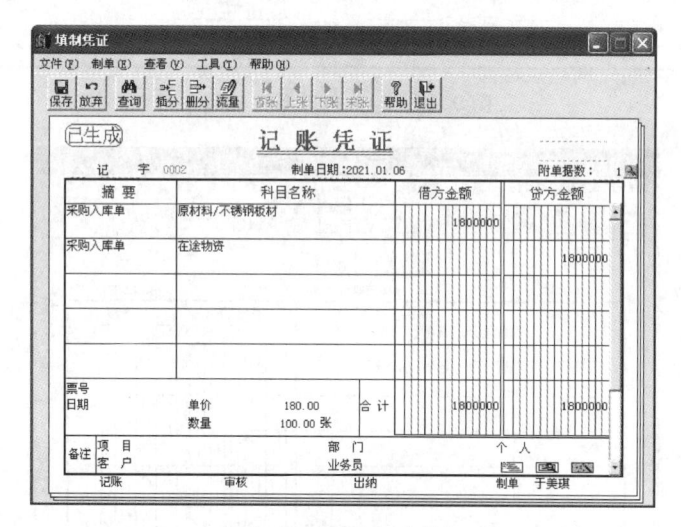

图9.13 采购入库凭证

6. 支付货款并核销应付

(1) 在采购管理子系统中,选择"供应商往来"|"付款结算"命令,进入"付款单"窗口。

(2) 选择供应商"天翼",单击"增加"按钮,输入结算方式为3、结算金额为20 340,单击"保存"按钮。

(3) 单击"核销"按钮,系统调出该供应商未核销的单据。在相应的单据的"本次结算"栏中输入20 340,如图9.14所示。单击"保存"按钮,然后单击"退出"按钮。

(4) 在核算管理子系统中,选择"凭证"|"供应商往来制单"命令,打开"供应商制单查询"对话框。选中"核销制单"复选框,单击"确认"按钮,进入"核销制单"窗口。选择要制单的单据,单击"制单"按钮,进入"填制凭证"窗口。单击"保存"按钮,如图9.15所示。

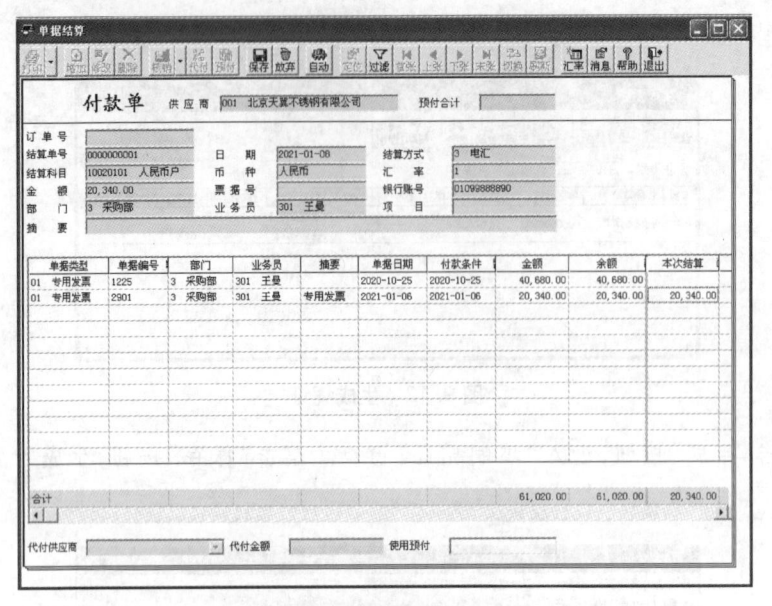

图9.14 输入付款单并核销

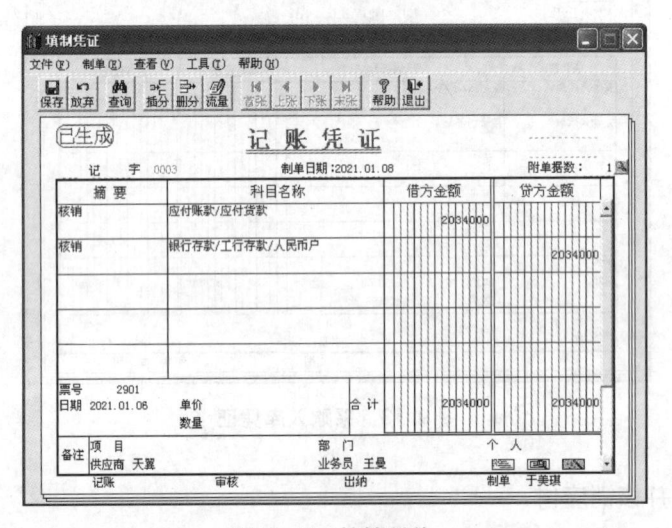

图9.15 核销制单

任务2 暂估入库报销处理

知识点

暂估入库是指本月存货已经入库,但采购发票尚未收到,不能确定存货的入库成本。月底时为了正确核算企业的库存成本,需要将这部分存货暂估入账,形成暂估凭证。

对暂估入库业务,T3系统提供了3种不同的处理方法。

1. 月初回冲

月初回冲是指进入下月后,存货核算子系统自动生成与暂估入库单完全相同的红字回冲单,同时登录相应的存货明细账,冲回存货明细账中上月的暂估入库。对红字回冲单制单,冲回上月的暂估凭证。

收到采购发票后,输入采购发票,对采购入库单和采购发票进行采购结算。结算完毕,进入核算管理子系统,使用暂估入库成本处理功能进行暂估处理后,系统根据发票自动生成一张蓝字回冲单,其上的金额为发票上的报销金额。同时,登记存货明细账,使库存增加。然后对蓝字回冲单制单,生成采购入库凭证。

2. 单到回冲

单到回冲是指下月初不做处理,收到采购发票后,先在采购管理子系统中输入并进行采购结算,再到核算管理子系统中进行暂估入库成本处理,系统自动生成红字回冲单、蓝字回冲单,同时据以登记存货明细账。红字回冲单的入库金额为上月暂估金额,蓝字回冲单的入库金额为发票上的报销金额。在"核算"|"生成凭证"子菜单中,选择"红字回冲单""蓝字回冲单"命令制单,生成凭证,传递到总账管理子系统。

3. 单到补差

单到补差是指下月初不做处理,收到采购发票后,先在采购管理子系统中输入并进行采购结算,再到核算管理子系统中进行暂估入库成本处理。如果报销金额与暂估金额的差额不为0,则产生调整单——一张采购入库单生成一张调整单,用户确定后,自动记入存货明细账;如果差额为0,则不生成调整单。最后,对调整单制单,生成凭证,传递到总账管理子系统。

以单到回冲为例,暂估处理业务的业务流程如图9.16所示。

需要注意的是,对于暂估处理业务,在月末暂估入库单记账前,要对所有没有结算的入库单填入暂估单价,然后才能记账。

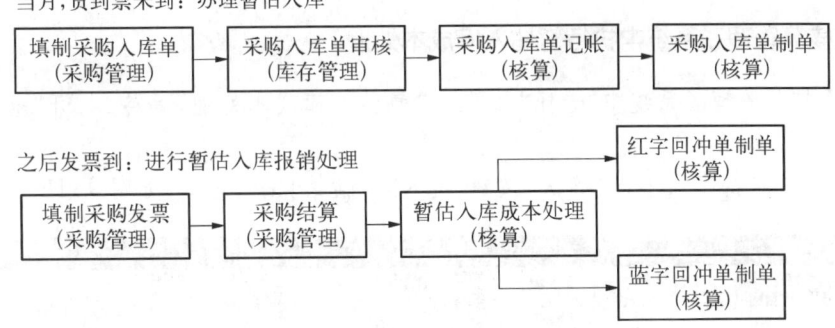

图9.16 暂估处理业务的处理流程

跟我练

2021年1月8日,收到供应商鸿飞采购专用发票一张,票号2192,载明电水壶底座1 500个,无税单价25元,财务部在收到发票的同时以电汇方式支付了全部货款。

1. 填制采购专用发票,现付并结算

(1) 在采购管理子系统中,选择"采购发票"命令,进入"采购专用发票"窗口。

(2) 单击"增加"按钮,增加一张采购专用发票,单击"保存"按钮。

(3) 单击"现付"按钮,打开"采购现付"对话框。填写结算方式和现付金额42 375,如图9.17所示。单击"确定"按钮返回,系统提示"现结记录已保存",单击"确定"按钮返回,单击"退出"按钮返回,系统提示"现付成功!",发票左上角显示"已现付"字样。

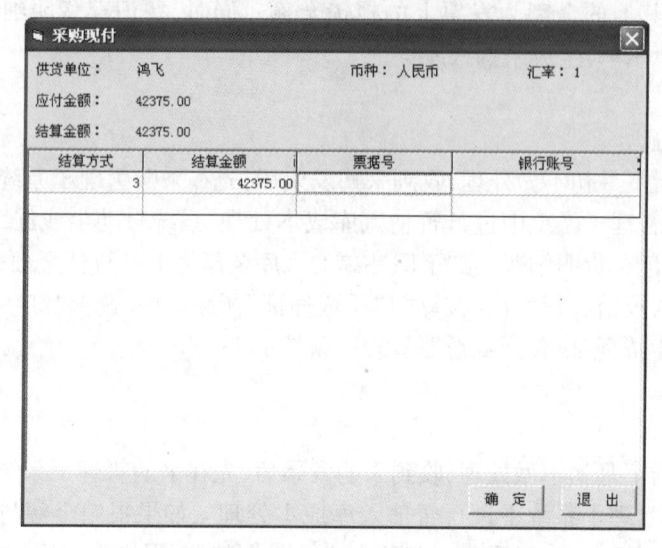

图9.17 采购现付

(4) 单击"结算"按钮,打开"自动结算"对话框。修改起始日期"2020-12-01",单击"确认"按钮,系统自动检索与当前发票符合的入库单,并进行自动结算,给出提示信息。结算完成后发票左上角显示"已结算"字样。

(5) 单击"复核"按钮,复核采购专用发票。

2. 在核算管理子系统中执行暂估入库成本处理

(1) 在核算管理子系统中,选择"核算"|"暂估入库成本处理"命令,打开"暂估处理查询"对话框。

(2) 选择"原料库",单击"确认"按钮,进入"暂估结算表"窗口,如图9.18所示。

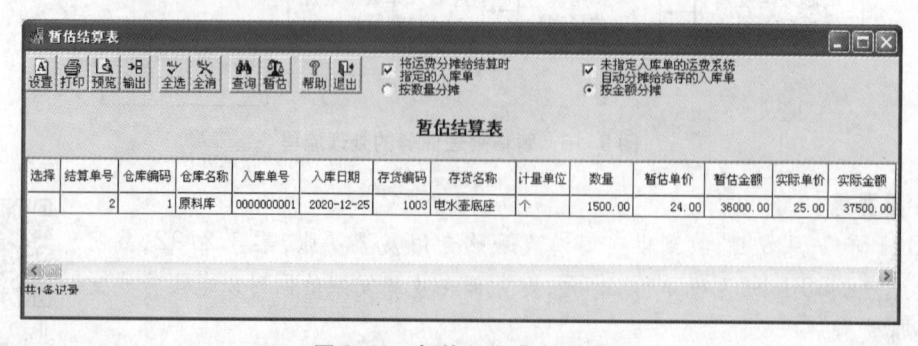

图9.18 暂估入库成本处理

(3) 选择需要进行暂估结算的单据,单击"暂估"按钮返回。

3. 在核算管理子系统中生成暂估处理凭证

（1）在核算管理子系统中，选择"凭证"|"购销单据制单"命令，进入"生成凭证"窗口。

（2）单击"选择"按钮，打开"查询条件"对话框。选中"（24）红字回冲单""（30）蓝字回冲单（报销）"复选框，如图9.19所示。单击"确认"按钮，打开"选择单据"对话框。

（3）单击"全选"按钮，再单击"确定"按钮，进入"生成凭证"窗口。单击"生成"按钮，进入"填制凭证"窗口。单击"保存"按钮，保存红字回冲单生成的凭证，如图9.20所示。单击"下张"按钮，再单击"保存"按钮，保存蓝字回冲单生成的凭证，如图9.21所示。

图9.19 选中红字回冲单、蓝字回冲单（报销）

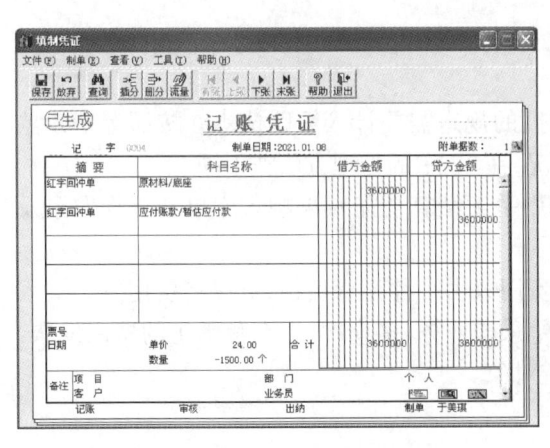

图9.20 红字回冲单生成凭证

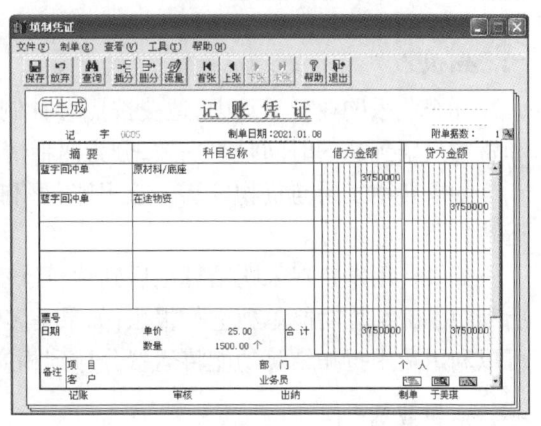

图9.21 蓝字回冲单生成凭证

> **提示**
>
> 在单到回冲暂估处理方式中，红字回冲单凭证冲回此前暂估入库生成的凭证。蓝字回冲单凭证是根据采购专用发票上的金额生成的正式入库凭证。

4. 在核算管理子系统中进行采购现付制单

（1）在核算管理子系统中，选择"凭证"|"供应商往来制单"命令，打开"供应商制单查询"对话框。

（2）选择"现结制单"选项，单击"确认"按钮，进入"现结制单"窗口。

（3）选择要制单的单据，单击"制单"按钮，进入"填制凭证"窗口。单击

"保存"按钮,生成采购现付凭证,如图9.22所示。

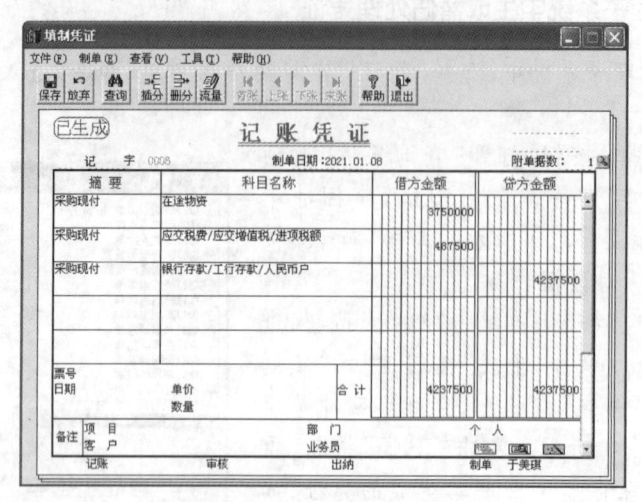

图9.22 采购现付制单

任务3 采购运费处理

知识点

在企业采购业务活动中,运费按照会计制度的规定需要计入采购成本。按照运费发票和货物发票到达的时间是否一致,分为两种情况,在T3中的处理方法亦不同。

如果费用发票与货物发票一起报账,可利用手工结算功能对采购入库单和货物发票及运费发票一起结算。

如果费用发票在采购结算之后到达,且该费用只由一种存货负担,可以将费用发票输入后利用手工结算功能单独进行报账;如果是多笔采购业务、多仓库、多存货承担的费用发票,可以利用费用折扣结算功能将运费分摊到相应对象。

跟我练

第一种情况:运费发票和货物发票同时到达。

2021年1月10日,收到上海鸿飞科技有限公司发来的进口温控器以及发票(票号9993),发票上载明进口温控器400个,无税单价15元,增值税率13%。同时附有一张运费发票,发票载明运输费200元,增值税率9%。按合同约定运杂费由本公司承担,对方已代为垫付。经检验,进口温控器400个全部合格,入原材料仓库,财务部门确认采购成本和该笔应付款项。

第二种情况:采购运费发票后到。

1月12日,收到上海顺途物流公司开具的运费发票一张,载明运费500元,税率9%,系1月6日向天翼采购304不锈钢板材发生。财务部门将该笔运费计入304不锈钢板材入库成本。

1. 运费发票和货物发票同时到达

1)在采购管理系统中填制采购入库单并流转生成采购发票

(1)在采购管理系统中,选择"采购入库单"命令,进入"采购入库单"窗口。

（2）单击"增加"按钮，填写采购入库单并保存。

（3）单击"流转"下的"生成专用发票"，将采购入库单信息带回采购专用发票，补充输入发票号9993，单击"保存"按钮。

（4）单击"复核"按钮，复核采购专用发票。单击"退出"按钮返回。

2）填制运费专用发票并复核

（1）在采购管理子系统中，选择"采购发票"命令，进入"采购发票"窗口。

（2）单击"增加"下拉按钮，选择"专用运费发票"，进入"采购发票——采购专用运费发票"窗口。输入发票信息，注意税率为9%，然后单击"保存"按钮。

（3）单击"复核"按钮，复核采购专用运费发票，如图9.23所示。

图 9.23　采购专用运费发票

3）进行手工采购结算

（1）在采购管理子系统中，选择"采购结算"|"手工结算"命令，打开"条件输入"对话框。选择供应商"鸿飞"，单击"确认"按钮，将未结算的单据带回"入库单和发票选择"窗口。

（2）选择要结算的入库单、货物发票和运费发票，单击"确认"按钮，进入"手工结算"窗口。

（3）选择费用分摊方式"按数量"，如图9.24所示。单击"分摊"按钮，系统弹出信息提示，单击"确定"按钮。

（4）单击"结算"按钮，系统提示"结算完成！"，单击"确定"按钮返回。

（5）选择"采购入库单"命令，进入采购入库单窗口，可以看到结算完成后进口温控器的

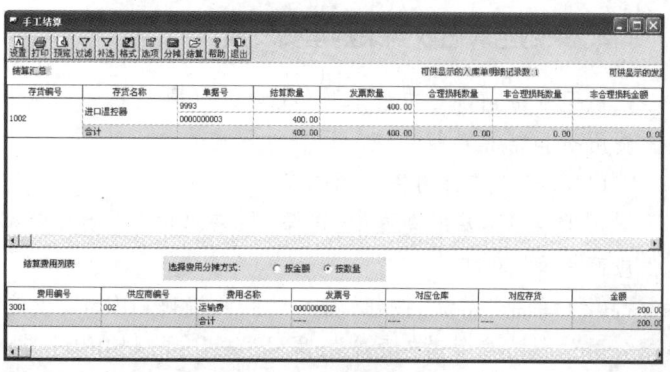

图 9.24　手工结算

单价为15.5,运费已计入采购成本。

4)进行供应商往来制单确认应付

(1)在核算管理子系统中,选择"凭证"|"供应商往来制单"命令,打开"供应商制单查询"对话框。

(2)选择"发票制单"选项,单击"确认"按钮,进入"采购发票制单"窗口。

(3)选择要制单的单据,单击"合并"按钮,进入"填制凭证"窗口。单击"保存"按钮,合并生成凭证,如图9.25所示。

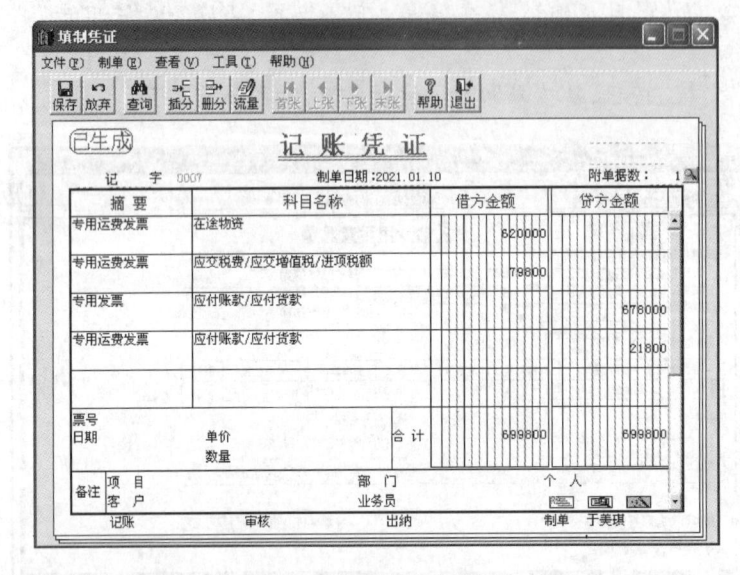

图9.25 合并生成凭证

5)采购入库记账生成入库凭证

(1)在库存管理子系统中,选择"采购入库单审核"命令,对采购入库单进行审核。

(2)在核算管理子系统中,选择"核算"|"正常单据记账"命令,对采购入库单进行记账处理。

(3)在核算管理子系统中,选择"凭证"|"购销单据制单"命令,对采购入库单(报销记账)生成凭证。

2. 采购结算后收到采购运费发票

该笔业务前期已办理入库、收到供应商发票并完成结算,当下又收到运费发票,需要利用费用折扣结算功能将该笔运费计入成本。

1)补充物流公司供应商信息

(1)在T3基础设置中,选择"往来单位"|"供应商档案"命令,进入"增加供应商档案"窗口。

(2)单击"增加"按钮,输入供应商编码"003"、供应商名称"上海顺途物流公司"、供应商简称"顺途",税号"910211150001029722"、开户银行"工行上海分行"、账号"02111222290"。分管部门"采购部",专管业务员"王曼"。

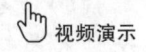

(3) 单击"保存"按钮。

2) 填制运费发票并复核

(1) 在采购管理子系统中,选择"采购发票"命令,进入"采购发票"窗口。

(2) 单击"增加"下拉按钮,选择"专用运费发票",进入"采购发票——采购专用运费发票"窗口。输入发票信息,单击"保存"按钮。

(3) 单击"复核"按钮,复核采购专用运费发票。

3) 进行费用折扣结算

(1) 在采购管理子系统中,选择"采购结算"|"费用折扣结算"命令,打开"条件输入"对话框。单击"确认"按钮,进入"入库单和发票选择"窗口。

(2) 选择要结算的入库单和运费发票,单击"确认"按钮,进入"费用折扣结算"窗口。

(3) 单击"分摊"按钮,再单击"结算"按钮,系统弹出"结算成功!"信息提示框。单击"确定"按钮返回。

4) 进行暂估入库成本处理

(1) 在核算管理子系统中,选择"核算"|"暂估入库成本处理"命令,打开"暂估处理查询"对话框。

(2) 选择"原料库",单击"确认"按钮,进入"暂估结算表"窗口。

(3) 选中要暂估的单据,单击"暂估"按钮,完成暂估。暂估后系统自动生成一张入库调整单。

5) 入库调整单制单

(1) 在核算管理子系统中,选择"凭证"|"购销单据制单"命令,打开"生成凭证"对话框。

(2) 单击"选择"按钮,打开"查询条件"对话框。选中"入库调整单"复选框,单击"确认"按钮返回。

(3) 选中要制单的入库调整单,单击"确定"按钮,返回"生成凭证"窗口。

(4) 补充输入贷方科目为1402,单击"生成"按钮,进入"填制凭证"窗口。修改摘要内容。生成入库调整凭证,如图9.26所示。

6) 运费发票制单

(1) 在核算管理子系统中,选择"凭证"|"供应商往来制单"命令,打开"供应商制单查询"对话框。

(2) 选中"发票制单",单击"确认"按钮,打开"采购发票制单"对话框。

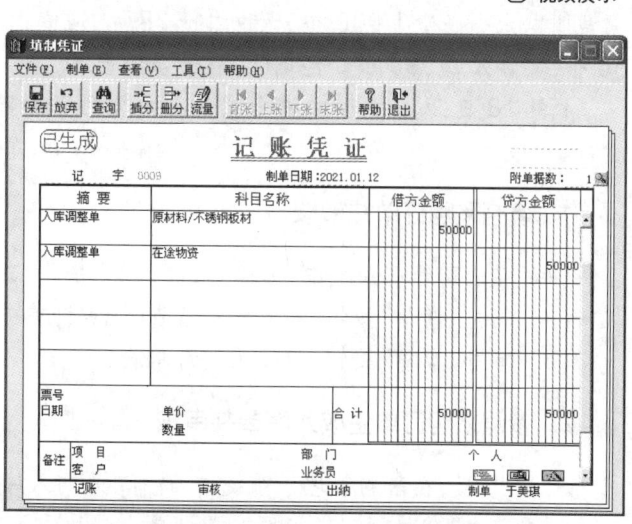

图9.26 入库调整单生成凭证

(3) 单击"全选"按钮,选中要制单的专用运费发票。单击"制单"按钮生成凭证。

任务4 采购溢余短缺处理

知识点

在企业的采购业务中,由于运输、装卸等原因,采购的货物会发生短缺毁损,应根据不同情况,进行相应的账务处理。

采购入库单与采购发票结算时,如果入库单上的存货数量与发票上的存货数量不一致,即发生了存货的溢余或短缺。

若入库数量大于发票数量,需要在发票的附加栏"合理损耗数量""非合理损耗数量""非合理损耗金额"中输入溢余数量、溢余金额,且数量、金额均为负数。系统把多余数量按赠品处理,结果是降低了入库货物的单价。

若入库数量小于发票数量,那么还要分析是合理损耗还是非合理损耗。经分析,如果确定其为合理损耗,则直接记入采购成本,即相应提高入库货物的单位成本。如果确定为非合理损耗,则根据事先定义的非合理损耗类型正确进行核算及处理。结算时,在发票的附加栏"合理损耗数量""非合理损耗数量""非合理损耗金额"中输入短缺数量、短缺金额,数量、金额均为正数。

总之,采购结算时,入库货物的发票数量＝结算数量＋合理损耗数量＋非合理损耗数量。

跟我练

1月12日,向上海鸿飞科技有限公司订购1 000个电水壶底座,无税单价25元,需求日期为2021年1月15日;双方商定如果在到货后5日之内付款可享受2%折扣。

1月15日,收到上海鸿飞科技有限公司发来的电水壶底座以及发票(票号2222),发票载明电水壶底座1 000个,无税单价25元,增值税率13%。在验收入原料库时发现破损50个,实际入库950个。经确认,属于合理损耗。财务部确认本次入库成本。

1月18日,本公司以电汇向鸿飞公司支付了扣除现金折扣565元之后的27 685元货款。

1. 填制采购订单并审核

(1) 在采购管理系统中,选择"采购订单"命令,进入"采购订单"窗口。

(2) 单击"增加"按钮,输入相关信息,注意订单中输入付款条件01,保存。

(3) 单击"审核"按钮,审核采购订单。

2. 参照采购订单生成入库单并审核

(1) 15日,在采购管理子系统中,选择"采购入库单"命令,进入"采购入库单"窗口。

(2) 单击"增加"按钮,参照采购订单生成采购入库单,注意修改入库数量为950。

(3) 在库存管理子系统中,选择"采购入库单审核"命令,审核采购入库单。

3. 参照采购订单生成采购专用发票

略。

4. 进行手工采购结算

(1) 在采购管理系统中,选择"采购结算"|"手工结算"命令,打开"条件输入"对话框。单击"确认"按钮,进入"入库单和发票选择"窗口。

(2) 单击"全选"按钮,选择要结算的入库单和发票,单击"确认"按钮,返回"手工结算"窗口。

(3) 在采购专用发票"合理损耗数量"一栏输入合理损耗数量50,如图9.27所示。

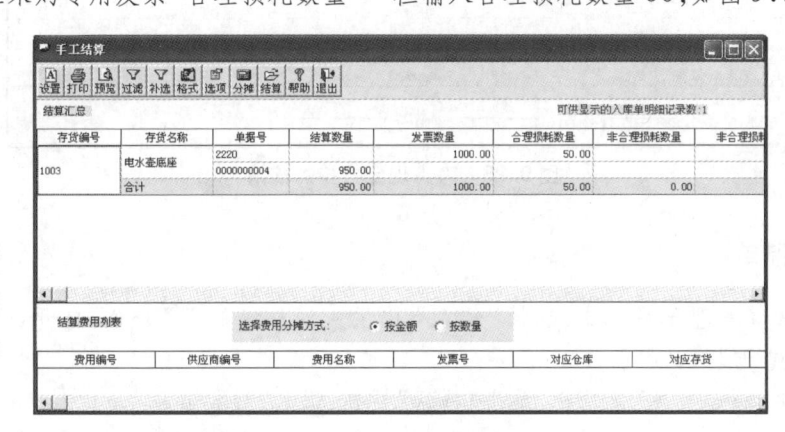

图 9.27 手工结算-合理损耗

(4) 单击"结算"按钮,系统提示"完成结算!",单击"确定"按钮。单击"退出"按钮返回。

(5) 在采购管理系统中,选择"采购入库单"命令,查看电水壶底座单价为26.32元,合理损耗计入了本次入库成本。

5. 进行供应商往来制单确认应付

略。

6. 采购入库记账并生成凭证

略。

7. 付款结算(考虑现金折扣)

(1) 在采购管理子系统中,选择"供应商往来"|"付款结算"命令,进入"付款单"窗口。

(2) 选择供应商"鸿飞",单击"增加"按钮,输入结算方式为202、结算金额为27 685。单击"保存"按钮。

(3) 单击"核销"按钮,系统调出该供应商未核销的单据。在相应的单据的"本次结算"栏中输入27 685,本次折扣栏显示565,如图9.28所示。

(4) 单击"保存"按钮,单击"退出"按钮。

工作项目 9　采购管理

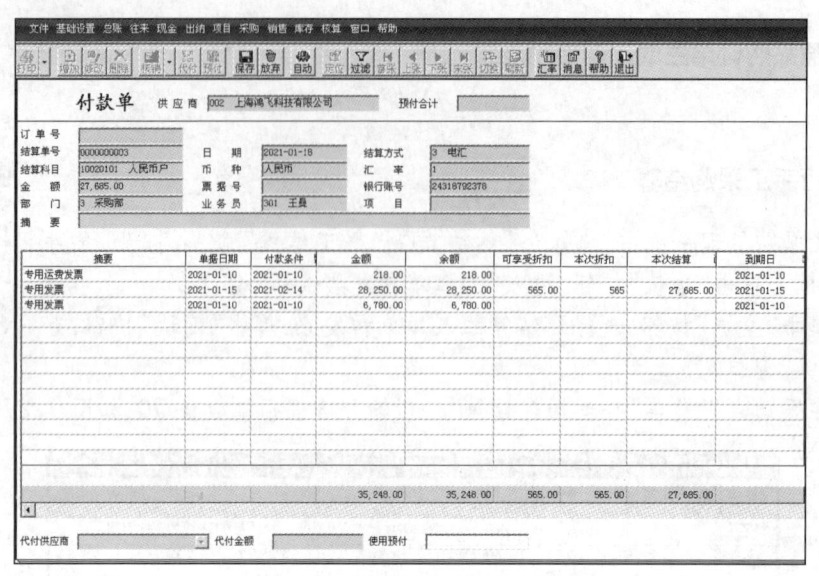

图 9.28　考虑现金折扣的核销

8. 核销制单

（1）在核算管理子系统中，选择"凭证"|"供应商往来制单"命令，打开"供应商制单查询"对话框。

（2）选中"核销制单"复选框，单击"确认"按钮，进入"核销制单"窗口。

（3）选择要制单的单据，单击"制单"按钮，进入"填制凭证"窗口。单击"保存"按钮，如图 9.29 所示。

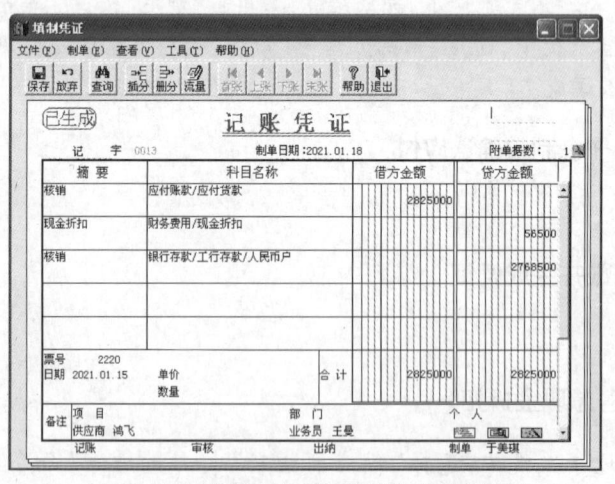

图 9.29　考虑现金折扣的付款核销凭证

任务 5　预付款处理

知识点

预付款是向供应商支付的一种预付性质的货款，同样用付款单进行记录。

付款单用来记录企业支付的供应商往来款项,款项性质包括应付款和预付款。其中,应付款、预付款性质的付款单将与发票、应付单进行核销处理。

应付款系统的收款单用来记录发生采购退货时,企业收到的供应商退付的款项。

跟我练

20日,向天翼公司开出转账支票,票号9101,金额20 000元,作为预付不锈钢板材新品的订金。

(1) 在采购管理子系统中,选择"供应商往来"|"付款结算"命令,进入"付款单"窗口。

(2) 选择供应商"天翼",单击"增加"按钮,输入的结算方式为"转账支票",票号为9101,金额为20 000,摘要为"预付订金"。单击"保存"按钮。

(3) 单击"预付"按钮,系统将20 000元设为预付款。

(4) 在核算管理子系统中,选择"凭证"|"供应商往来制单"命令,打开"供应商制单查询"对话框。

(5) 选中"核销制单"复选框,单击"确认"按钮,进入"核销制单"窗口。选择要制单的单据,单击"制单"按钮,进入"填制凭证"窗口。单击"保存"按钮,如图9.30所示。

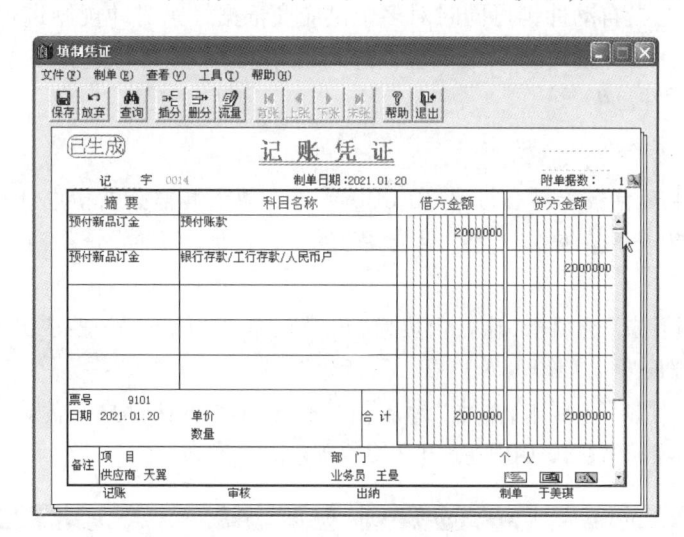

图9.30 预付款生成凭证

任务6 预付冲应付业务处理

知识点

在供应商往来业务中,有4种类型的对冲业务,分别是应付冲应收、应付冲应付、预付冲应付及红票对冲。

1. 应付冲应收

应付冲应收是指用某供应商的应付账款冲抵某客户的应收款项。系统通过应付冲应收功能将应付款业务在供应商和客户之间进行转账,实现应付业务的调整,解决应付债务与应收债权的冲抵。

2. 应付冲应付

应付冲应付是指将一家供应商的应付款转到另一家供应商中。通过应付冲应付功能可将应付款业务在供应商之间进行转入、转出,实现应付业务的调整,解决应付款业务在不同供应商之间入错户或合并户的问题。

3. 预付冲应付

预付冲应付是指处理供应商的预付款和该供应商应付欠款的转账核销业务,即某一个供应商有预付款时,可用该供应商的一笔预付款冲抵其一笔应付款。

4. 红票对冲

红票对冲可实现某供应商的红字应付单和其蓝字应付单、付款单和收款单之间的冲抵。例如,当发生退票时,用红字发票对冲蓝字发票。红票对冲通常可以分为系统自动冲销和手工冲销两种处理方式:自动冲销可同时对多个供应商依据红票对冲规则进行红票对冲,提高红票对冲的效率;手工冲销可对一个供应商进行红票对冲,并自行选择红票对冲的单据,提高红票对冲的灵活性。

跟我练

1月25日,用预付给天翼公司的20 000元订金冲抵其部分期初应付款20 000元。

(1) 在采购管理子系统中,选择"供应商往来"|"预付冲应付"命令,打开"预付冲应付"对话框。

(2) 选择"预付款"选项卡,选择供应商"天翼",单击"过滤"按钮,系统列出该供应商的预付款。输入转账金额20 000,如图9.31所示。

(3) 选择"应付款"选项卡,单击"过滤"按钮,系统列出该供应商的应付款。在期初应付款记录行输入转账金额20 000,如图9.32所示。

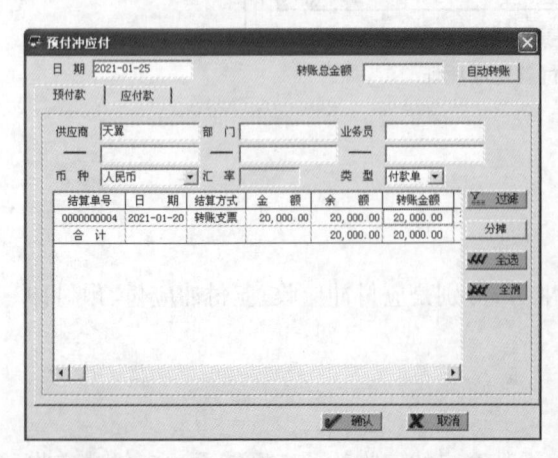

图9.31 预付冲应付——预付转账金额

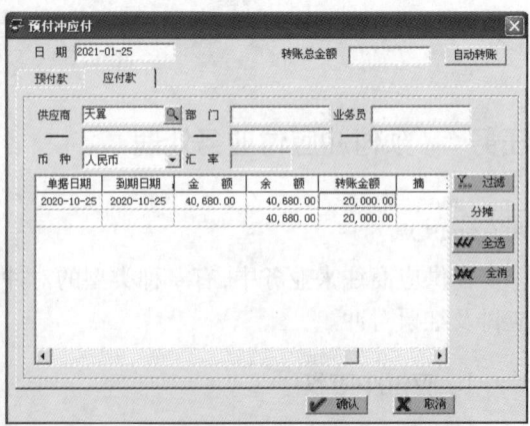

图9.32 预付冲应付——应付转账金额

(4) 单击"确认"按钮,系统弹出"操作成功!"信息提示框。单击"确定"按钮返回。关闭返回。

(5) 在核算管理子系统中,选择"凭证"|"供应商往来制单"命令,打开"供应商制单查询"对话框。选中"转账制单"复选框,单击"确认"按钮,进入"转账制单"窗口。选择要制单的单据,单击"制单"按钮,进入"填制凭证"窗口,生成凭证如图9.33所示。

全部完成后,将账套备份至"采购管理"文件夹中。

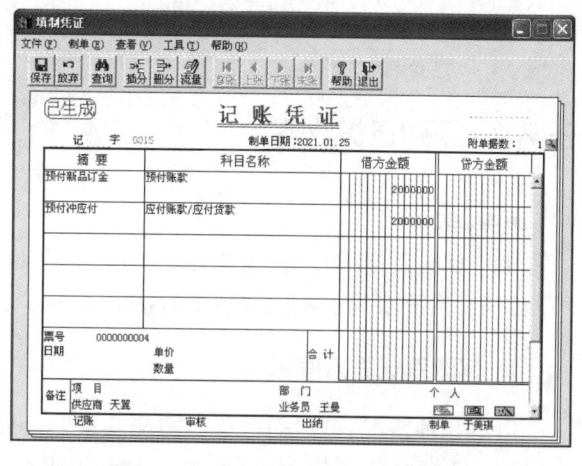

图9.33 预付冲应付——生成凭证

9.3 拓展应用

任务1 取消采购结算

知识点

采购结算是核算本次采购入库成本。如果在采购结算完成后发现结算有误,是否能取消结算呢?在采购管理子系统中,取消采购结算是通过删除采购结算单的方式完成的。

跟我练

(1) 在采购管理子系统中,选择"采购"|"采购结算"|"结算单明细列表"命令,打开"单据过滤条件"对话框。单击"确认"按钮,进入"采购结算单列表"窗口。

(2) 双击第4笔业务的采购结算单,打开"采购结算表"对话框。单击"删除"按钮,系统弹出提示,如图9.34所示。

图9.34 删除采购结算单

（3）单击"是"按钮。如果该结算单所对应的采购入库单和发票没有经过记账及制单处理，该结算单即可删除。

任务2 采购退货业务

知识点

由于材料质量不合格、企业转产等原因，企业可能发生退货业务。针对退货业务发生的不同时机，系统采用了不同的解决方法。

1. 修改或删除入库单

以下几种情况，可以通过修改或删除采购入库单的方法实现退货：

（1）已经录入入库单，但尚未记入存货明细账。如果是全部退货，可删除采购入库单；如果是部分退货，可直接修改采购入库单。

（2）未录入采购发票或已录入采购发票但未结算。如果是全部退货，可删除采购入库单和采购发票；如果是部分退货，可直接修改采购入库单和采购发票。

（3）已经录入采购发票并执行了采购结算但未付款。可取消采购结算，再删除或修改采购入库单和采购发票。

2. 必须录入退货单即红字采购入库单

以下2种情况，必须录入退货单：

（1）如果已经执行了采购结算且结算后的发票已付款，则必须录入退货单。

（2）如果入库单已记账。此时无论是否录入采购发票、采购发票是否结算、结算后的采购发票是否付款，都需要录入退货单。

跟我练

25日，仓库反映本月10日向鸿飞公司采购的进口温控器有100个有质量问题，经双方协商，对方同意原价15元退回100个，但要求菲尼电器付清300个温控器的货款。供应商开具红字专用发票一张（票号9220），发票载明温控器100个，无税单价15元。财务部以转账支票（票号9302）形式支付货款。

1. 填制红字采购入库单并审核

（1）在采购管理系统中，选择"采购入库单"命令，进入"采购入库单"窗口。

（2）单击"增加"按钮下的"采购入库单（红字）"，进入"红字采购入库单"窗口。选择"1002进口温控器"，输入数量"-100"，单价"15"，单击"保存"按钮，如图9.35所示。

（3）在库存管理子系统中审核红字采购入库单。

图9.35 红字采购入库单

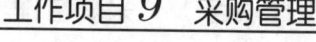

2. 录入红字专用发票进行采购结算

(1) 在采购管理系统中,执行"采购发票"命令,进入"采购专用发票"窗口。
(2) 单击"增加"按钮下的"专用发票(红字)",进入"红字采购专用发票"窗口。录入红字专用发票,单击"保存"按钮。
(3) 单击"结算"按钮,对红字入库单和红字专用发票进行自动结算。
(4) 单击"复核"按钮,对红字采购专用发票进行复核。

3. 进行供应商往来制单

略。

4. 红字入库单记账并生成凭证

略。

5. 支付货款核销应付

(1) 25日,在采购管理系统中,选择"供应商往来"|"付款结算"命令,进入"付款单"窗口。
(2) 选择供应商"鸿飞",单击"增加"按钮,输入结算方式202、结算金额5085,单击"保存"按钮。
(3) 单击"核销"按钮,系统调出该供应商未核销的单据。在相应的单据的"本次结算"栏中输入5085。单击"保存"按钮,然后单击"退出"按钮。

6. 红票对冲

(1) 在采购管理系统中,选择"供应商往来"|"红票对冲"命令,打开"红票对冲"对话框。
(2) 选择供应商名称"鸿飞",单击"过滤"按钮,显示其红字发票记录,如图9.36所示。
(3) 单击"手工"按钮,打开"手工对冲"对话框。在9993号专用发票对冲金额栏输入1695,单击"确认"按钮。系统提示"红票对冲操作完成!"信息提示框,如图9.37所示。

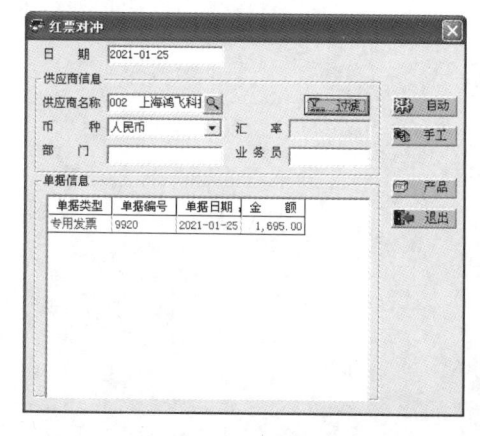

图9.36 红票对冲

图9.37 手工对冲

工作项目 9　采购管理

(4) 单击"确定"按钮返回。

随堂测

一、判断题

1. 没有采购订单不能输入采购入库单。（　　）
2. 自动结算只能结算一张入库单对应一张发票的情况。（　　）
3. 采购结算一旦完成不能撤销。（　　）
4. 采购订单必须审核才能被后续环节参照。（　　）
5. 采购入库单需要在库存管理子系统中填制并审核。（　　）

二、选择题

1. (　　)业务在采购管理子系统中办理。
   A．采购入库　　　B．采购结算　　　C．付款结算　　　D．生成凭证
2. 采购发票可以参照(　　)生成。
   A．采购订单　　　B．采购发票　　　C．采购入库单　　D．采购结算单
3. 采购结算包括(　　)。
   A．自动结算　　　B．现付结算　　　C．费用折扣结算　　D．手工结算
4. 在供应商往来的付款结算中,可以填制(　　)。
   A．应付单　　　　B．转账支票　　　C．付款单　　　　D．收款单

三、思考题

1. 核销的含义是什么？
2. 如何理解红字回冲单和蓝字回冲单？
3. 在生成凭证查询条件对话框中,如何判断是选择采购入库单(暂估)还是选择采购入库单(报销)？
4. 采购运费是如何计入采购成本的？
5. 采购现付与普通采购有何区别？

工作项目 10 销售管理

知识目标
- 了解销售管理子系统的主要功能。
- 熟悉不同类型销售业务的处理流程。
- 理解销售管理各个环节的业务内容。

技能目标
- 掌握普通销售业务全流程处理。
- 掌握销售现结业务处理。
- 掌握代垫费用业务处理。
- 掌握委托代销业务处理。
- 掌握预收款业务处理。
- 掌握转账业务处理。

思政育人
"一带一路"彰显
中国文化自信

10.1 销售管理认知

销售业务是直接为企业带来收入的关键业务环节,是企业利润的主要来源。在新的市场环境下,销售业务类型也较采购业务类型更为丰富多样。

10.1.1 销售管理子系统的基本功能

在 T3 系统中,销售管理子系统提供对销售业务全流程进行管理,包括销售订货、销售发货、销售出库、销售开票、应收结算的全过程。处理销售折扣、随同货物销售所发生的各种代垫费用,以及在货物销售过程中发生的各种销售支出。

在销售管理子系统中,可以处理普通销售、委托代销、分期收款等业务类型。

销售管理子系统不仅可以提供各种销售明细账、销售明细表和各种统计表,还可以进行各种销售分析和综合查询统计分析。

10.1.2 销售管理子系统与 T3 其他子系统的数据关联

销售管理子系统与 T3 其他子系统的数据关联如图 10.1 所示。

销售管理子系统的发货单、销售发票新增后冲减库存管理子系统的货物现存量,经审核后自动生成销售出库单传递给库存管理子系统。库存管理子系统为销售管理子系统提供各种可用于销售的存货现存量。审核后的销售出库单在核算管理子系统中记账并生成出库凭证,经复核的销售发票在核算管理子系统中进行发票制单确认应收;销售管理系统中的收款单在核算管理子系统中进行核销制单确认收入。

```
<销售管理子系统与T3其他子系统的数据关联>
```

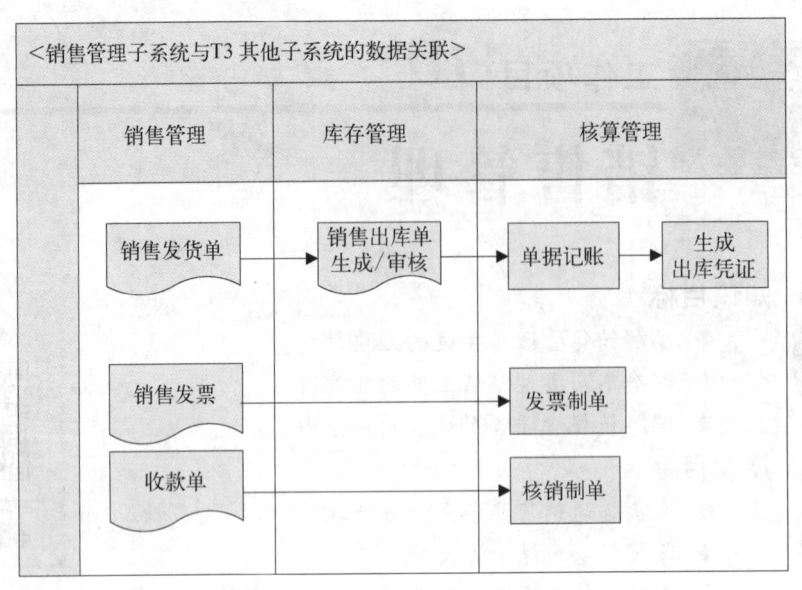

销售管理	库存管理	核算管理
销售发货单 →	销售出库单 生成/审核 →	单据记账 → 生成出库凭证
销售发票 ──────────→		发票制单
收款单 ──────────→		核销制单

图 10.1　销售管理子系统与 T3 其他子系统的数据关联

10.2　实战演练

以系统管理员的身份在系统管理中恢复"购销存初始化"账套;以账套主管的身份完成销售业务处理。

任务1　普通销售业务处理

知识点

普通销售业务支持两种业务模式:先发货后开票业务模式和开票直接发货业务模式。
以先发货后开票为例,业务流程如图 10.2 所示。

1. 销售订货

销售订货是指确认客户的订货需求。它在销售管理子系统中体现为销售订单,其中载明了双方约定的货物明细、数量、价格、交货日期及收款方式等。企业根据销售订单组织货源,进行发货,并可对订单执行情况进行跟踪和管控。

已审核未关闭的销售订单可以用于参照生成销售发货单或销售发票。

2. 销售发货

当客户订单交期来临时,销售部门应根据订单进行发货。销售发货是指企业执行与客户签订的销售合同或销售订单,将货物发往客户的行为,是销售业务的执行阶段。发货单是确认发货的原始单据,仓库根据发货单办理出库。

3. 销售出库

销售出库是销售业务处理的必要环节,在库存管理子系统中用于存货出库数量核算,在核算管理子系统中用于存货出库成本核算。对于采用先进先出、后进先出、移动平均、个别计价这4种计价方式计价的存货,在核算管理子系统进行单据记账时进行出库成本核算;对于采用全月平均、计划价/售价法计价的存货,在核算管理子系统进行期末处理时进行出库成本核算。

```
<普通销售业务—先发货后开票>
```

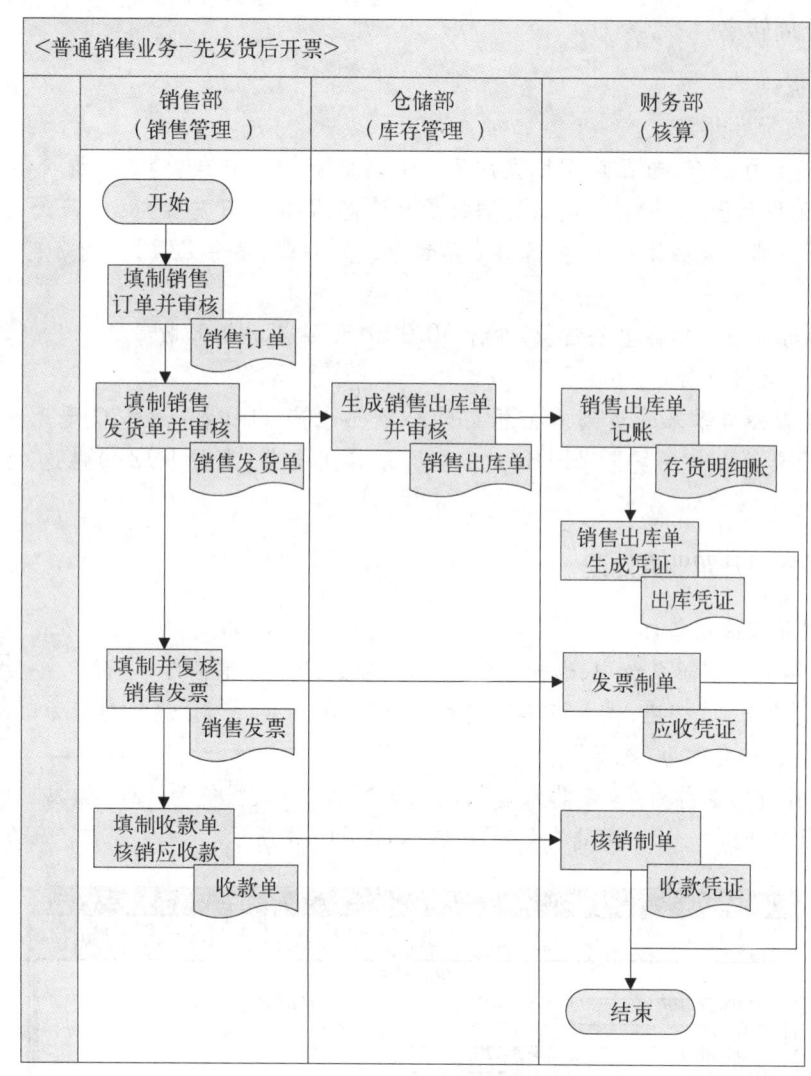

销售部 (销售管理)	仓储部 (库存管理)	财务部 (核算)
开始 → 填制销售订单并审核 → 销售订单		
填制销售发货单并审核 → 销售发货单	生成销售出库单并审核 → 销售出库单	销售出库单记账 → 存货明细账
		销售出库单生成凭证 → 出库凭证
填制并复核销售发票 → 销售发票		发票制单 → 应收凭证
填制收款单核销应收款 → 收款单		核销制单 → 收款凭证
		结束

图 10.2　先发货后开票业务模式的业务流程

4. 销售开票,确认应收

销售开票是在销售过程中企业给客户开具销售发票的行为,是企业确认销售收入的依据,是销售业务的必要环节。

销售发票既可以直接填制,也可以参照销售订单或销售发货单生成。参照发货单开票时,多张发货单可以汇总开票,一张发货单也可拆单生成多张销售发票。

开具销售发票的同时确立企业的债权。从会计核算的角度,依据开具的销售发票形成确认应收的会计核算凭证。

5. 收款结算并核销

销售实现后应及时收款才能保障企业有良好的现金流，使企业正常运转。

收到的款项需要及时与应收进行核销，以进行精确的账龄分析，并提供适时的催款依据，提高资金周转率。

跟我练

(1) 先发货后开票。

2021年1月2日，唯品商贸城预购买全钢热水壶200把，向销售部询价，销售部报价为120元(无税单价)。该客户确认订购数量及价格，要求当日发货。

2日，销售部从成品库发货，并开具专用销售发票一张，票号2111。财务部门确认收入结转成本。

5日，财务部收到唯品电汇货款，共计30 000元，余款作为预收款。

(2) 开票直接发货。

8日，鲁阳公司派采购员到本公司订购全钢热水壶100把，双方议定无税单价120元，本公司开具销售专用发票2118，对方当即以转账支票(票号9922)付讫，采购员当日提货。

1. 先发货后开票业务处理

1) 填制并审核销售订单

(1) 在销售管理子系统中，选择"销售订单"命令，进入"销售订单"窗口。

(2) 单击"增加"按钮，输入订单日期为2021-01-02，选择销售类型为"普通销售"、客户名称为"唯品"。

(3) 选择货物名称为"全钢热水壶"，输入数量为200、报价为120、预发货日期为2021-01-02。单击"保存"按钮，如图10.3所示。

图 10.3 销售订单

（4）单击"审核"按钮，系统弹出"是否只处理当前张？"信息提示框。单击"是"按钮，审核销售订单。

> **提示**
>
> （1）已保存的销售订单可以修改、删除。
> （2）系统会自动生成订单编号，但可以手工修改。订单编号不能重复。
> （3）如果企业要对业务员进行销售业绩考核，则必须输入业务员的信息。
> （4）经审核的销售订单才能被后续环节参照。
> （5）执行完成的销售订单可以关闭。
> （6）在销售订单界面，单击"流转"按钮可以根据审核后的销售订单生成发货单、普通发票、专用发票、退货单、红字普通发票、红字专用发票或其他销售订单。

2）填制并审核销售发货单

（1）在销售管理子系统中，选择"销售发货单"命令，进入"发货单"窗口。

（2）单击"增加"按钮，打开"选择订单"对话框。单击"显示"按钮，显示销售订单，选中要参照的销售订单，如图10.4所示。单击"确认"按钮，将销售订单信息带回发货单。

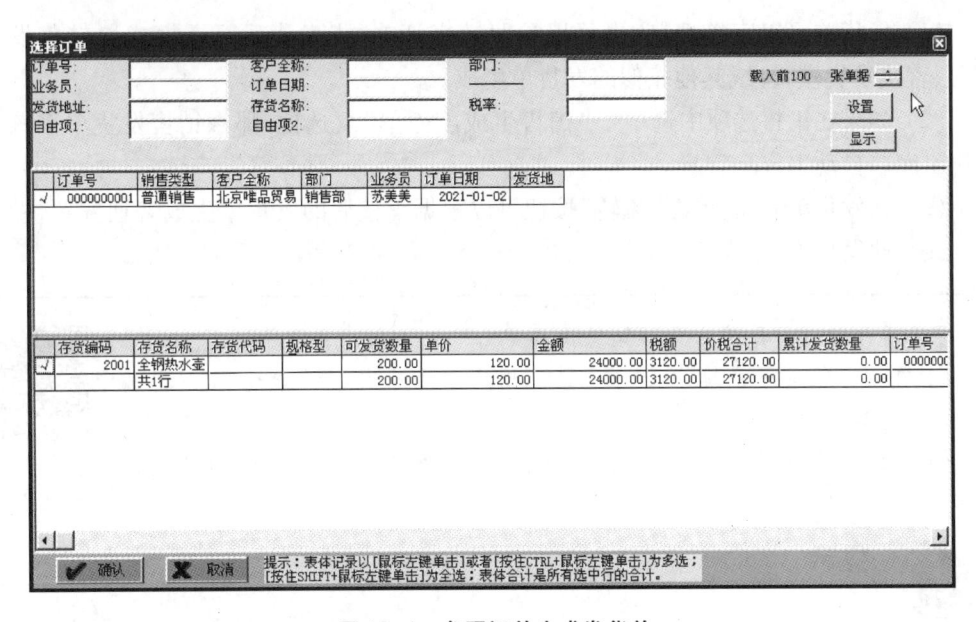

图10.4　参照订单生成发货单

（3）输入发货日期为"2020-01-02"，选择仓库为"成品库"，单击"保存"按钮。

（4）单击"审核"按钮，系统弹出信息提示框，如图10.5所示。

（5）单击"是"按钮，审核成功。单击"确定"按钮返回。

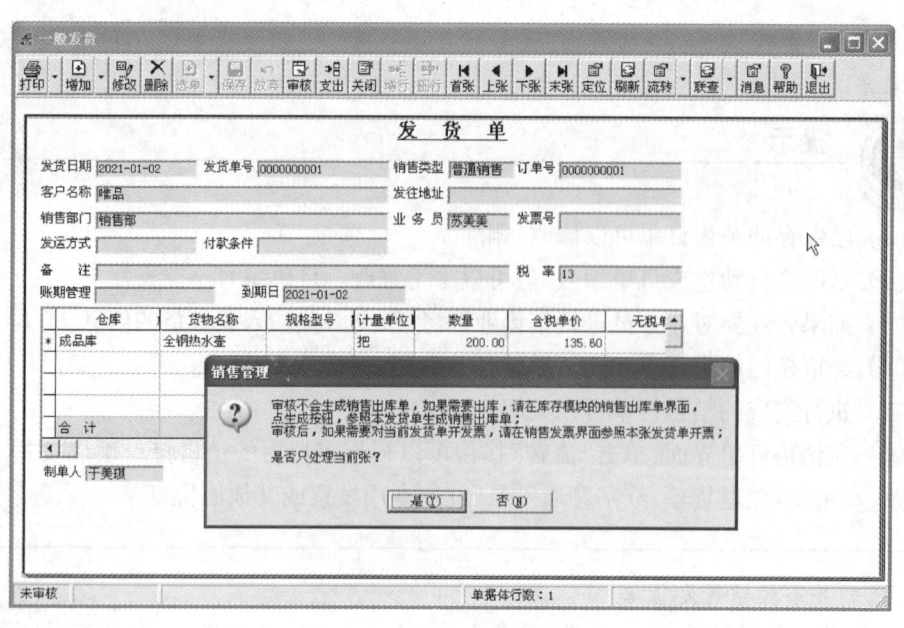

图 10.5 审核销售发货单

> **提示**
>
> （1）发货单可以直接填制，也可以参照销售订单（先发货后开票模式）、销售发票（开票直接发货模式）或其他相似的发货单生成。
> （2）如果在销售选项中选中了"销售生成出库单"复选框，那么销售发货单审核后销售出库单自动生成。
> （3）在发货单界面，单击"流转"按钮可以根据审核后的发货单生成普通发票、专用发票或其他发货单。

3）在库存管理子系统中审核销售出库单

（1）在库存管理子系统中，选择"销售出库单生成/审核"命令，进入"销售出库单"窗口。

（2）系统已根据发货单自动生成销售出库单，单击"审核"按钮，审核销售出库单。

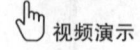

> **提示**
>
> （1）本例在销售选项中未选择"销售生成出库单"复选框，在库存参数中设置了"库存生成销售出库单"，那么需要在库存管理中参照发货单或发票生成销售出库单。
> （2）参照发货单生成的销售出库单没有单价，是因为发货单是销售部门确认发货的单据，发货单上的单价是销售单价，而销售出库单是仓储部门确认企业存货出库的单据，是结转销售成本的依据，因此与发货单单价不同。具体视企业选择的存货核算方法确定。

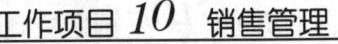

4) 在核算管理子系统中对销售出库单记账并生成凭证

(1) 在核算管理子系统中,选择"核算"|"正常单据记账"命令,打开"正常单据记账条件"对话框。单击"确定"按钮,进入"正常单据记账"窗口。

(2) 选择要记账的单据,单击"记账"按钮。记账完成后,单据在对话框中不再显示。

(3) 在核算管理子系统中,选择"凭证"|"购销单据制单"命令,进入"生成凭证"窗口。

(4) 单击"选择"按钮,打开"查询条件"对话框。选中"销售出库单"复选框,单击"确认"按钮,进入"选择单据"窗口。

(5) 选择要生成凭证的单据,单击"确定"按钮,返回"生成凭证"窗口。

(6) 单击"生成"按钮,进入"填制凭证"窗口。补充输入主营业务成本和库存商品科目核算项目为"全钢热水壶"。

(7) 单击"保存"按钮,凭证左上角显示"已生成"红字标记,表示已将凭证传递到总账管理子系统,如图10.6所示。

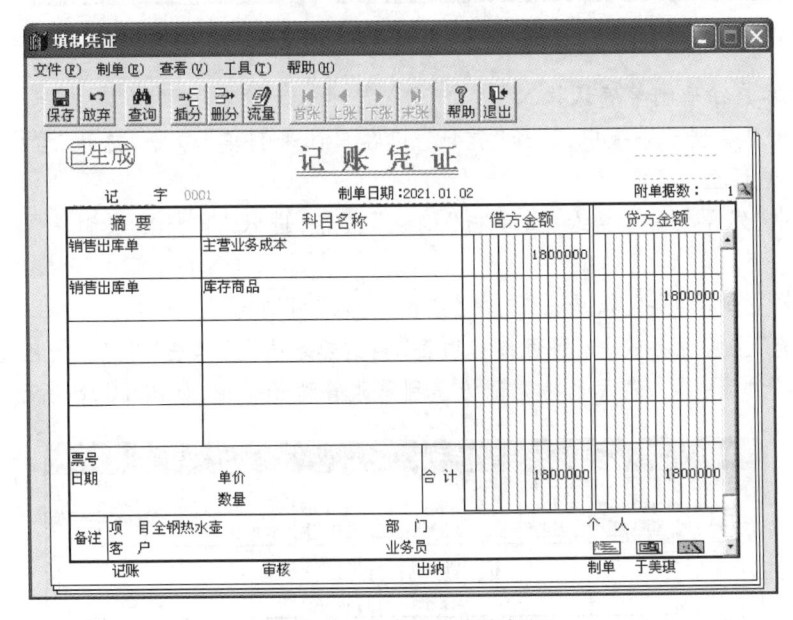

图 10.6 生成销售出库凭证

5) 填制并复核销售发票

(1) 在销售管理系统中,选择"销售发票"命令,进入"销售普通发票"窗口。

(2) 单击"增加"下拉按钮,选择"专用发票"。单击"选单"下拉按钮,选择"发货单",打开"选择发货单"对话框。单击"显示"按钮,列出可参照的发货单。选择本笔业务的发货单,单击"确认"按钮,将发货单信息带入销售专用发票。

(3) 输入发票号2111,单击"保存"按钮。然后单击"复核"按钮,系统弹出提示信息,如图10.7所示。

(4) 单击"是"按钮,复核成功。单击"退出"按钮返回。

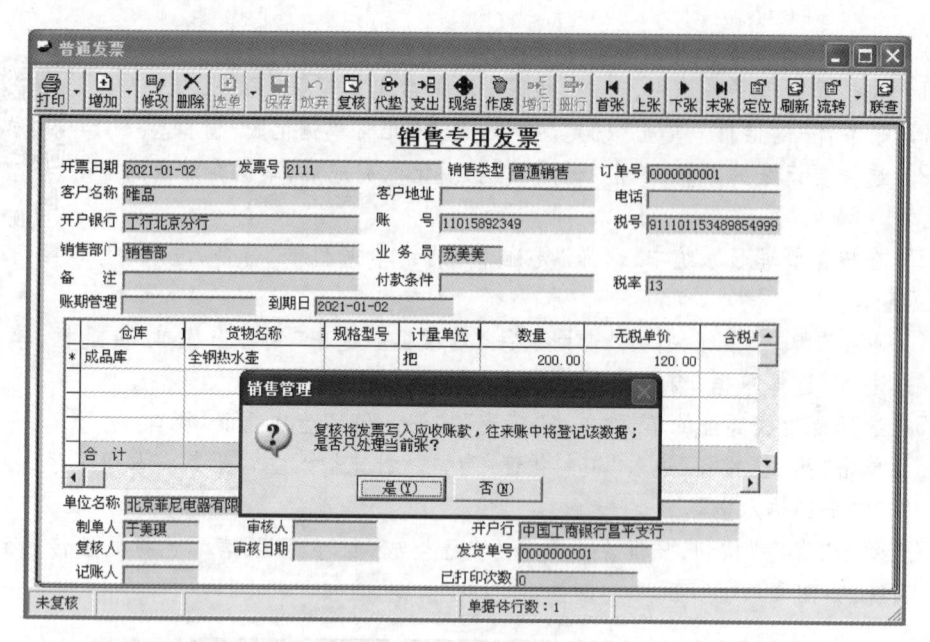

图 10.7 复核销售专用发票

6）进行客户往来制单确认收入

（1）在核算管理子系统中，选择"凭证"|"客户往来制单"命令，打开"客户制单查询"对话框。

（2）选中"发票制单"复选框，单击"确认"按钮，进入"客户往来制单"窗口。

（3）选择要制单的单据，单击"制单"按钮，进入"填制凭证"窗口。

（4）补充"主营业务收入"科目核算项目"全钢热水壶"。单击"保存"按钮，凭证左上角显示"已生成"红字标记，表示已将凭证传递到总账管理子系统，如图 10.8 所示。

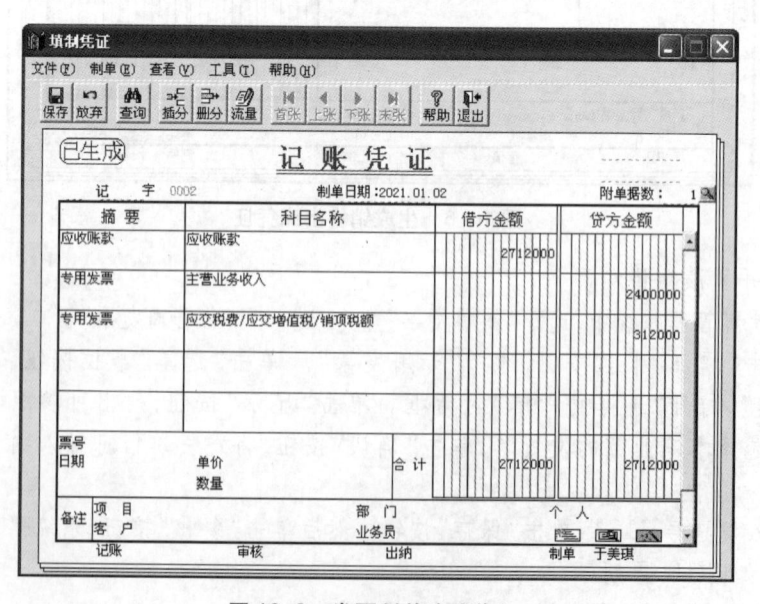

图 10.8 发票制单确认收入

7) 收款结算、核销应收并制单

(1) 在销售管理子系统中输入收款单,核销应收。

① 5日,在销售管理子系统中,选择"客户往来"|"收款结算"命令,进入"收款单"窗口。

② 选择客户为"001唯品",单击"增加"按钮,输入收款单各项信息。单击"保存"按钮。

③ 单击"核销"按钮,收款单下方窗格中显示该客户未核销的应收款。在要核销的单据的本次结算栏中输入27 120,如图10.9所示。

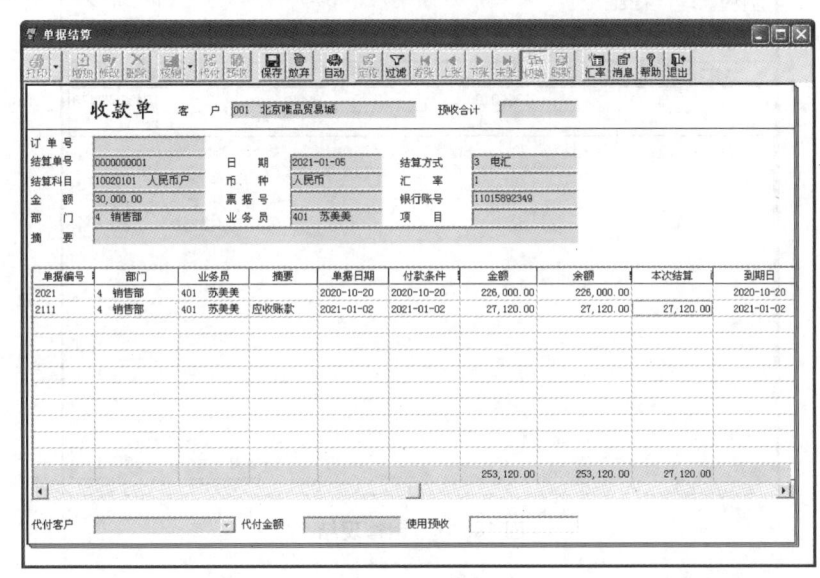

图 10.9　核销应收

④ 单击"保存"按钮,收款单上方的预收合计显示2 880。

(2) 收款结算制单。

① 在核算管理子系统中,选择"凭证"|"客户往来制单"命令,打开"客户制单查询"对话框。

② 选中"核销制单"复选框,单击"确认"按钮,进入"核销制单"窗口。

③ 选择要制单的单据,单击"制单"按钮,进入"填制凭证"窗口。单击"保存"按钮,如图10.10所示。

2. 开票直接发货业务处理

1) 在销售管理子系统中,填制并复核销售专用发票

(1) 在销售管理子系统中,选择"销售发票"命令,进入"销售专用发票"窗口。

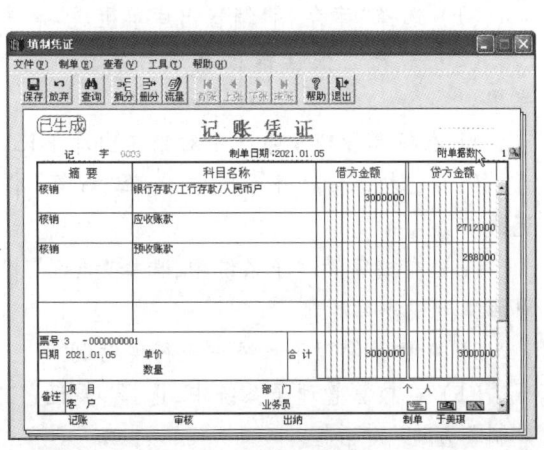

图 10.10　收款结算生成凭证

(2) 按资料输入销售专用发票内容,单击"保存"按钮。

(3) 单击"现结"按钮,打开"销售现结"对话框。选择结算方式为"转账支票",结算金额,票号9922,银行账号"110432577778",如图10.11所示。单击"确定"按钮,系统弹出"现结记录已保存!"信息提示框,单击"确定"按钮返回。销售发票右上角显示"现结"字样。

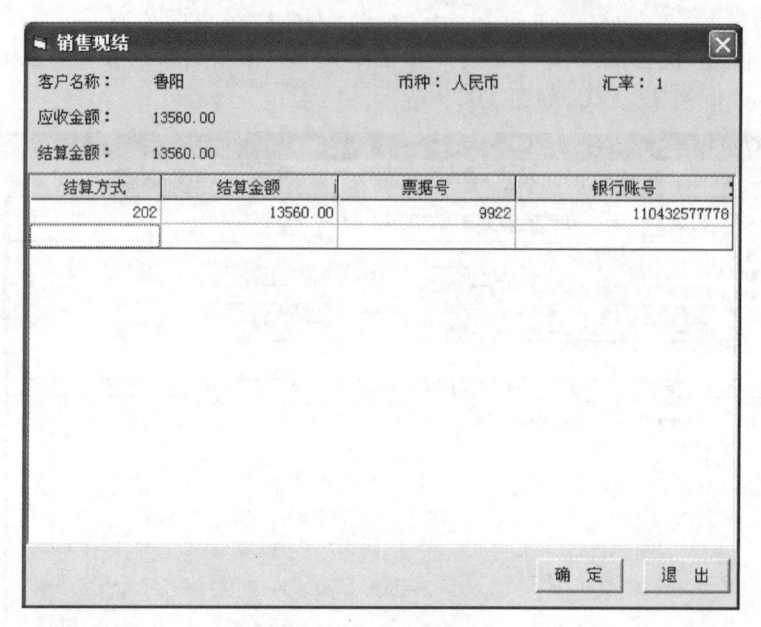

图10.11 销售现结

(4) 单击"复核"按钮,复核销售专用发票。

2) 在销售管理子系统中,查询销售发货单

(1) 在销售管理子系统中,选择"销售发货单"命令,进入"发货单"窗口。

(2) 可以查看到根据销售专用发票自动生成的发货单,该发货单为已审核状态。

3) 在库存管理子系统中,审核销售出库单

(1) 选择"库存"|"销售出库单生成/审核"命令,进入"销售出库单"窗口。

(2) 系统已根据销售发票自动生成年销售出库单,单击"审核"按钮,审核销售出库单。

4) 在核算管理子系统中对销售出库单记账并生成出库凭证

(1) 在核算管理子系统中,选择"核算"|"正常单据记账"命令,选择对销售出库单进行记账。

(2) 在核算管理子系统中,选择"凭证"|"购销单据制单"命令,选择销售出库单生成出库凭证。

5) 在核算管理子系统中进行现结制单

(1) 在核算管理子系统中,选择"凭证"|"客户往来制单"命令,打开"客户制单查询"对话框。

（2）选择"现结制单"，对现结销售发票制单生成凭证，如图10.12所示。

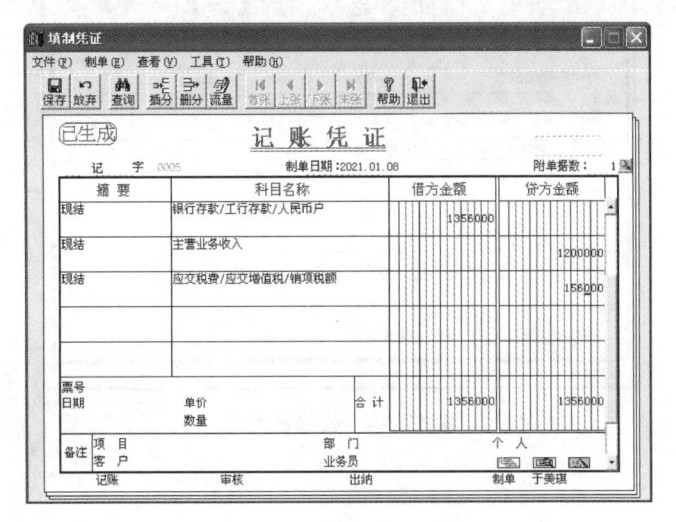

图10.12 现结发票制单

任务2 代垫费用处理

知识点

代垫费用是指在销售业务中，随货物销售所发生的（如运杂费、保险费等）暂时代垫，将来需要向对方单位收取的费用项目。代垫费用实际上形成了用户对客户的应收款。

代垫费用处理的业务流程如图10.13所示。

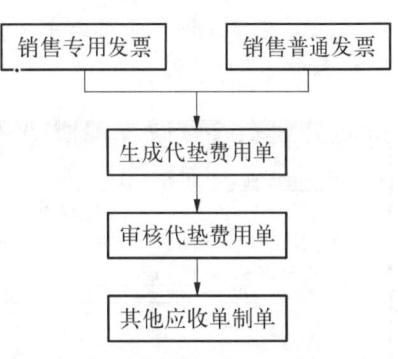

图10.13 代垫费用处理的业务流程

跟我练

8日，销售部在向鲁阳公司销售商品过程中用现金代垫一笔运输费200元。客户尚未支付。

1. 在基础设置中设置费用项目

在T3系统中，选择"基础设置"|"购销存"|"费用项目"命令，进入"费用项目"窗口，增加费用项目"01代垫运费"。

2. 在销售管理子系统中填制并审核代垫费用单

（1）在销售管理子系统中，选择"销售发票"命令，进入"销售专用发票"窗口。找到本笔业务销售专用发票，单击"代垫"按钮，进入"代垫费用单"窗口。

（2）单击"增加"按钮，选择费用项目为"01代垫运费"，输入代垫金额为200，单击"保存"按钮。

（3）单击"审核"按钮，系统弹出"是否只处理当前张？"信息提示框。单击"是"按钮返回，如图10.14所示。

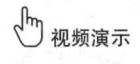

图 10.14 代垫费用单

(4) 单击"退出"按钮返回。

3. 在核算管理子系统中对代垫费用单形成的应收单制单

(1) 在核算管理子系统中,选择"凭证"|"客户往来制单"命令,打开"客户制单查询"对话框。

(2) 选中"应收单制单"复选框,单击"确认"按钮,进入"应收单制单"窗口,如图 10.15 所示。

(3) 选择要制单的单据,单击"制单"按钮,进入"填制凭证"窗口,如图 10.16 所示。

(4) 补充输入贷方科目为 1001,单击"保存"按钮。

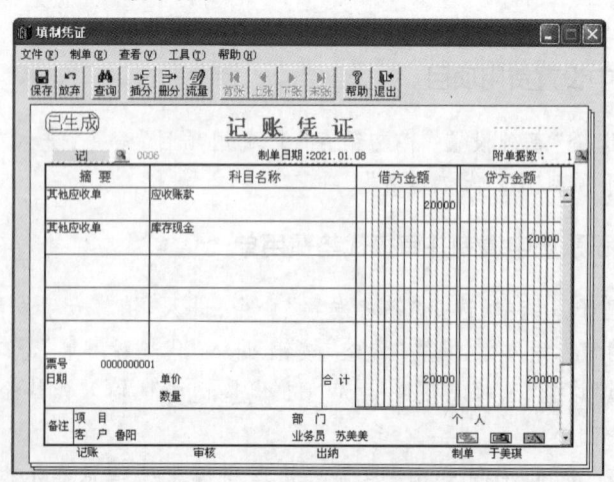

图 10.15 应收单制单

图 10.16 其他应收单生成凭证

任务3 委托代销业务处理

知识点

委托代销业务,是指企业将商品委托给受托方代销。与普通销售业务不同,将代销商品委托给受托方时,商品所有权尚未转移,因此委托方在交付商品时不确认收入,不开具销售发票。

受托方代销商品售出后,开出销售清单,与委托方进行结算。委托方根据销售清单开具正式的销售发票,形成销售收入,商品所有权转移。

代销商品有两种方式。

方式一:视同买断。委托方按协议价收取货款,实际售价由受托方自定,售价与协议价之间的差额归受托方所有。

方式二:收取手续费。受托方根据代销的商品数量收取手续费,其实这是受托方的一种劳务收入。

跟我练

(1) 1月10日,与银泰签订委托代销协议(买断方式),委托其代销养生煮茶壶100把,无税单价180元,当日从成品库发货,约定每月15日为结算日。

(2) 1月15日,收到银泰公司的委托代销清单一张,结算养生煮茶壶30把。立即开具销售专用发票给银泰。

1. 委托代销业务相关设置

(1) 在T3系统中,选择"基础设置"|"购销存"|"收发类别"命令,增加类别编码"26"、类别名称"委托代销出库"、收发标志"发"的出库类别。

(2) 在T3系统中,选择"基础设置"|"购销存"|"销售类型"命令,增加销售类型编码"01"、销售类型名称"委托代销"、出库类别"委托代销出库"。

(3) 在T3系统中,选择"基础设置"|"财务"|"会计科目"命令,增加会计科目"1406 委托代销商品"。

(4) 在核算管理子系统中,选择"科目设置"|"存货对方科目"命令,进入"对方科目设置"窗口。单击"增加"按钮,设置"26 委托代销"出库类型存货对方科目为"1406 委托代销商品"。

2. 委托代销发货

(1) 10日,在销售管理子系统中,选择"销售订单"命令,进入"销售订单"窗口。选择销售类型为"委托代销",填写其他相关信息,保存并审核。

(2) 选择"流转"|"生成发货单",根据当前销售订单生成发货单,补充录入仓库"2 成品库",保存并审核。

(3) 在库存管理子系统中,选择"销售出库单生成/审核"命令,审核销售出库单。

(4) 在核算管理子系统中,选择"核算"|"正常单据记账"命令,对销售出库单记账。

(5) 在核算管理子系统中,选择"核算"|"购销单据制单"命令,对销售出库单生成凭

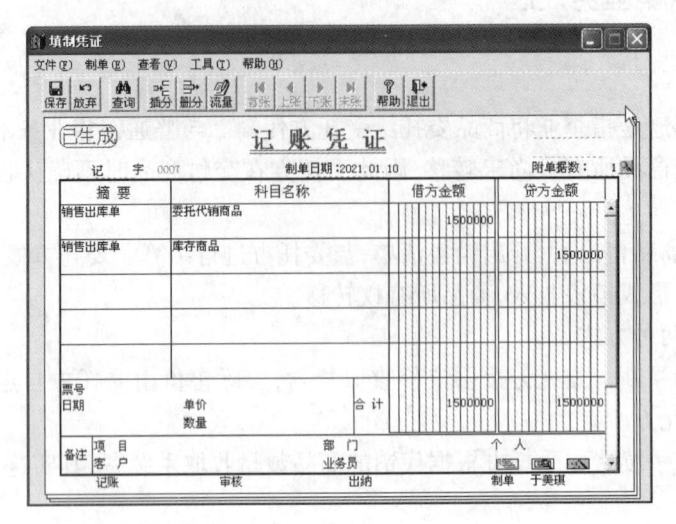

证,如图10.17所示。

图10.17 委托代销出库生成凭证

3. 委托代销结算

(1) 15日,在销售管理子系统中,选择"销售发票"命令,进入"销售专用发票"窗口。参照发货单生成销售专用发票,修改发票中养生煮茶壶结算数量为"30",单击"保存"按钮。单击"复核"按钮,复核销售专用发票。

(2) 在核算管理子系统中,选择"凭证"|"客户往来制单"命令,进行发票制单,生成凭证:

借:应收账款　　　　　　　　　　　　　　　　　　　　　　6 102
　　贷:主营业务收入(养生煮茶壶)　　　　　　　　　　　　　5 400
　　　　应交税费/应交增值税/销项税额　　　　　　　　　　　　702

(3) 在总账管理子系统中手工填制结转销售成本的凭证。

借:主营业务成本　　　　　　　　　　　　　　　　　　　　4 500
　　贷:委托代销商品　　　　　　　　　　　　　　　　　　　4 500

任务4　销售退货处理

知识点

销售退货是指客户因质量、品种、数量不符合规定要求而将已购货物退还。在先发货后开票业务模式下,退货时需要填写退货单并审核,生成红字销售出库单,开具红字销售发票,然后做退款处理。在开票直接发货业务模式下,退货单由销售部门根据红字销售发票生成,作为货物退货入库的依据。在此情况下,退货单只做浏览,不能进行增删改和审核。

跟我练

1月20日,收到客户唯品商贸城退回1月2日发货的全钢热水壶20把,入成品库。无税单价为120元,开具红字销售专用发票并以电汇方式当即办理退款。

1. 填制退货单并审核

(1) 在销售管理子系统中,选择"销售"|"销售发货单"命令,进入"发货单"窗口。

(2) 选择"增加"下拉列表中的"退货单",打开"选择订单"对话框。单击"显示"按钮,显示可参照的销售订单。选中要参照的1月2日的销售订单,单击"确认"按钮,返回"发货单"窗口。

(3) 选择仓库为"成品库",修改数量为-20,单击"保存"按钮。单击"审核"按钮,如图10.18所示。

(4) 单击"退出"按钮返回。

图 10.18 填制并审核退货单

2. 在库存管理子系统中审核红字销售出库单

(1) 在库存管理子系统中,选择"销售出库单生成/审核"命令,进入"销售出库单"窗口。

(2) 系统已根据退货单自动生成销售出库单,单击"审核"按钮,对销售出库单进行审核。

3. 在销售管理子系统中开具红字销售专用发票并现结

(1) 在销售管理子系统中,选择"销售发票"命令,进入"销售专用发票"窗口。

(2) 单击"增加"下拉按钮,选择"专用发票(红字)"选项,进入红字"销售专用发票"窗口。

(3) 单击"选单"下拉按钮,选择"发货单"选项,打开选择"发货单"对话框。单击"显示"按钮,显示可参照的发货单。选中要参照的发货单,单击"确认"按钮,将发货单信息带回红字销售专用发票。

(4) 单击"保存"按钮。

(5) 单击"现结"按钮,打开"销售现结"对话框。选择结算方式为"3 电汇",输入结算金额为-2 712,单击"确定"按钮,现结成功,单击"确定"按钮返回。

(6) 单击"复核"按钮,对红字销售专用发票进行复核。

4. 对红字销售出库单记账并制单

(1) 在核算管理子系统中,选择"核算"|"正常单据记账"命令,对红字销售出库单进行记账。

(2) 核算管理子系统中,选择"凭证"|"购销单据制单"命令,对销售出库单生成以下凭证:

借:主营业务成本　　　　　　　　　　　　　　　　　　-1 800
　贷:库存商品　　　　　　　　　　　　　　　　　　　　-1 800

5. 对红字销售专用发票制单

在核算管理子系统中,选择"凭证"|"客户往来制单"命令,打开"客户制单查询"对话框。选中"现结制单"复选框,单击"确认"按钮,打开"现结制单"对话框。选中要制单的记录,单击"制单"按钮,生成以下凭证:

借:银行存款——中行存款——人民币户　　　　　　　　-2 712
　贷:主营业务收入　　　　　　　　　　　　　　　　　　-2 400
　　　应交税费——应交增值税——销项税额　　　　　　　-312

任务5　预收款业务处理

知识点

收款单用来记录企业所收到的客户款项,款项性质既可以是应收款,也可以是预收款。

跟我练

2021年1月20日,收到唯品商贸城电汇金额10 000元,作为预定养生壶新品的订金。

1. 填制收款单

(1) 在销售管理子系统中,选择"客户往来"|"收款结算"命令,打开"单据结算"对话框。

(2) 选择客户为"唯品",单击"增加"按钮。选择结算方式为"3 电汇",输入金额为10 000,单击"保存"按钮。

(3) 单击"预收"按钮,显示预收总计为12 880,其中2 880是此前预收的货款。

2. 核销制单

在核算管理子系统中,选择"凭证"|"客户往来制单"命令,选择"核销制单",生成凭证,如图10.19所示。

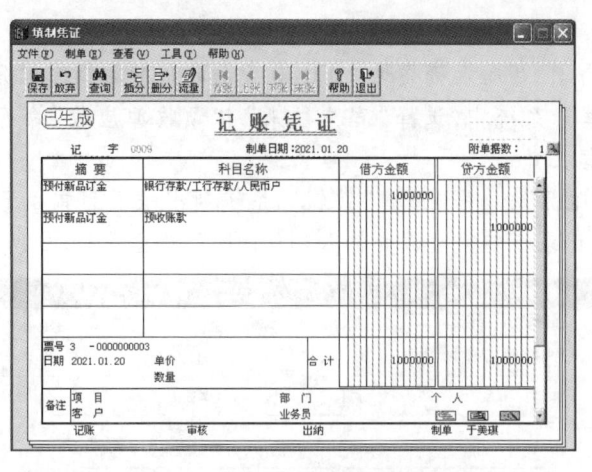

图 10.19　收款核销生成凭证

任务 6　转账处理

知识点

转账处理是指在日常业务处理中经常发生的应收冲应付、应收冲应收、预收冲应收和红票对冲业务的处理。

1. 应收冲应付

应收冲应付是指用某客户的应收账款冲抵某供应商的应付款项。系统通过应收冲应付功能将应收款业务在客户和供应商之间进行转账,实现应收业务的调整,解决应收债权与应付债务的冲抵。

2. 应收冲应收

应收冲应收是指将一家客户的应收款转到另一家客户中。通过应收冲应收功能可将应收款业务在客商之间进行转入、转出,实现应收业务的调整,解决应收款业务在不同客商之间入错户或合并户的问题。

3. 预收冲应收

预收冲应收是指处理客户的预收款和该客户应收欠款的转账核销业务,即某一个客户有预收款时,可用该客户的一笔预收款冲抵其一笔应收款。

4. 红票对冲

红票对冲可实现某客户的红字应收单与其蓝字应收单、收款单和付款单之间的冲抵。例如,当发生退票时,用红字发票对冲蓝字发票。红票对冲通常可以分为系统自动冲销和手工冲销两种处理方式:自动冲销可同时对多个客户依据红票对冲规则进行红票对冲,提高红票对冲的效率;手工冲销可对一个客户进行红票对冲,并自行选择红票对冲的单据,提高红票对冲的灵活性。

工作项目 10 销售管理

跟我练

2020年1月25日,用唯品商贸城10 000元预收货款冲销其部分期初应收货款。

(1) 在销售管理子系统中,选择"客户往来"|"预收冲应收"命令,打开"预收冲应收"对话框。

(2) 选择客户"唯品",单击"过滤"按钮。系统列出唯品目前的预收款,在1月20日预收款记录行转账金额处输入"10 000",如图10.20所示。

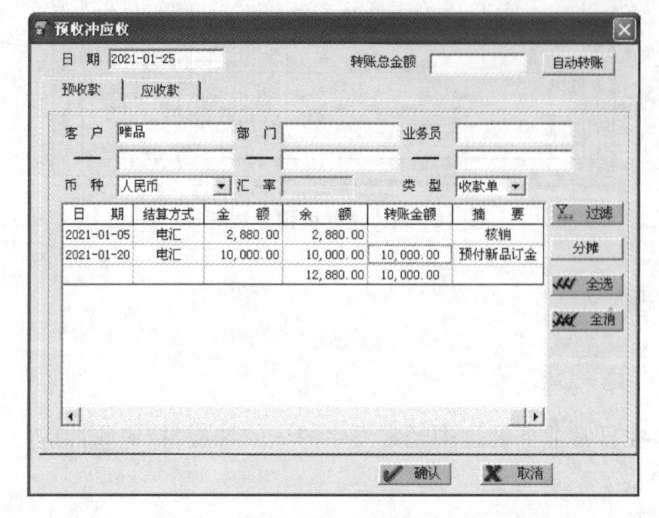

图 10.20 预收款

(3) 单击"应收款"选项卡,单击"过滤"按钮,显示客户唯品的应收款记录。在2020-10-20专用发票转账金额栏输入"10 000",单击"确认"按钮,系统弹出"操作成功?"信息提示框。单击"确定"按钮返回。

(4) 在核算管理子系统中,选择"凭证"|"客户往来制单"命令。选择"转账制单",生成凭证如图10.21所示。

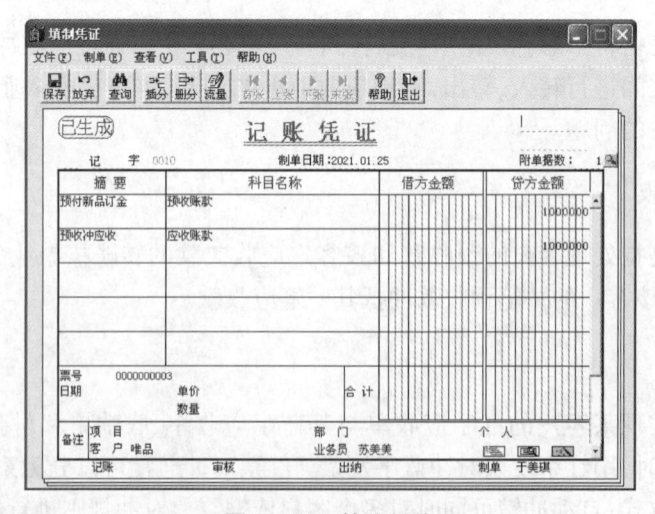

图 10.21 转账制单

以上全部完成后,将账套备份至"销售管理"。

10.3 拓展应用

任务1 客户信用控制

知识点

企业为了扩大销售通常采取赊销手段,而赊销会形成大量的应收账款。如果忽视对应收账款的管理和控制,会形成呆账坏账,影响企业的资金周转,严重的话会导致企业经营困难。在T3系统中,可以通过事先设置客户信用额度和信用期限、事中加强对销售过程进行信用检查和控制、事后及时进行账龄分析和账款跟催来加强对应收账款的管控。

跟我练

为客户银泰设置信用额度为10万元。设置"有客户信用控制"。

10日,银泰订购全钢热水壶和养生煮茶壶各300把,全钢热水壶无税单价120元,养生煮茶壶无税单价200元,适用税率13%。当日发货。

进行客户账龄分析。

1. 设置客户信用额度

(1) 在T3系统基础设置中,选择"往来单位" | "客户档案"命令,进入"客户档案"窗口。单击左侧"客户分类",右侧显示所有客户档案。

(2) 双击"003 银泰",打开"客户档案卡片"对话框。

(3) 单击"信用"选项卡,在"信用额度"文本框中输入"100 000",单击"保存"按钮。单击"退出"按钮返回。

2. 设置对客户进行信用控制

(1) 在销售管理系统中,选择"销售业务范围设置"命令,打开"选项"对话框。

(2) 单击"业务控制"选项卡,选中"有客户信用控制"复选框,弹出系统提示信息,如图10.22所示。

图10.22 设置对客户进行信用控制

(3) 仔细阅读提示信息,单击"确定"按钮返回。在"口令"文本框中设置口令为"211003",单击"确认"按钮返回。

3. 销售订货时进行信用检查

(1) 在销售管理系统中,选择"销售订单"命令,进入"销售订单"窗口。

(2) 单击"增加"按钮,选择销售类型"普通销售"、客户"003 银泰"。

(3) 填写所订购货物的名称、数量、单价信息,单击"保存"按钮,由于所订货物的价税合计 108 480 超过了为该客户设定的信用额度 100 000,系统打开"口令控制"对话框,如图 10.23 所示。

图 10.23 销售订货时进行信用控制

(4) 业务员请示主管领导,主管领导批准本次订货并输入口令"211003",单击"确认"按钮。

(5) 单击"审核"按钮,审核销售订单。

4. 销售发货时进行信用检查

(1) 在销售管理子系统中,选择"销售"|"销售发货单"命令,进入"发货单"窗口。

(2) 单击"增加"按钮,打开"选择订单"对话框。单击"显示"按钮,显示销售订单,选中要参照的销售订单,单击"确认"按钮,将销售订单信息带回发货单。

(3) 选择仓库为"成品库",单击"保存"按钮。系统打开"口令控制"对话框,请主管领导批准并输入口令"211003",单击"确认"按钮。

(4) 单击"审核"按钮,审核销售发货单。

5. 进行客户账龄分析

(1) 在销售管理子系统中,选择"客户往来账表"|"业务账龄分析"命令,打开"业务应收账龄分析"对话框。

(2) 单击"确定"按钮,进入"业务账龄分析"窗口,如图 10.24 所示。

图 10.24　业务账龄分析

任务 2　销售支出

知识点

在销售业务中,随货物销售可能向客户支付各种费用,如现金折扣等让利、业务招待费等。另外,如果向客户赠送未列入销售单据的货物,亦可按其成本价登记到销售支出单中。其目的在于让企业掌握用于某客户费用支出情况,以及承担这些费用的销售部门或业务员的情况,用作对销售部门或业务员的经营业绩的考核依据。销售费用的核算在总账子系统中填制凭证,在销售管理子系统中仅提供简单的登记和统计功能。

销售支出单可以在发货单界面或销售发票界面中录入,以便能将销售支出单和销售发票关联起来,即确定销售费用是随同哪张发票发生的。

跟我练

1月28日,唯品商贸城持转账支票购买100把养生煮茶壶,无税单价200元,产生业务费用800元,用销售支出单记录。

1. 增加费用项目

在T3基础设置中,选择"购销存"|"费用项目"命令,增加"02业务费"。

2. 在填制发票时记录销售支出

(1) 在销售管理系统中,选择"销售发票"命令,进入"销售专用发票"窗口。

(2) 单击"增加"按钮,填写相关内容,并保存。

(3) 单击"支出"按钮,进入"销售支出单"窗口,填写相关内容如图10.25所示。

3. 销售费用查询及统计

(1) 在销售管理系统中,选择

图 10.25　销售支出单

"销售明细表"|"销售费用明细表"命令,可查看销售费用明细情况。

(2) 在销售管理系统中,选择"销售统计表"|"销售费用统计表"命令,可查看销售费用统计情况。

任务3　存货辅助计量单位应用

知识点

在企业经营活动中,不同部门对同一存货的管理采用的计量单位不同,如大家熟悉的可口可乐,存储和发运用"箱"计量,财务核算用"听"计量,1箱有24听。为满足这种需求,需要启用存货辅计量单位。

跟我练

企业采购进口温控器时,以箱为单位,一箱有50个。利用存货辅助计量单位进行管理。

(1) 在销售管理子系统中,选择"销售"|"销售业务范围设置"命令,打开"选项"对话框。在"业务范围"选项卡中,选中"存货有辅助计量单位"复选框,系统弹出提示信息,如图10.26所示。单击"确定"按钮,再单击"确认"按钮。

(2) 选择"基础设置"|"存货"|"存货档案"命令,进入"存货档案"窗口。

(3) 双击"进口温控器"存货,打开"存货档案卡片"对话框。输入辅计量单位"箱",换算率50,如图10.27所示。

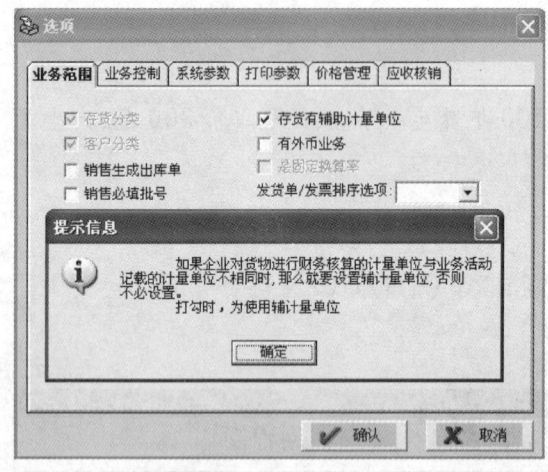

图10.26　销售选项设置　　　　图10.27　为存货设置辅助计量单位

随堂测

一、判断题

1. 可以设置是由销售管理子系统生成出库单还是由库存管理子系统生成出库单。　　　　　　　　　　　　　　　　　　　　　　　　　　　　　(　　)

2. 可以一次发货分次开票,但不能一次发货多次出库。　　　　　　(　　)

3. 随销售过程发生的代垫费用需要在总账管理子系统中直接填制凭证。(　　)

4. 委托代销发货时,商品所有权仍归本企业所有。　　　　　　　　(　　)

5. 可以先发货后开票,也可以开票直接发货。 ( )

二、选择题

1. 销售管理子系统与T3(　　)子系统存在数据关联。
   A. 总账管理　　　B. 采购管理　　　C. 库存管理　　　D. 核算管理
2. (　　)存货计价方式,不能在实现销售后当即结转销售成本。
   A. 先进先出　　　B. 移动平均　　　C. 全月平均　　　D. 售价法
3. 销售业务流程中,(　　)环节不是必需的。
   A. 销售订货　　　B. 销售发货　　　C. 销售出库　　　D. 销售开票
4. 向客户预收货款需要以(　　)形式输入。
   A. 应收单　　　　B. 预收单　　　　C. 收款单　　　　D. 发票
5. 为客户代垫的运费用(　　)记录。
   A. 发票　　　　　B. 应收单　　　　C. 代垫费用单　　D. 销售支出单

三、思考题

1. 销售管理子系统的功能有哪些?
2. 简述先开票后发货业务的处理流程。
3. 简述委托代销业务的处理流程。
4. 举例说明你对辅助计量单位的理解。
5. 如何借助信息系统加强企业应收账款管理?

工作项目 11 库存管理

知识目标
- 了解库存管理子系统的功能。
- 了解库存管理子系统与 T3 其他子系统的数据关联。
- 阐述材料领用、产成品入库的业务流程。

技能目标
- 掌握材料领用的业务处理。
- 掌握产成品入库的业务处理。
- 掌握其他出入库的业务处理。
- 掌握盘点业务处理。

> 思政育人
> 成功,是勇于创新与吃苦耐劳的产物

11.1 库存管理认知

11.1.1 库存管理子系统的基本功能

库存管理子系统的主要功能是对采购管理子系统、销售管理子系统和库存管理子系统填制的各种出入库单据进行审核,并对存货的出入库数量进行管理。

除了管理采购业务、销售业务形成的入库和出库业务外,还可以处理仓库间的调拨业务、盘点业务、组装拆卸业务、形态转换业务等。

库存管理子系统支持批次跟踪、保质期管理、现存量(可用量)管理、最高最低库存管理。

11.1.2 库存管理子系统与 T3 其他子系统的数据关联

库存管理子系统对采购管理子系统输入的采购入库单进行审核确认。如果是由库存管理子系统生成销售出库单,则可以根据销售管理子系统的发货单、发票生成销售出库单并审核;如果是由销售管理子系统生成销售出库单,则可以对销售出库单进行审核。库存管理子系统为销售管理子系统提供各种存货的可销售量信息。库存管理子系统中的各种出入库单据需要在核算管理子系统进行记账、生成凭证,核算管理子系统为各种出入库单据提供成本信息。

11.2 实战演练

以系统管理员的身份在系统管理中恢复"购销存初始化"账套;以账套主管的身份完成库存业务处理。

任务1 入库业务

知识点

存货是企业一项重要的流动资产。存货入库业务主要包括采购入库、产成品入库和其他入库。

1. 采购入库

采购货物到达企业后,采购员在采购管理子系统中填制采购入库单,然后到库房办理入库。仓库保管员对采购的实际到货情况进行质量、数量的检验和签收,然后对采购入库单进行审核。

2. 产成品入库

产成品入库单是指产成品验收入库时所填制的单据。只有工业企业才有产成品入库单,商业企业没有此单据。

一般在入库时无法确定产成品的总成本和单位成本,因此在填制产成品入库单时,一般只填数量,而没有单价和金额。

产成品入库的业务流程如图11.1所示。

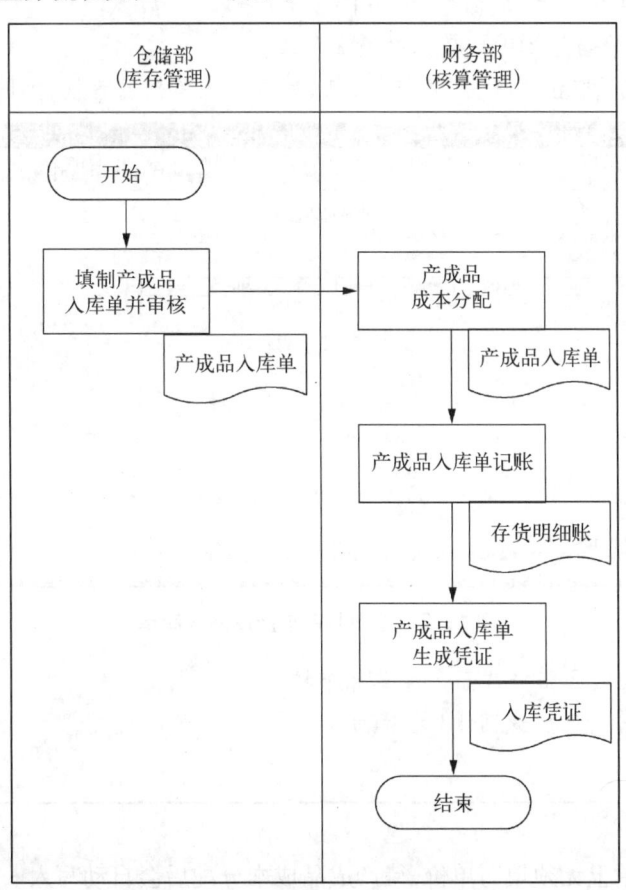

图 11.1 产成品入库的业务流程

3. 其他入库

其他入库是指除了采购入库、产成品入库之外的入库,如调拨入库、盘盈入库、组装拆卸入库、形态转换入库等。

需要注意的是,调拨入库、盘盈入库、组装拆卸入库、形态转换入库等业务可以自动形成相应的入库单,除此之外的其他入库单由用户手工填制。

跟我练

3日,生产部完工2 000台全钢热水壶,入成品库。

5日,生产部完工1 400台全钢热水壶,入成品库。

财务部汇总本月完工产品成本,其中全钢热水壶的总成本400 000元,立即做成本分配,记账并生成凭证。

1. 在库存管理子系统中输入产成品入库单并审核

(1) 在库存管理子系统中,选择"产成品入库单"命令,进入"产成品入库单"窗口。

(2) 单击"增加"按钮,输入入库日期为"2021-01-03"、入库类别为"产成品入库",选择仓库为"成品库"、部门为"生产部"。

(3) 选择产品编码为2001,输入数量2 000。

(4) 单击"保存"按钮。单击"审核"按钮,完成对该单据的审核,如图11.2所示。

图11.2 填制并审核产成品入库单

(5) 同理,输入第2张产成品入库单并审核。

(6) 单击"退出"按钮,返回T3主界面。

提示

产成品入库单上无须填写单价,待产成品成本分配后会自动写入。

2. 在核算管理子系统中输入生产总成本并进行产成品成本分配

（1）在核算管理子系统中，选择"核算"|"产成品成本分配"命令，打开"产成品成本分配表"对话框。

（2）单击"查询"按钮，打开"产成品成本分配表查询"对话框。选择"成品库"，单击"确认"按钮，进入"需要分配的产成品单据选择"窗口。选中"全选"复选框，单击"确定"按钮，系统将符合条件的记录带回产成品成本分配表。

（3）在"2001 全钢热水壶"记录行的"金额"栏输入 400 000。

（4）单击"分配"按钮，系统弹出提示"分配操作顺利完成！"，如图 11.3 所示。然后单击"确定"按钮返回。

（5）单击"退出"按钮，返回 T3 主界面。

（6）选择"产成品入库单"命令，打开"产成品入库单"对话框，可以看到产成品入库单中全钢热水壶单价已自动填写为 120 元。

图 11.3　输入产品成本分配金额并分配产品成本

3. 在核算管理系统中对产成品入库单进行记账并生成凭证

（1）在核算管理子系统中，选择"核算"|"正常单据记账"命令，对产成品入库单进行记账处理。

（2）选择"凭证"|"购销单据制单"命令，打开"生成凭证"对话框。单击"选择"按钮，打开"查询条件"对话框。选中"产成品入库单"复选框，单击"确认"按钮，进入"选择单据"窗口。单击"全选"按钮选中要制单的记录，再单击"确定"按钮，进入"生成凭证"窗口。单击"合成"按钮，可合并生成入库凭证，如图 11.4 所示。

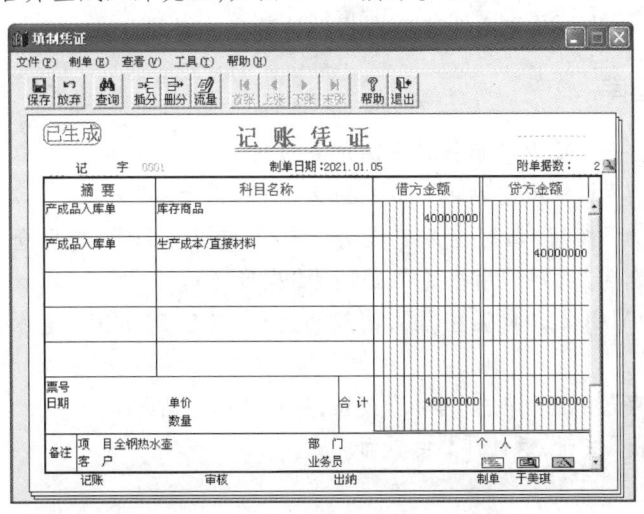

图 11.4　产成品入库单生成凭证

任务 2　出库业务

知识点

库存管理子系统的出库业务主要包括以下几类。

1. 销售出库

如果在选项设置中设置了由库存生成出库单,那么在库存管理子系统中可以参照销售管理子系统填制的销售发票或发货单生成出库单,然后进行审核;如果在选项设置中设置了由销售生成出库单,那么销售出库单可以在销售管理子系统生成后传递到库存管理子系统,再由库存管理子系统进行审核。

2. 材料领用出库

材料出库单是工业企业领用材料时所填制的出库单据,也是进行日常业务处理和记账的主要原始单据之一。只有工业企业才有材料出库单,商业企业没有此单据。

3. 其他出库

其他出库是指除销售出库、材料出库之外的出库业务,如维修、办公耗用、调拨出库、盘亏出库、组装拆卸出库、形态转换出库等。

需要注意的是,调拨出库、盘盈出库、组装出库、拆卸出库、形态转换出库等业务可以自动形成相应的其他出库单,除此之外的其他出库单则由用户手工填制。

跟我练

(1) 材料领用出库。

10 日,生产部从原料库领用进口温控器、电水壶底座各 600 个,用于生产全钢热水壶。仓库办理相关手续,登记台账。财务部门记材料明细账,生成领料凭证。

(2) 其他出库。

15 日,企管部领用 100 把养生煮茶壶捐助给鹤童养老院。

1. 材料领用出库

1) 在库存管理子系统中填制材料出库单并审核

(1) 选择"库存"|"材料出库单"命令,进入"材料出库单"窗口。

(2) 单击"增加"按钮,填写出库日期为"2021-01-10",选择仓库为"原料库"、出库类别为"材料领用出库"、部门为"生产部"。

(3) 选择存货"1002 进口温控器",输入数量 600;存货"1003 电水壶底座",输入数量 600。

(4) 单击"保存"按钮。单击"审核"按钮,如图 11.5 所示。

(5) 单击"退出"按钮,返回 T3 主界面。

图 11.5 填制材料出库单并审核

2) 在核算管理子系统中对材料出库单记账并生成凭证

(1) 在核算管理子系统中,选择"核算"|"正常单据记账"命令,对材料出库单进行记账。

(2) 选择"凭证"|"购销单据制单"命令,选择材料出库单生成凭证,如图 11.6 所示。

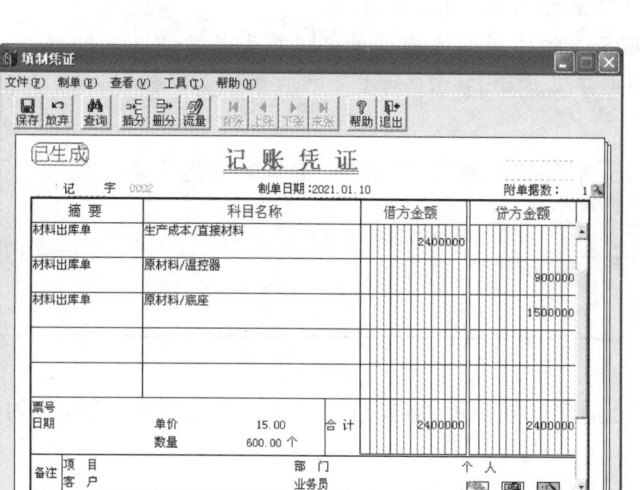

图 11.6 材料出库单生成凭证

2. 其他出库

1) 在库存管理子系统中填制其他出库单并审核

(1) 在库存管理子系统中,选择"其他出库单"命令,进入"其他出库单"窗口。

(2) 单击"增加"按钮,填写出库日期为"2021-01-15",选择仓库为"成品库"、出库类别为"其他出库"、部门为"销售部"。

工作项目 11 库存管理

（3）选择"2002 养生煮茶壶"，输入数量为 100。

（4）单击"保存"按钮。单击"审核"按钮，如图 11.7 所示。

图 11.7 填制其他出库单并审核

2）增加科目

在 T3 基础设置中，选择"财务"|"会计科目"命令，进入"会计科目"窗口。增加科目"571106 营业外支出/捐赠支出"。

3）在核算管理子系统中对其他出库单记账并生成凭证

（1）在核算管理子系统中，选择"核算"|"正常单据记账"命令，对其他出库单进行记账。

（2）选择"凭证"|"购销单据制单"命令，选择其他出库单生成以下凭证：

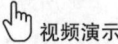

借：营业外支出/捐赠支出　　　　　　　　　　　　15 000
　　贷：库存商品　　　　　　　　　　　　　　　　　　　15 000

> **提示**
>
> 自产产品对外捐赠视同销售，需要按照售价计算销项税，销项税为 2 600 元（=200×100×0.13）。
>
> 在总账管理子系统中录入凭证：
>
> 借：营业外支出/捐赠支出　　　　　　　　　　　　2 600
> 　　贷：应交税费/应交增值税/销项税额　　　　　　　　2 600

任务 3　盘点业务

🔊 **知识点**

库存管理子系统提供了盘点单用来定期对仓库中的存货进行盘点。存货盘点报告表是证明企业存货盘盈、盘亏和毁损并据以调整存货实存数的书面凭证，经企业领导批准后即可作为原始凭证入账。

在 T3 系统中,可以按仓库盘点,可以按存货大类盘点,也可以选择特定存货盘点。盘盈、盘亏的结果可自动生成其他出入库单。

跟我练

2021 年 1 月 20 日,对原料库的进口温控器进行盘点,盘点数量为 1 395 个。

1. 在库存管理子系统中增加盘点单

(1) 在库存管理子系统中,选择"库存其他业务"|"盘点单"命令,进入"盘点单"窗口。

(2) 单击"增加"按钮,输入日期为"2021-01-20",选择盘点仓库为"原料库"、出库类别为"其他出库"、入库类别为"其他入库"。

(3) 在表体中选择存货为"1002 进口温控器",带出账面数量为 1 400。

(4) 输入盘点数量 1 395,单击"保存"按钮。

(5) 单击"审核"按钮,如图 11.8 所示。

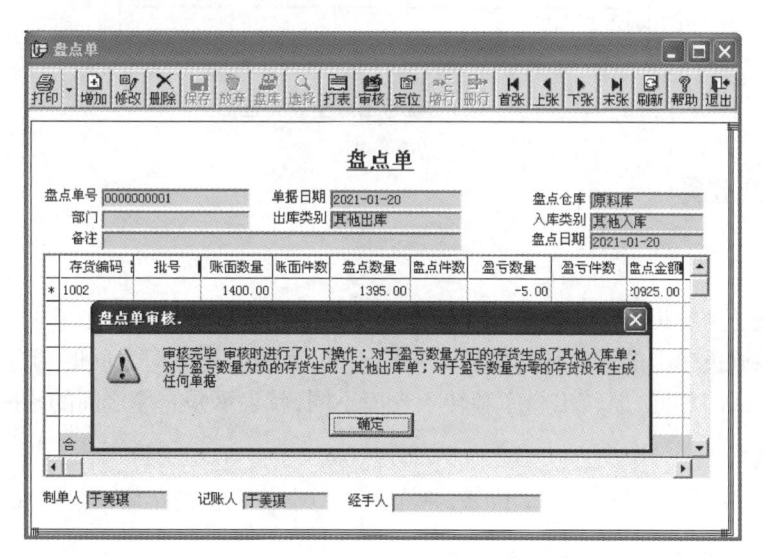

图 11.8 盘点单

提示

(1) 盘点单审核后,系统根据盘盈盘亏情况自动生成相应的其他入库单和其他出库单。

(2) 单击"盘库"按钮,表示选择盘点仓库中所有的存货进行盘点;单击"选择"按钮,表示按存货分类批量选择存货进行盘点。

(3) 盘点单中输入的盘点数量是实际库存盘点的结果。

工作项目 11　库存管理

2. 在库存管理子系统中对盘点单生成的其他出库单进行审核

3. 在核算管理子系统中对盘点单生成的其他出库单进行记账并生成凭证

生成凭证如图 11.9 所示。

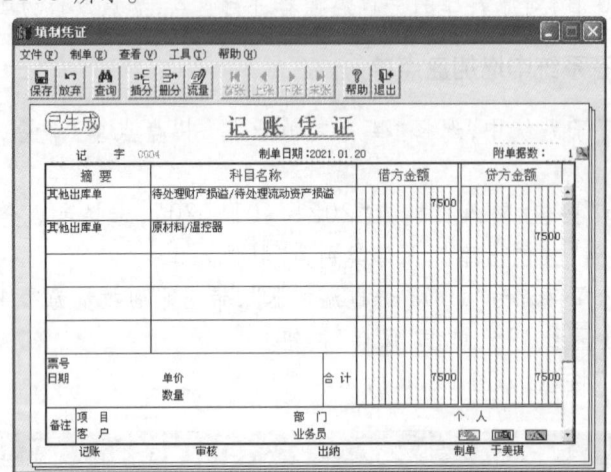

图 11.9　盘亏出库生成凭证

任务 4　调拨业务

知识点

库存管理子系统提供了调拨单用于处理仓库之间存货的转库业务或部门之间的存货调拨业务。如果调拨单上的转出部门和转入部门不同,就表示是部门之间的调拨业务;如果转出部门和转入部门相同,但转出仓库和转入仓库不同,就表示是仓库之间的转库业务。

跟我练

2021 年 1 月 25 日,因原料库维修,将仓库中的全部不锈钢壶体调拨到成品库中。

1. 在库存管理子系统中填制调拨单

(1) 在库存管理子系统中,选择"库存其他业务"|"调拨单"命令,进入"调拨单"窗口。

(2) 单击"增加"按钮,输入调拨日期为"2021-01-25",选择转出仓库为"原料库"、转入仓库为"成品库"、出库类别为"其他出库"、入库类别为"其他入库"。

(3) 选择存货编码为 1004,输入数量为 2 450。单击"保存"按钮,如图 11.10 所示。

提示

调拨单保存后,系统自动生成其他入库单和其他出库单,且由调拨单生成的其他入库单和其他出库单不得修改与删除。

图 11.10 调拨单

2. 在库存管理子系统中对调拨单生成的其他出入库单进行审核

(1) 在库存管理子系统中,选择"其他入库单"命令,进入"其他入库单"窗口。
(2) 找到调拨业务生成的其他入库单,单击"审核"按钮。
(3) 同理对其他出库单进行审核。

3. 在核算管理子系统中进行特殊单据记账

(1) 在核算管理子系统中,选择"核算"|"特殊单据记账"命令,打开"特殊单据记账条件"对话框。
(2) 选择单据类型为"调拨单",单击"确定"按钮,进入"特殊单据记账"窗口,如图 11.11 所示。

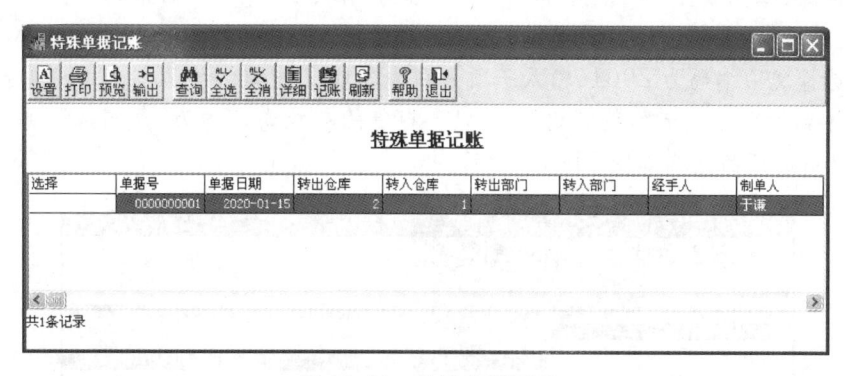

图 11.11 特殊单据记账

(3) 选择要记账的调拨单,单击"记账"按钮。

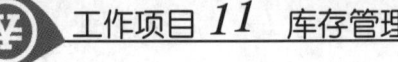

11.3 拓展应用

任务1 组装与拆卸业务

知识点

有些企业中的某些存货既可单独出售，又可与其他存货组装在一起销售。例如，计算机销售公司既可将显示器、主机、键盘等单独出售，又可按客户的要求将显示器、主机、键盘等组装成计算机销售，这时就需要对计算机进行组装；如果企业库存中只存有组装好的计算机，但客户只需要买显示器，此时又须将计算机进行拆卸，然后将显示器卖给客户。

组装是指将多个散件组装成一个配套件的过程。组装单相当于两张单据：一个是散件出库单；一个是配套件入库单。散件和配套件之间是一对多的关系，在产品结构中设置。用户在组装之前应先进行产品结构的定义，否则无法进行组装。

拆卸是指将一个配套件拆卸成多个散件的过程。拆卸单相当于两张单据：一个是配套件出库单；一个是散件入库单。配套件和散件之间是一对多的关系，在产品结构中设置。用户在拆卸之前应先进行产品结构的定义，否则无法进行拆卸。

跟我练

2021年1月28日，应客户急需，菲尼电器当日组装了200台全钢热水壶。

1. 在库存管理子系统中进行相关选项设置

选择"库存"|"库存业务范围设置"命令，打开"系统参数设置"对话框。在"系统参数设置"选项卡中选中"有组装拆卸业务"复选框，单击"确认"按钮返回，"库存其他业务"菜单下出现"组装单"和"拆卸单"功能菜单。

2. 定义产品结构

（1）选择"基础设置"|"购销存"|"产品结构"命令，打开"产品结构"对话框。单击"增加"按钮，打开"产品结构定义"对话框。

（2）选择父项编码为2001，输入子项分别为"1002 进口温控器""1003 电水壶底座"和"1004 不锈钢壶体"、定额数量均为1，以上存货的存放仓库均为"原料库"，单击"保存"按钮。定义好的产品结构如图11.12所示。

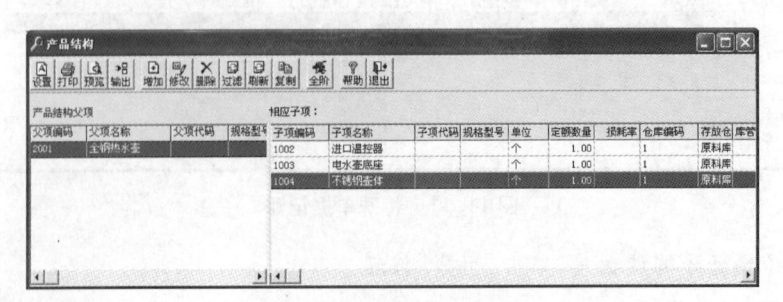

图 11.12　产品结构定义

3. 在库存管理子系统中输入组装单

（1）在库存管理子系统中，选择"库存其他业务"|"组装单"命令，进入"组装单"窗口。

（2）单击"增加"按钮，输入日期为"2021-01-28"，选择配套件为"全钢热水壶"，系统弹出"是否展开到末级？"信息提示框。单击"是"按钮，系统将产品结构信息带到组装单。选择入库类别为"其他入库"、出库类别为"其他出库"。

（3）在单据体第1行，选择仓库为"成品库"，输入数量为200。

（4）单击"保存"按钮，如图11.13所示。

图11.13 组装单

> **提示**
>
> 组装单保存后，系统自动生成相应的其他入库单和其他出库单。

4. 在库存管理子系统中对组装单生成的其他入库单、其他出库单进行审核

5. 在核算管理子系统中对组装单进行特殊单据记账

（1）在核算管理子系统中，选择"核算"|"特殊单据记账"命令，打开"特殊单据记账条件"对话框。

（2）选择单据类型"组装单"，单击"确定"按钮，进入"特殊单据记账"窗口。

（3）单击"全选"按钮，选中要记账的组装单，单击"记账"按钮。

（4）单击"退出"按钮返回。

任务2 查询库存账表

知识点

库存管理的目标是保持合适的物资储备，既不会因为物料短缺影响生成，也不会因为物

工作项目 11　库存管理

料积压占用企业流动资金,带来过高的储存成本。

库存管理子系统提供了呆滞积压存货分析。系统将当前存货库存量与最高库存量或安全库存量比较,周转率低于呆滞积压标准且超过最高库存量(或安全库存量)的存货为积压存货,周转率低于呆滞积压标准且未超过最高库存量(或安全库存量)的存货为呆滞存货。

跟我练

设置原材料存货最高库存和安全库存(见表11.1),并进行原材料呆滞积压分析。

表 11.1　存货最高库存和安全库存

存货编码及名称	最高库存	安全库存
1001　304 不锈钢板材	500	300
1002　进口温控器	3 000	2 000
1003　电水壶底座	3 000	2 000
1004　不锈钢壶体	2 000	1 500

(1) 在 T3 基础设置中,选择"存货"|"存货档案"命令,进入"存货档案"窗口。修改存货档案,在存货档案控制选项卡中输入最高库存和安全库存。

(2) 在库存管理子系统中,选择"库存储备分析"|"呆滞积压存货分析"命令,打开"呆滞积压存货分析"对话框。

(3) 选择超储判断标准为"安全库存量",单击"确认"按钮,进入"呆滞积压存货分析"窗口,如图 11.14 所示。

图 11.14　呆滞积压存货分析

随堂测

一、判断题

1. 产成品入库单上的单价在产成品成本分配后能自动写入。　　　　　　　(　　)
2. 盘盈生成的入库单不能删除。　　　　　　　　　　　　　　　　　　　(　　)
3. 调拨单审核后自动生成其他入库单和其他出库单。　　　　　　　　　　(　　)
4. 库存调拨不涉及账务处理,因此调拨单无须记账。　　　　　　　　　　(　　)
5. 材料出库是工业企业特有的业务。　　　　　　　　　　　　　　　　　(　　)

二、选择题

1. 库存管理子系统与T3( )子系统存在数据关联。
   A. 总账管理　　　　B. 采购管理　　　　C. 销售管理　　　　D. 核算管理
2. 库存管理子系统中的入库单据包括( )。
   A. 采购入库单　　　B. 受托代销入库单　C. 产成品入库单　　D. 其他入库单
3. 如果设置了"销售生成出库单",那么在库存管理子系统中可以对销售出库单进行( )。
   A. 生成　　　　　　B. 审核　　　　　　C. 查询　　　　　　D. 记账
4. 收到赠品入库需要用( )记录。
   A. 采购入库单　　　B. 产成品入库单　　C. 赠品入库单　　　D. 其他入库单

三、思考题

1. 库存管理子系统的主要功能是什么?
2. 简述产成品入库业务、材料出库业务的处理流程。
3. 哪些业务可自动形成其他入库单?哪些业务可自动形成其他出库单?
4. 盘点的方法有哪几种,需注意什么问题?
5. 哪些业务需要进行特殊单据记账?

工作项目 12 核算管理

知识目标
- 了解核算管理子系统的功能。
- 了解核算管理子系统与 T3 其他子系统的数据关联。
- 了解出入库调整业务的作用。

技能目标
- 掌握利用出入库调整单调整存货成本的处理。
- 掌握暂估入库业务的处理。

思政育人

技术引领,终身学习

12.1 核算管理认知

库存管理子系统和核算管理子系统管理的对象都是企业的存货:库存管理子系统侧重对存货的入库、出库和结存数量进行管理,对应企业仓储部门的职能;核算管理子系统侧重核算存货的入库成本、出库成本和结存成本,对应企业财务部门材料会计的职能。

12.1.1 核算管理子系统的基本功能

核算管理子系统主要针对企业存货的收发存业务进行核算,以便掌握存货的耗用情况,及时准确地把各类存货成本归集到各成本项目和成本对象上,为企业的成本核算提供基础数据。核算管理子系统的功能具体包括以下几项。

1. 出入库成本核算

核算管理子系统提供按仓库和按部门两种成本核算方式,提供先进先出、后进先出、移动平均、全月平均、个别计价、计划价/售价 6 种存货计价方法。

采购入库单在采购管理子系统中输入,在核算管理子系统中可以修改采购入库单单价。

产成品入库单在填制时一般只填写数量,单价和金额既可以通过修改产成品入库单直接填入,也可以由核算管理子系统的产成品成本分配功能自动计算填入。

大部分其他入库单都是由相关业务直接生成的,如果与库存管理子系统集成使用,则可以通过修改其他入库单的操作对盘盈入库业务生成的其他入库单的单价进行输入或修改。

出库单据包括销售出库单、材料出库单和其他出库单。在核算管理子系统可以修改出库单据的单价。

2. 出入库单据记账

单据记账是指将所输入的各种出入库单据记入存货明细账、差异明细账等。单据记账应注意以下两点：

（1）无单价的入库单据不能记账，因此记账前应对暂估入库的成本、产成品入库单的成本进行确认或修改。

（2）已记账单据不能修改和删除。如果发现已记账单据有错误，则在本月未结账状态下可以取消记账；如果已记账单据已生成凭证，则不能取消记账，除非先删除相关凭证。

3. 出入库成本调整

出入库单据记账后，如果发现单据金额输入错误，通常采用修改方式进行调整。但如果遇到由于暂估入库后发生零出库业务等原因所造成的出库成本不准确或库存数量为 0 而仍有库存金额的情况，就需要利用调整单据进行调整。

4. 暂估入库业务处理

核算管理子系统中对采购暂估入库业务提供了月初回冲、单到回冲、单到补差 3 种处理方式，暂估处理方式一旦选择即不可修改。无论采用哪种方式，都要遵循以下步骤，即待采购发票到达后，在采购管理子系统中填制发票并进行采购结算，然后在核算管理子系统中完成暂估入库成本处理。

5. 生成凭证

在核算管理子系统中，可以将各种出入库单据中涉及存货增减和价值变动的单据生成凭证传递到总账管理子系统。

对比较规范的业务，在核算管理子系统的初始设置中可以事先设置好凭证上的存货科目和对方科目，系统将自动采用这些科目生成相应的出入库凭证，并传递到总账管理子系统。

6. 综合查询

核算管理子系统中提供了存货明细账、总账、出入库流水账、入库汇总表、出库汇总表、差异分摊表、收发存汇总表、暂估材料余额表等多种分析统计账表。

12.1.2 核算管理子系统与 T3 其他子系统的数据关联

核算管理子系统可对采购管理子系统暂估入库的采购入库单、对销售管理子系统生成的销售出库单、对库存管理子系统填制的各种出入库单据进行记账处理，并针对购销业务、客户往来业务、供应商往来业务制单，生成凭证传递给总账管理子系统。

核算管理子系统与 T3 其他子系统之间的数据关联如图 12.1 所示。

工作项目 12 核算管理

```
<核算管理子系统与T3其他子系统的数据关联>
采购管理/销售管理    库存管理      核算管理       总账管理

采购入库单  →  审核  →  修改单价 → 单据记账 → 生成凭证 → 审核凭证
销售出库单                                              ↓
                                                      记账
产成品入库单 → 产成品成本分配
材料出库单
其他出入库单
收款核销
付款核销
```

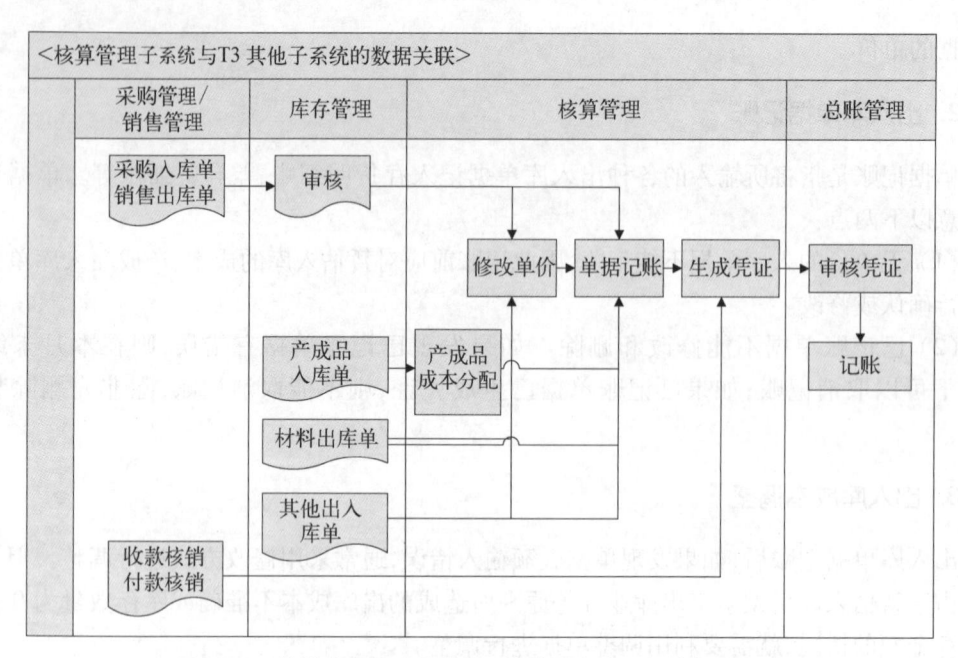

图 12.1 核算管理子系统与 T3 其他子系统之间的数据关联

12.2 实战演练

以系统管理员的身份在系统管理中恢复"购销存初始化"账套;以账套主管的身份完成核算业务处理。

任务 1 出入库及调整业务处理

🔊 **知识点**

出入库单据记账后,如果发现单据金额输入错误,可以利用调整单据进行调整。调整单据包括入库调整单和出库调整单,都只能针对当月存货进行调整,并且只调整存货的金额,不调整存货的数量。

出入库调整单保存即记账,因此已保存的单据不可修改、删除。

🚣 **跟我练**

(1) 2021 年 1 月 16 日,向客户鲁阳出售 400 个养生煮茶壶,从成品库发货,无税单价 200 元。开具销售专用发票一张,票号为 2116。

(2) 2021 年 1 月 20 日,将 1 月 16 日发生的销售养生煮茶壶的出库成本减少 200 元。

1. 办理销售出库,记账并生成凭证

(1) 在销售管理子系统中,选择"销售发货单"命令,输入发货单并审核。

(2) 在发货单界面,单击"流转"按钮中的"生成专用发票",根据发货单生成销售专用发票并复核。

(3) 在库存管理子系统中,选择"销售出库单生成/审核"命令,审核销售出库单。

(4) 在核算管理子系统中,选择"核算"|"正常单据记账"命令,对销售出库单记账。

(5) 在核算管理子系统中,选择"核算"|"凭证"|"购销单据制单"命令,对销售出库单生成凭证。

(6) 在核算管理子系统中,选择"核算"|"凭证"|"客户往来制单"命令,选择发票制单并生成凭证。

> **提示**
>
> ① 选择"销售生成出库单"选项,销售管理系统的发货单、销售发票在复核时,自动生成销售出库单,在库存管理子系统中审核即可;否则,销售出库单需要在库存管理子系统参照上述单据生成。
>
> ② 选择"销售生成出库单"选项,只能根据发货单全部出库;不选择该选项,意味着在库存管理子系统生成出库单,可以实现一次发货分次出库。

2. 调整出库成本

(1) 在核算管理子系统中,选择"核算"|"出库调整单"命令,进入"出库调整单"窗口。

(2) 单击"增加"按钮,选择"成品库",输入日期为"2021-01-20",选择收发类别为"销售出库"。

(3) 选择存货编码为2002,调整金额为-200元。单击"保存"按钮,如图12.2所示。

图12.2 出库调整单

> **提示**
>
> 出库调整单是对存货的出库成本进行调整的单据,既可针对单据进行调整,也可针对存货进行调整。

(4) 选择"凭证"|"购销单据制单"命令,选择对出库调整单生成凭证,如图12.3所示。

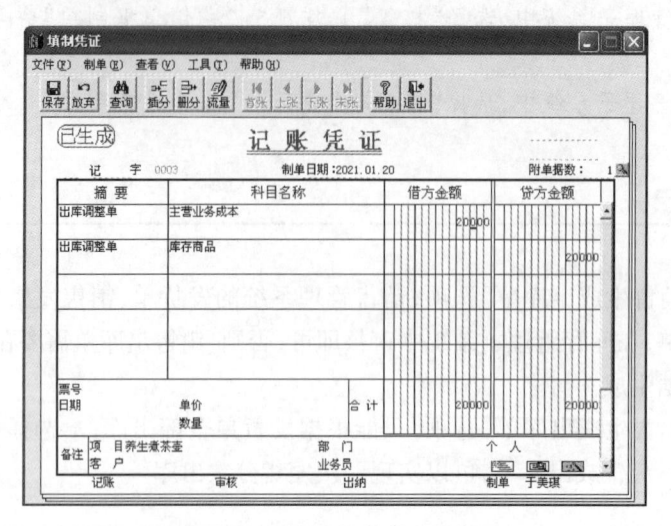

图 12.3 对出库调整单生成凭证

(5) 选择"账表"|"出库汇总表"命令,查看到成品库养生煮茶壶的出库金额为 59 800,而不再是 60 000。

任务 2 暂估入库业务处理

知识点

暂估入库是指本月存货已经入库,但采购发票尚未收到,不能确定存货的入库成本。月底时为了正确核算企业的库存成本,需要将这部分存货暂估入账,并生成暂估凭证。

跟我练

(1) 2021 年 1 月 20 日,收到鸿飞公司提供的电水壶底座 800 个,入原料库。

(2) 2021 年 1 月 30 日,发票仍未收到,暂估该批货物的单价为 40 元。进行暂估记账处理。

1. 办理采购入库

(1) 20 日,在采购管理子系统中填制采购入库单,采购入库单上只填数量,不填单价。

(2) 在库存管理子系统中审核采购入库单。

2. 月末发票未到,进行暂估记账

(1) 在核算管理子系统中,选择"采购入库单"命令,进入"采购入库单"窗口。单击"修改"按钮,输入电水壶底座暂估单价为 40,单击"保存"按钮。

(2) 选择"核算"|"正常单据记账"命令,对采购入库单进行记账。

(3) 选择"凭证"|"购销单据制单"命令,选择"采购入库单(暂估记账)"生成凭证,生成凭证如图 12.4 所示。

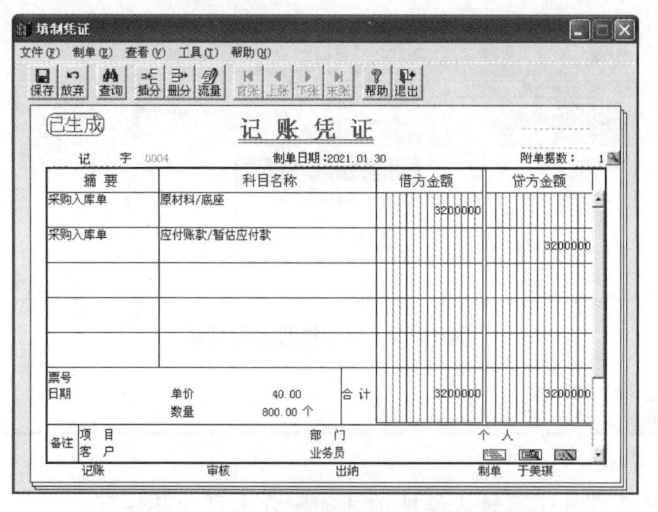

图12.4 采购入库单暂估记账生成凭证

> **提示**
>
> 录入暂估单价时,除了可以在核算管理子系统中通过修改采购入库单单价的方式录入,也可以通过选择"核算"|"采购入库单成本批量录入"命令批量录入采购入库单成本。

全部完成后,将账套备份至"核算管理"文件夹中。

12.3 拓展应用

任务1 逆向操作

知识点

企业发生的购销存业务都是在核算管理子系统生成凭证传递给总账管理子系统,如果业务处理有误,就需要在核算管理子系统中删除凭证,才能对业务处理进行调整。

跟我练

由账套主管重新修改暂估入库业务中电水壶底座的单价为38元。

1. 删除凭证

(1) 在核算管理子系统中,选择"凭证"|"购销单据凭证列表"命令,打开"查询条件"对话框。

(2) 选中"1月份",单击"确认"按钮,进入"凭证列表"窗口。

(3) 选中要删除的记录行,单击"删除"按钮,弹出系统提示,如图12.5所示。

(4) 单击"确定"按钮,删除所在行记录。

工作项目 12 核算管理

图 12.5 删除核算系统凭证

> **提示**
>
> ① 只有在核算管理子系统未结账前才能删除本月业务凭证。
>
> ② 在总账管理子系统中查询凭证时,核算管理子系统中删除的凭证仅仅标注了"作废"字样,还需要通过整理凭证才能将其真正删除。

2. 取消单据记账

(1)在核算管理子系统中,选择"核算"|"取消单据记账"命令,打开"恢复单据记账条件"对话框。单击"确定"按钮,进入"取消单据记账"窗口。

(2)选中要取消记账的单据行,单击"恢复"按钮,系统弹出"恢复记账成功!"信息提示框,单击"确定"按钮,如图 12.6 所示。

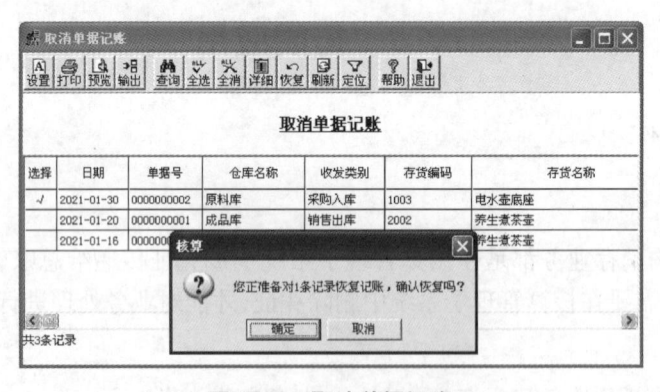

图 12.6 取消单据记账

3. 修改暂估入库单价,重新记账并生成凭证

(1)在核算管理子系统中,选择"核算"|"采购入库单成本批量录入"命令,打开"采购入库单成本批量录入查询"对话框。

(2)选中"包括已有暂估金额的单据"复选框,单击"确定"按钮,进入"采购入库单成本批量录入"窗口。修改电水壶底座暂估单价为 38,单击"保存"

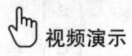

按钮,保存成功。

(3) 选择"核算"|"正常单据记账"命令,对采购入库单进行记账。

(4) 选择"凭证"|"购销单据制单"命令,选择"采购入库单(暂估记账)",生成凭证。

任务2 购销存及核算系统月末结账

知识点

本月经济业务全部处理完成后,需要进行月末结账处理,以开始下个会计期间的工作。按照购销存管理子系统和核算管理子系统的数据关联,需要先进行采购管理和销售管理月结,再进行库存管理月结,最后由核算管理子系统进行月结。

跟我练

由账套主管进行购销存和核算子系统月末结账。

(1) 在采购管理子系统中,选择"月末结账"命令,打开"月末结账"对话框。选中要结账的月份。单击"结账"按钮,系统提示"月末结账完毕!",如图12.7所示。单击"确定"按钮返回,再单击"退出"按钮。

(2) 在销售管理子系统中,选择"月末结账"命令,打开"月末结账"对话框。选中要结账的月份,单击"月末结账"按钮,再单击"退出"按钮。

(3) 在库存管理子系统中,选择"月末结账"命令,打开"结账处理"对话框。选中要结账的月份,单击"结账"按钮,再单击"退出"按钮。

(4) 在核算管理子系统中,选择"月末处理"命令,打开"期末处理"对话框。单击"全选"按钮,选中要进行期末处理的仓库。单击"确定"按钮,系统提示如图12.8所示。单击"确定"按钮,系统提示"期末处理完毕!"。单击"确定"按钮,关闭返回。

图12.7 采购管理子系统月末结账

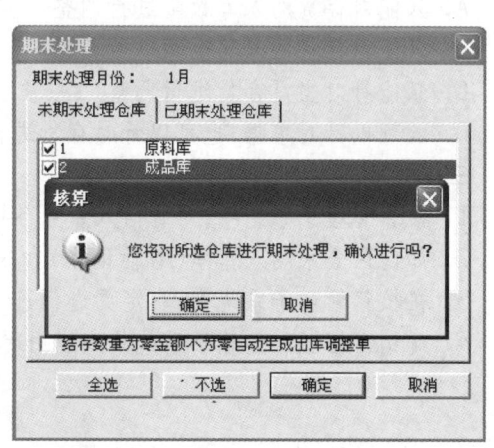

图12.8 核算管理子系统期末处理

(5) 在核算管理子系统中,选择"月末结账"命令,打开"月末结账"对话框。单击"确定"按钮,系统提示"月末结账完成!"。单击"确定"按钮返回。

工作项目 12 核算管理

> **提示**
> ① 期末处理子系统在月末结账前必须要先进行核算管理。
> ② 核算管理子系统月末处理时自动计算按全月平均法核算的存货的平均单价及本会计月的出库成本,自动计算按计划价法核算的存货的差异率及本会计月应分摊的差异。

随堂测

一、判断题

1. 核算管理子系统主要核算企业存货的入库成本、出库成本和结存成本。（　）
2. 无单价的入库单据不能记账。（　）
3. 核算管理子系统与采购管理子系统集成使用时,对于当期货到票未到、未结算的采购入库单的单价,可以利用"暂估入库成本处理"进行批量修改。（　）
4. 已记账单据在未生成凭证前可以取消单据记账。（　）

二、选择题

1. 核算管理子系统中特殊单据记账中所指的特殊单据包括(　　)。
   A. 盘点单　　　B. 其他出入库单　　　C. 出入库调整单　　　D. 调拨单
2. 核算管理子系统中的入库单据包括(　　)。
   A. 采购入库单　　B. 入库调整单　　　C. 产成品入库单　　　D. 其他入库单
3. T3 提供的存货暂估处理方法有(　　)。
   A. 月初回冲　　　B. 单到回冲　　　C. 单到补差　　　D. 补充更正
4. 关于入库调整单,以下说法正确的有(　　)。
   A. 只能对存货的入库数量进行调整
   B. 只能对存货的入库金额进行调整
   C. 只能针对当月存货进行调整
   D. 既可以针对单据,也可以针对存货进行调整

三、思考题

1. 核算管理子系统中,对暂估入库业务提供了哪几种处理方法？
2. 如何区分采购入库单(暂估记账)和采购入库单(报销记账)？
3. 在核算管理子系统中,一定更进行月末处理才能结账吗？
4. 购销存管理和核算子系统集成应用时,正确的结账顺序是什么？

附录

综合实训题

实训 1　企业建账

(1) 企业相关信息。

富康电子科技有限公司(简称富康电子)位于深圳市南山区科技路 1 号,法人代表为马华,联系电话及传真均为 0755－86683211,企业纳税登记号为 1244030045575199XQ,账套号为 520。

该企业属于工业企业,从事智能卡片及相关产品的生产及销售,采用 2007 年新会计准则科目核算体系,记账本位币为人民币,于 2020 年 1 月采用畅捷通 T3 会计信息系统进行会计核算及企业日常业务处理。

存货、企业客户需分类管理,企业有外币业务,业务流程均使用标准流程。

编码规则:科目编码级次为 4222;客户分类编码级次为 122;地区分类编码级次为 12;存货分类编码级次为 122。

数据精度:采用系统默认设置。

建立账套后,启用本企业所需要使用的总账管理系统。

(2) 财务部操作员档案及工作职责(见附表 1.1)。

附表 1.1　财务部操作员档案及工作职责

姓　名	编　号	密　码	角色与工作职责
李兵	01	无	账套主管。负责系统日常运行管理,具有全部权限
肖龙	02	无	会计。负责总账、公用目录设置
王菲	03	无	出纳。对收、付款凭证进行出纳签字,管理现金日记账
陈平	04	无	采购。负责原材料、半成品、辅料、包装材料及生产用低值消耗品的采购、验证和报验

初始操作员口令均为空。以后为了保证系统安全,将李兵口令更改为 8。

(3) 备份"实训 1　企业建账"账套至"D:\富康电子\系统管理"中。

实训 2　基础信息设置

恢复"实训 1　企业建账"账套。

(1) 企业内部基本资料。

① 本企业部门档案(见附表 2.1)。

附表2.1　部门档案

部门编码	部门名称	负责人
1	企管部	周迅
2	财务部	李兵
3	采购部	陈平
4	销售部	王磊
5	生产部	李玲
501	生产一部	李玲
502	生产二部	王艳

②职员档案(见附表2.2)。

附表2.2　职员档案

编　号	姓　名	部　门
101	周迅	企管部
201	李兵	财务部
202	肖龙	财务部
203	王菲	财务部
301	陈平	采购部
401	王磊	销售部
501	李玲	生产部一部
502	王艳	生产部二部

③地区分类(见附表2.3)。

附表2.3　地区分类

地区分类编码	地区分类名称
1	华南
2	华东

(2)企业客户及供应商资料。

①客户分类(见附表2.4)。

附表2.4　客户分类

客户分类编码	客户分类名称
1	批发商
2	零售商

② 客户档案（见附表2.5）。

附表2.5 客户档案

编号	客户名称	简称	所属分类码	所属地区码	税号	开户银行	账号	分管部门	专管业务员
001	深圳微电集团	深圳微电	2	1	1244030045577716AM	中行深圳分行	590222109968	销售部	王磊
002	上海中芯技术有限公司	上海中芯	1	2	4203889811667918FY	中行上海分行	875599162263	销售部	王磊

③ 供应商分类。

本企业供应商较少，暂不做分类管理。

④ 供应商档案（见附表2.6）。

附表2.6 供应商档案

编号	供应商名称	简称	所属分类码	所属地区码	税号	开户银行	账号	分管部门	分管业务员
001	中环电子有限公司	中环电子	00	1	1244030045990667PE	中行深圳分行	6609236599658	采购部	陈平
002	展讯科技有限公司	展讯科技	00	2	4203889877361109KT	中行上海分行	5589963600857	采购部	陈平

(3) 企业财务信息。

① 外币种类。

本企业采用固定汇率核算外币，外币只涉及美元一种，美元币符假定为＄，2020年1月初汇率为6.910 9。

② 常用会计科目及期初余额。

本企业常用会计科目如附表2.7所示。

附表2.7 会计科目

科目编号及名称	辅助核算	方　向	币别/计量
库存现金(1001)	日记账	借	
银行存款(1002)	银行账、日记账	借	
中行存款(100201)	银行账、日记账	借	
人民币户(10020101)	银行账、日记账	借	
美元户(10020102)	银行账、日记账	借	美元
应收账款(1122)	客户往来	借	
预付账款(1123)	供应商往来	借	
其他应收款(1221)		借	
备用金(122101)	部门核算	借	
应收个人款(122102)	个人往来	借	

续表

科目编号及名称	辅助核算	方　向	币别/计量
原材料(1403)		借	
芯片(140301)	数量核算——个	借	
PVC卡片(140302)	数量核算——个	借	
应付票据(2201)	供应商往来	贷	
存货跌价准备(1471)		贷	
应付账款(2202)		贷	
预收账款(2203)	客户往来	贷	
应交税费(2221)		贷	
应交增值税(222101)		贷	
进项税额(22210101)		贷	
转出未交增值税(22210103)		贷	
销项税额(22210105)		贷	
利润分配(4104)		贷	
生产成本(5001)		借	
直接材料(500101)	项目核算	借	
直接人工(500102)	项目核算	借	
制造费用(500103)	项目核算	借	
其他(500104)	项目核算	借	
生产成本转出(500105)	项目核算	借	
制造费用(5101)		借	
工资(510101)		借	
折旧费(510102)		借	
其他(510103)		借	
主营业务收入(6001)	项目核算	贷	
主营业务成本(6401)	项目核算	借	
销售费用(6601)		借	
工资(660101)		借	
福利费(660102)		借	
办公费(660103)		借	
差旅费(660104)		借	
招待费(660105)		借	

续表

科目编号及名称	辅助核算	方 向	币别/计量
折旧费(660106)		借	
其他(660107)		借	
管理费用(6602)		借	
工资(660201)	部门核算	借	
福利费(660202)	部门核算	借	
办公费(660203)	部门核算	借	
差旅费(660204)	部门核算	借	
招待费(660205)	部门核算	借	
折旧费(660206)	部门核算	借	
其他(660207)		借	

利用增加、修改或成批复制等功能完成对会计科目的编辑,最后指定现金、银行存款等会计科目。

③ 凭证类别(见附表2.8)。

附表2.8 凭证类别

凭证分类	限制类型	限制科目
收款凭证	借方必有	1001,1002
付款凭证	贷方必有	1001,1002
转账凭证	凭证必无	1001,1002

④ 项目目录(见附表2.9)。

附表2.9 项目目录

项目大类		产 品	
项目分类		智能卡片	
项 目		01 IC 智能卡片	02 ID 智能卡片
500101	直接材料	是	是
500102	直接人工	是	是
500103	制造费用	是	是
500104	其他	是	是
500105	生产成本转出	是	是
6001	主营业务收入	是	是
6401	主营业务成本	是	是

(4) 企业收付结算方式。

① 结算方式(见附表 2.10)。

附表 2.10　结算方式

结算方式编码	结算方式名称	票据管理
1	现金结算	否
2	支票结算	否
201	现金支票	是
202	转账支票	是

② 付款条件(见附表 2.11)。

附表 2.11　付款条件

编　码	信用天数	优惠天数 1	优惠率 1	优惠天数 2	优惠率 2
01	30	5	2		
02	60	5	4	15	2

③ 企业银行信息。

编码为 01,名称为中国银行深圳分行南山分理处,账号为 99571226966337019。

(5) 设置企业常用摘要。

从中行提现金。

(6) 备份"实训 2　基础信息设置"账套。

实训 3　总账初始化

恢复"实训 2　基础信息设置"账套。

(1) 本企业总账参数(见附表 3.1)。

附表 3.1　总账参数

选项卡	参数设置
凭　证	制单序时控制
	支票控制
	资金及往来赤字控制
	允许修改、作废他人填制的凭证
	可以使用其他系统受控科目
	凭证编号方式采用系统编号
	出纳凭证必须经由出纳签字
	允许查看他人填制的凭证
	打印凭证页脚姓名
	外币核算采用固定汇率

续表

选项卡	参数设置
账 簿	账簿打印位数按软件的标准设置
	明细账查询权限控制到科目
	明细账打印方式按年排页
会计日历	会计日历为1月1日—12月31日
其 他	数量小数位和单价小数位设为2位,部门、个人、项目按编码方式排序

(2) 本企业期初余额(见附表3.2)。

附表3.2 期初余额

科目编号及名称	辅助核算	方 向	币 别	借方余额(元)	贷方余额(元)
库存现金(1001)	日记账	借		16 460.11	
银行存款(1002)	银行账、日记账	借		341 004.69	
中行存款(100201)	银行账、日记账	借		341 004.69	
人民币户(10020101)	银行账、日记账	借		237 341.19	
美元户(10020102)	银行账、日记账	借		103 663.50	
		借	美元	15 000.00	
应收账款(1122)	客户往来	借		60 000.00	
其他应收款(1221)		借		5 000.00	
应收个人款(122102)	个人往来	借		5 000.00	
原材料(1403)		借		144 000.00	
芯片(140301)		借		100 000.00	
	数量核算——个			5 000.00	
PVC卡片(140302)		借		44 000.00	
	数量核算——个			5 500.00	
库存商品(1405)		借		320 000.00	
生产成本(5001)		借		88 000.00	
直接材料(500101)	项目核算	借		56 000.00	
直接人工(500102)	项目核算	借		4 000.00	
制造费用(500103)	项目核算	借		28 000.00	
存货跌价准备(1471)		贷			10 000.00
固定资产(1601)		借		362 300.00	
累计折旧(1602)		贷			63 764.80
短期借款(2001)		贷			756 300.00
应付账款(2202)		贷			10 000.00

续表

科目编号及名称	辅助核算	方向	币别	借方余额(元)	贷方余额(元)
应付购货款(220201)	供应商往来				10 000.00
应交税费(2221)		贷			28 700.00
应交增值税(222101)		贷			28 700.00
进项税额(22210101)		贷			
转出未交增值税(22210103)		贷			28 700.00
销项税额(22210105)		贷			
实收资本(4001)		贷			378 000.00
利润分配(4104)		贷			90 000.00
未分配利润(410415)		贷			90 000.00
合计				1 336 764.80	1 336 764.80

(3) 辅助账期初明细数据。

① 应收账款(1122)期初余额借方60 000元,明细数据如附表3.3所示。

附表3.3 应收账款期初明细

日期	发票号	凭证号	客户	摘要	方向	金额/元	业务员
2019-12-29	66801016	转-25	深圳微电	期初数据	借	60 000	王磊

② 应收个人款(122102)期初余额借方5 000元,明细数据如附表3.4所示。

附表3.4 应收个人款期初明细

日期	凭证号	部门	个人	摘要	方向	期初余额/元
2019-12-28	付-58	企管部	周迅	出差借款	借	5 000

③ 应付账款(2202)期初余额贷方10 074元,明细数据如附表3.5所示。

附表3.5 供应商(中环电子)应付账款期初明细

日期	发票号	凭证号	供应商	摘要	方向	金额/元	业务员
2019-12-28	19601963	转-37	中环电子	期初数据	贷	10 000	陈平

④ 生产成本期初借方余额88 000元,明细数据如附表3.6所示。

附表3.6 生产成本期初明细数据

项目	类型	方向	金额
IC智能卡片	直接材料	借	40 000
IC智能卡片	直接人工	借	20 000
IC智能卡片	制造费用	借	28 000

(4) 期初余额输入完毕后,进行试算平衡。
(5) 备份"实训3　总账初始化"账套。

实训4　企业日常业务处理

恢复"实训3　总账初始化"账套。
(1) 本企业 2020 年 1 月份发生如下经济业务:
① 2 日,销售部王磊报销业务招待费 3 000 元,以现金支付(附单据一张)。
借:销售费用——招待费(660105)　　　　　　　　　　　　　　3 000
　　贷:库存现金(1001)　　　　　　　　　　　　　　　　　　　　3 000
② 2 日,财务部王菲从中行人民币户提取现金 8 000 元,作为备用金(现金支票号 XJ0101)。
借:库存现金(1001)　　　　　　　　　　　　　　　　　　　　8 000
　　贷:银行存款——中行存款——人民币户(10020101)　　　　 8 000
③ 2 日,收到香江集团投资资金 15 000 美元,汇率 1∶6.910 9(转账支票号 ZZ0101)。
借:银行存款——中行存款——美元户(10020102)　　　　　　103 663.50
　　贷:实收资本(4001)　　　　　　　　　　　　　　　　　　103 663.50
④ 3 日,企管部购办公用品 800 元,付现金。
借:管理费用——办公费(660203)　　　　　　　　　　　　　　800
　　贷:库存现金(1001)　　　　　　　　　　　　　　　　　　　800
⑤ 4 日,企管部周迅出差归来,报销差旅费 4 500 元,交回现金 500 元。
借:管理费用——差旅费(660204)　　　　　　　　　　　　　　4 500
　　库存现金(1001)　　　　　　　　　　　　　　　　　　　　500
　　贷:其他应收款——应收个人款(122102)　　　　　　　　　5 000
⑥ 4 日,财务部报销办公用品 500 元,以现金支付。
借:管理费用——办公费(660203)　　　　　　　　　　　　　　500
　　贷:库存现金(1001)　　　　　　　　　　　　　　　　　　　500
⑦ 4 日,财务部肖龙因私向公司借支 1 000 元,用现金支付。
借:其他应收款——应收个人款(122102)　　　　　　　　　　　1 000
　　贷:库存现金(1001)　　　　　　　　　　　　　　　　　　　1 000
(2) 2 日实际提取现金 20 000 元,需要修改凭证。
(3) 对凭证进行出纳签字。
(4) 对凭证进行审核。
(5) 记账。
(6) 重新记账。
记账后发现,4 日报销的招待费为个人行为,不予报销,钱款已追回,需要反记账,做相应处理后,重新记账。
(7) 备份"实训4　企业日常业务处理"账套。

实训 5　账簿管理

恢复"实训 4　企业日常业务处理"账套。

(1) 查询现金支出在 1 000 元以上的凭证。
(2) 查询 2020.01 余额表。
(3) 查询原材料——光盘数量金额明细账。
(4) 定义并查询管理费用多栏账。
(5) 查询企管部周迅个人往来清理情况。
(6) 往来账查询——查询供应商"中环电子"明细账,查询供应商往来账龄分析。
(7) 查询"会计电算化实验教程"项目明细账。
(8) 查询项目统计表。
(9) 查询现金日记账。
(10) 查询资金日报表。
(11) 输入支票簿。

19 日,采购部陈平借转账支票一张,采购光盘,发票号为 3845,预计金额为 3 600 元,输入支票簿。

(12) 进行银行对账。

① 银行对账期初。

富康电子科技有限公司银行账的启用日期为 2020.01.01,中行人民币户企业日记账调整前余额为 237 341.19 元,银行对账单调整前余额为 266 341.19 元,未达账项一笔,系银行已收企业未收款 29 000 元,支票号为 ZZ0119。

② 银行对账单(见附表 5.1)。

附表 5.1　1 月银行对账单

日　　期	结算方式	票　号	借方金额(元)	贷方金额(元)
2020.01.02	201	XJ0101		20 000
2020.01.03	202	3845	29 000	

③ 进行银行对账。
④ 输出余额调节表。

(13) 备份"实训 5　账簿管理"账套。

实训 6　企业工资管理

恢复"实训 5　账簿管理"账套。

(1) 建立工资账套。

工资类别个数——多个;核算币种——人民币 RMB;要求代扣个人所得税;不进行扣零处理;人员编码长度——3 位;启用日期——2020 年 1 月 1 日。

（2）基础信息设置。

① 人员类别设置。

本企业人员类别分为企业管理人员、车间管理人员、经营人员和生产工人。

② 工资项目设置（见附表6.1）。

附表6.1　工资项目

项目名称	类型	长度	小数位数	增减项
基本工资	数字	8	2	增项
奖金	数字	8	2	增项
交补	数字	8	2	增项
应发合计	数字	10	2	增项
请假扣款	数字	8	2	减项
养老保险金	数字	8	2	减项
扣款合计	数字	10	2	减项
代扣税	数字	10	2	减项
实发合计	数字	10	2	增项
请假天数	数字	8	2	其他

③ 工资账号定长和代发银行。

各职工工资账号定长为11，所有人员工资的代发银行均为中国银行南山分理处。

（3）工资类别。

① 部门选择。正式职工类别：企管部、财务部、采购部、销售部、生产部。临时职工类别：生产制作中心。

② 工资项目：基本工资，奖金，交补，应发合计，请假扣款，养老保险金，代扣税，扣款合计，实发合计，请假天数，计税工资（增减项：其他）。

③ 计算公式（见附表6.2）。

附表6.2　正式人员工资计算公式

工资项目	定义公式
请假扣款	请假天数×40
养老保险金	基本工资×0.08
交补	iff(人员类别="企业管理人员" or 人员类别="车间管理人员",500,300)

（4）人员档案。

① 正式职工档案（见附表6.3）。

附表6.3　人员档案

编号	姓名	部门	人员类别	账号	扣税	临时工
101	周迅	企管部	企业管理人员	62220000901	是	否

续表

编号	姓名	部门	人员类别	账号	扣税	临时工
201	李兵	财务部	企业管理人员	62220000902	是	否
202	肖龙	财务部	企业管理人员	62220000903	是	否
203	王菲	财务部	企业管理人员	62220000904	是	否
301	陈平	采购部	经营人员	62220000905	是	否
401	王磊	销售部	经营人员	62220000906	是	否
501	李玲	生产部	车间管理人员	62220000907	是	否
502	王艳	生产部	生产工人	62220000908	是	否

② 临时人员档案(见附表6.4)。

附表6.4 人员档案

编号	姓名	部门	人员类别	账号	扣税	临时工
521	薇娅	生产二部	生产工人	62220000909	是	是
522	佳琪	生产二部	生产工人	62220000910	是	是

(5) 1月工资业务。

① 正式职工工资业务。

a. 本月正式职工工资数据(见附表6.5)。

附表6.5 正式职工工资数据

姓名	部门名称	基本工资(元)	奖金(元)
周迅	企管部	11 000	1 400
李兵	财务部	9 900	850
肖龙	财务部	8 600	650
王菲	财务部	5 500	450
陈平	采购部	7 300	350
王磊	销售部	7 200	720
李玲	生产部	7 300	530
王艳	生产部	5 500	320

b. 1月份考勤情况:肖龙请假2天,陈平请假1天。

c. 因上月销售部推广产品业绩较好,故对销售人员增加奖金2 000元。

d. 代扣个人所得税纳税基数为5 000元,附加费用为1 300元。

e. 富康电子科技有限公司科技依据公司深圳所在地政府规定,分别按照正式职工工资总额的14%、5.5%、0.8%、0.4%、0.85%、5%计提企业负担的养老保险、医疗保险、失业保险、工伤保险、生育保险、住房公积金,按照职工工资总额的8%、2%、0.2%、5%计提正式职工个人负担的养老保险、医疗保险、失业保险、住房公积金;分别按照职工工资总额的2%和1.5%计提工会经费和职工教育经费,按工资总额的14%计提福利费。公司为职工上缴的医疗保险、工伤保险等社会保险,以及按工资的一定比例计提的工会经费和职工教育经费,计入"应付职工薪酬"科目,同时根据受益对象计入当期损益或相应资产的成本。会计处理为:借记"生产成本""制造费用""管理费用""销售费用"等科目;贷记"应付职工薪酬——社会保险费、设定提存计划、住房公积金、工会经费、职工教育经费、福利费"等。

f. 进行 1 月份工资项目分摊。其中,应付工资总额等于工资项目的"应发合计",其他分摊项目也以此为计提基数。核算科目项目选择"IC 智能卡片"。

工资项目分摊的转账分录如附表 6.6 所示。

附表 6.6 工资项目分摊

分摊项目	部门名称	人员类别	项目	借方科目	贷方科目
应付工资 (100%)	企管部、财务部	企业管理人员	应发合计	660201	221101
	采购部、销售部	经营人员	应发合计	660101	221101
	生产部一部	车间管理人员	应发合计	510101	221101
	生产部二部	生产工人	应发合计	500102	221101
社会保险费 (6.75%)	企管部、财务部	企业管理人员	应发合计	660201	221102
	采购部、销售部	经营人员	应发合计	660101	221102
	生产部一部	车间管理人员	应发合计	510101	221102
	生产部二部	生产工人	应发合计	500102	221102
设定提成计划 (14.8%)	企管部、财务部	企业管理人员	应发合计	660201	221103
	采购部、销售部	经营人员	应发合计	660101	221103
	生产部一部	车间管理人员	应发合计	510101	221103
	生产部二部	生产工人	应发合计	500102	221103
住房公积金 (5%)	企管部、财务部	企业管理人员	应发合计	660201	221104
	采购部、销售部	经营人员	应发合计	660101	221104
	生产部一部	车间管理人员	应发合计	510101	221104
	生产部二部	生产工人	应发合计	500102	221104
工会经费 (2%)	企管部、财务部	企业管理人员	应发合计	660201	221105
	采购部、销售部	经营人员	应发合计	660101	221105
	生产部一部	车间管理人员	应发合计	510101	221105
	生产部二部	生产工人	应发合计	500102	221105
职工教育经费 (1.5%)	企管部、财务部	企业管理人员	应发合计	660201	221106
	采购部、销售部	经营人员	应发合计	660101	221106
	生产部一部	车间管理人员	应发合计	510101	221106
	生产部二部	生产工人	应发合计	500102	221106

续 表

分摊项目	部门名称	人员类别	项目	借方科目	贷方科目
应付福利费（14%）	企管部、财务部	企业管理人员	应发合计	660201	221107
	采购部、销售部	经营人员	应发合计	660101	221107
	生产部一部	车间管理人员	应发合计	510101	221107
	生产部二部	生产工人	应发合计	500102	221107

② 临时职工工资业务。

1月临时工资情况如附表6.7所示。

附表6.7　临时职工工资

姓　名	日　期	基本工资（元）	奖金（元）
薇娅	2020-1-31	2 000	0
佳琪	2020-1-31	2 000	0

(6) 月末处理。

(7) 备份"实训6　企业工资管理"账套。

实训 7　固定资产管理

恢复"实训6　企业工资管理"账套。

(1) 固定资产期初控制参数（见附表7.1）。

附表7.1　固定资产期初控制参数

控制参数	参数设置
约定及说明	我同意
启用月份	2020.01
折旧信息	本账套计提折旧 折旧方法：平均年限法（一） 折旧汇总分配周期：1个月 当（月初已计提月份＝可使用月份-1）时，将剩余折旧全部提足
编码方式	资产类别编码方式：2112 固定资产编码方式：按"类别编码+部门编码+序号"自动编码；卡片序号长度为3
财务接口	与账务系统进行对账 对账科目：固定资产对账科目——1601，固定资产；累计折旧对账科目——1602，累计折旧
补充参数	业务发生后立即制单 月末结账前一定要完成制单登账业务 固定资产默认入账科目——1601，累计折旧默认入账科目——1602

(2) 企业固定资产类别(见附表 7.2)。

附表 7.2　固定资产类别

编码	类别名称	净残值率	单位	计提属性
01	交通运输设备	4%		正常计提
011	经营用设备	4%		正常计提
012	非经营用设备	4%		正常计提
02	电子设备及其他通信设备	4%		正常计提
021	经营用设备	4%	台	正常计提
022	非经营用设备	4%	台	正常计提

(3) 部门及对应折旧科目(见附表 7.3)。

附表 7.3　部门及对应折旧科目

部门	对应折旧科目	对应科目编码
企管部、财务部、采购部	管理费用——折旧费	660206
销售部	销售费用——折旧费	660106
生产部	制造费用——折旧费	510102

(4) 增减方式的对应入账科目(见附表 7.4)。

附表 7.4　增减方式的对应入账科目

增减方式目录	对应入账科目
增加方式	
直接购入	10020101,中行存款——人民币户
减少方式	
毁损	1606,固定资产清理

(5) 固定资产原始卡片信息(见附表 7.5)。

附表 7.5　固定资产原始卡片

固定资产名称	类别编号	所在部门	增加方式	使用年限(年)	开始使用日期	原值(元)	累计折旧(元)	对应折旧科目名称
轿车	12	企管部	直接购入	5	2019.01.01	306 800.00	53 996.80	管理费用——折旧费
笔记本电脑	22	企管部	直接购入	5	2019.01.01	22 000.00	3 872.00	管理费用——折旧费
打印机	22	企管部	直接购入	5	2019.01.01	13 500.00	2 376.00	管理费用——折旧费
投影仪	22	企管部	直接购入	5	2019.01.01	8 000.00	1 408.00	管理费用——折旧费

续 表

固定资产名称	类别编号	所在部门	增加方式	使用年限(年)	开始使用日期	原值(元)	累计折旧(元)	对应折旧科目名称
计算机	21	生产部一部	直接购入	5	2019.01.01	6 000.00	1 056.00	制造费用——折旧费
计算机	21	生产部二部	直接购入	5	2019.01.01	6 000.00	1 056.00	制造费用——折旧费
合 计						362 300.00	63 764.8	

净残值率均为4%,使用状况均为在用,折旧方法均采用平均年限法(一)。

(6)企业2020年1月份发生以下业务:

① 6日,财务部购买复印机一台,价值30 000元,取得增值税普通发票,净残值率4%,预计使用年限5年。以银行转账支票支付,转账支票号为ZZ0105。

② 6日,计提本月折旧费用。

③ 6日,编号为00005的计算机损毁,进行资产减少处理。

(7)进行固定资产与总账对账,并做月末结账。

(8)查询部门折旧计提汇总表。

(9)下月业务。

① 2月1日,企管部的轿车添置新配件12 000元。以支票支付,支票号为ZZ0201。

② 2月1日,企管部的打印机移转至采购部。

(10)备份"实训7 固定资产管理"账套。

实训8 购销存初始化

恢复"实训7 固定资产管理"账套。

(1)存货分类(见附表8.1)。

附表8.1 存货分类

存货类别编码	存货类别名称
1	原材料
2	产成品

(2)存货档案(见附表8.2)。

附表8.2 存货档案

编 码	存货名称	计量单位	所属分类	税 率	存货属性	参考成本(元)
101	芯片	个	1	13%	外购、生产耗用	20.00
102	PVC卡片	个	1	13%	外购、生产耗用	8.00
201	IC智能卡片	个	2	13%	自制、销售	40.00
202	ID智能卡片	个	2	13%	外购、销售	37.00

（3）仓库档案（见附表8.3）。

附表8.3　仓库档案

仓库编码	仓库名称	所属部门	负责人	计价方式
1	材料一库	采购部	陈平	先进先出法
2	材料二库	采购部	陈平	先进先出法
3	成品库	生产部一部	李玲	先进先出法

（4）收发类别（见附表8.4）。

附表8.4　收发类别

收发类别编码	收发类别名称	收发标志	收发类别编码	收发类别名称	收发标志
1	入库	收	2	出库	发
11	采购入库	收	21	销售出库	发
12	产成品入库	收	22	材料领用出库	发

（5）采购、销售类型（见附表8.5）。

附表8.5　采购、销售类型

采购类型编码	采购类型名称	入库类别	是否默认值
1	材料采购	采购入库	是
2	商品采购	采购入库	否

销售类型编码	销售类型名称	出库类别	是否默认值
1	批发	销售出库	是
2	零售	销售出库	否

（6）存货科目（见附表8.6）。

附表8.6　存货科目

仓库编码	仓库名称	存货编码及名称	存货科目编码及名称
1	材料一库	01 原材料	原材料——芯片（140301）
2	材料二库	01 原材料	原材料——PVC卡片（140302）
3	成品库	02 产成品	库存商品（1405）

（7）存货对方科目（见附表8.7）。

附表8.7　存货对方科目

收发类别	对方科目
采购入库	材料采购（1401）
产成品入库	生产成本——直接材料（500101）
销售出库	主营业务成本（6401）
材料领用出库	生产成本——直接材料（500101）

(8) 设置客户与供应商往来科目。

应收款(客户)管理相关科目：

基本科目设置：应收科目为 1122，预收科目为 2203，销售收入科目为 6001，应交增值税科目为 22210105。

应付款(供应商)管理相关科目：

基本科目设置：应付科目为 220201，预付科目为 1123，采购科目为 1401，采购税金科目为 22210101。

两科目结算方式科目设置：现金结算对应 1001，转账支票对应 10020101，现金支票对应 10020101。

(9) 期初数据。

① 2019 年 12 月 28 日，采购部收到中环电子提供的芯片 1 000 个，暂估单价为 20 元，商品已验收入材料一库，未收到发票，输入各相关系统期初余额。

② 2019 年 12 月 31 日，企业对各个仓库进行了盘点，结果如附表 8.8 所示。按资料进行库存期初余额设置。

附表 8.8 库存期初余额

仓库名称	存货编码	存货名称	数 量	单 价	金额(元)	合计(元)
材料一库	101	芯片	5 000	20.00	10 000	144 000
材料二库	102	PVC 卡片	5 500	8.00	44 000	
成品库	201	IC 智能卡片	7 075	40.00	283 000	320 000
成品库	202	ID 智能卡片	1 000	37.00	37 000	

③ 应收账款(1122)期初余额借方 60 000 元，2019 年 12 月 26 日，深圳微电购买 IC 智能卡片 1 000 套，每套价格 60 元，开具普通销售发票，发票号为 66801016。此笔业务由销售部王磊负责。

④ 一般应付款(220201)期初余额贷方 10 000 元。

2019 年 12 月 28 日，收到中环电子提供的芯片 400 个，每个价格为 20 元；PVC 卡片 250 个，每个价格为 8 元，开具了普通发票，发票号为 19601963，货款未付。

(10) 备份"实训 8 购销存初始化"账套。

实训 9 采购与应付管理

恢复"实训 8 购销存初始化"账套。

(1) 普通采购业务。

① 6 日，采购部陈平向中环电子询问 ID 智能卡片价格(37 元/套)，评估后，确认该价格合理，随即向公司上级主管提出请购要求，请购数量为 500 套。业务员据此填写请购单。当日，上级主管同意订购，要求到货日期为 1 月 10 日以前。

② 9 日，收到中环电子 ID 智能卡片 500 套，以及一张专用发票(适用税率 13%，发票号为 19600103)，材料直接入库，货款以银行存款支付。(转账支票号 ZZ200102)

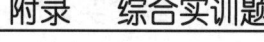

(2) 采购现付业务。

9日,采购部陈平向中环电子公司采购芯片1 000张,单价为20元,同时收到一张专用发票,发票号为19609933,财务部立即以转账支票形式支付货款,转账支票号为ZZ200103。本公司银行账号为99571226966337019。

(3) 采购运费。

9日收到运费专用发票一张,发票号为15987739,不含税金额200元,税率为9%,合计218元,为1月6日向中环电子公司采购"ID智能卡片"所发生的运费。

由于有运费发生,需增加存货分类,编号为3,名称为应税劳务,并增加存货档案,编号为301,存货名称为运输费用,计量单位为千米,所属分类为3,税率为9%,存货属性为"外购、销售、劳务费用"。

(4) 暂估入库报销。

9日,收到中环电子公司提供的上月已验收入库的1 000个芯片的专用发票一张,发票号为19607631,发票不含税单价为20元,进行暂估报销处理,确定采购成本及应付账款。

(5) 预付款业务。

10日,财务部开出转账支票一张,支票号为ZZ200115,作为向中环电子公司采购芯片的订金,金额为3 000元。

(6) 转账业务处理。

11日,用预付给中环电子公司的3 000元订金,冲抵其期初部分应付款3 000元。

(7) 备份"实训9 采购与应付管理"账套。

实训10 销售与应收管理

恢复"实训9 采购与应付管理"账套。

(1) 普通销售业务。

① 12日,深圳微电集团预购买200套IC智能卡片,向销售部了解价格,销售部报价为80元/套,填制报价单,当日,该客户了解情况后,要求订购300套,要求在2020年1月15日前发货,填制并审核销售订单。

② 15日,销售部从成品库向深圳微电集团发出其所订货物,并开具了此笔交易的专用销售发票一张,发票号为19600106。业务部门将销售发票交给财务部门,财务部门结转此业务的收入及成本。

③ 15日,财务部收到深圳微电集团转账支票一张,转账支票号为ZZ200127,金额为27 120元。财务部进行结算。

(2) 销售现收业务。

① 16日,销售部向深圳微电集团销售IC智能卡片2 000套,报价为70元/套,货品从成品库发出。

② 17日,根据上述发货单开具专用发票一张,发票号为19600107,同时收到客户以转账支票所支付全部货款,转账支票号为ZZ200128,公司银行账号为590222109968。

(3) 代垫运费。

16 日在向深圳微电集团销售商品过程中,发生了一笔代垫运费 50 元。客户尚未支付该笔款项。

由于产生了代垫运费,需要增加费用项目。费用项目为:"01 运费"。

(4) 开票直接发货。

16 日,销售部向上海中芯销售 ID 智能卡片 100 套,无税单价为 70 元,当日由成品库发出,并据此开具了销售专用发票一张,发票号为 19600108。

(5) 预收款业务。

17 日,收到深圳微电集团转账支票一张,转账支票号为 ZZ200129,金额为 80 000 元,用以归还 2019 年 12 月前欠货款,余款转为预收款。

(6) 转账业务处理。

18 日,将深圳微电集团的 50 元运费转给上海中芯。

(7) 备份"实训 10 销售与应收管理"账套。

实训 11 库存管理

恢复"实训 10 销售与应收管理"账套。

(1) 产品入库。

18 日,成品库收到生产部生产的 300 套 IC 智能卡片,做产成品入库。随后收到财务部门提供的完工产品成本,其中 IC 智能卡片总成本为 7 600 元,立即做成本分配,记账生成凭证。

(2) 材料领用。

18 日,生产部领用芯片 600 张,单价成本 20 元,共计 12 000 元,用于生产 IC 智能卡片,记材料明细账,生成领料凭证。

(3) 调拨业务。

18 日,李玲将成品库中的 100 套 IC 智能卡片调拨至材料二库暂存。

增加收发类别:13 调拨入库;23 调拨出库。

(4) 盘点业务。

20 日,对材料一库"芯片"进行盘点,盘点后,发现芯片少 100 张,经确定每个成本为 20 元。

增加收发类别:14 盘盈入库;24 盘亏出库。

(5) 备份"实训 11 库存管理"账套。

实训 12 存货核算

恢复"实训 11 库存管理"账套。

(1) 入库调整业务:

21 日,向中环电子公司订芯片 1 000 张,单价为 20 元,同日收到专用发票,发票号 19605505,将收到的货物收入材料一库。

22日,将21日发生的采购芯片的入库成本减少100元。
(2) 暂估入库业务。
22日,收到展讯科技公司提供的PVC卡片200个,货物收入材料二库。
31日,发票仍未收到,暂估成本为8元/个,并进行暂估记账处理。
(3) 备份"实训12　存货核算"账套。

实训13　月末结账

恢复"实训12　存货核算"账套。
(1) 自动转账。
① 月末结转,自定义结转按8%计提短期借款利息。
借:财务费用(6603)　　JG( ) 取对方科目计算结果
　　贷:应付利息(2231)　　短期借款(2001)科目的贷方期末余额×8%÷12
② 期间损益结转设置本年利润科目为4103。
③ 设置本年利润科目4103与未分配利润对应结转。
(2) 生成自动转账凭证,对凭证审核记账。
(3) 对账。
(4) 月末结账。
(5) 取消月末结账。
(6) 备份"实训13　月末结账"账套。

实训14　报表管理

恢复"实训13　月末结账"账套。
(1) 自定义货币资金表(见附表14.1)。

附表14.1　货币资金表

编制单位:富康电子有限公司　　　年　月　日　　　　　　　　　　单位:元

项　　目	行　　次	期初数	本期发生额	期末数
库存现金	1			
银行存款	2			
合　　计	3			

制表人:

说明:
标题——货币资金表设置为"黑体"、18号、"水平垂直居中"。
表体——表体中文字设置为"宋体"、12号、"水平垂直居中"。
表尾——"制表人:"设置为"楷体"、10号、"水平右对齐","垂直居中"。
年、月、日应设为关键字;设置合适的关键字偏移量。

(2) 生成 2020 年 1 月报表数据,并生成分析图表。

图表名称为资金分析图,图表标题为"资金对比",X 轴标题为"期间",Y 轴标题为"金额",图表格式为"成组直方图",主标题为"资金对比分析",标题字体为"隶书",字形为"粗体",字号为 12;效果为"加下划线"。

(3) 调用报表模板生成资产负债表。